数字技术与外语教育丛书

U0744822

外语教学与研究中的教育技术（上）：应用与展望

Educational Technology in Foreign Language Teaching and Research: Practices and Prospects

董剑桥 ｜著｜

外语教学与研究出版社
FOREIGN LANGUAGE TEACHING AND RESEARCH PRESS
北京 BEIJING

图书在版编目（CIP）数据

外语教学与研究中的教育技术 . 上，应用与展望 / 董剑桥著 . -- 北京：外语教学与研究出版社，2024. 6（2025. 4 重印）. --（数字技术与外语教育丛书）. -- ISBN 978-7-5213-5369-3

I. H09

中国国家版本馆 CIP 数据核字第 2024NN1343 号

外语教学与研究中的教育技术（上）：应用与展望

WAIYU JIAOXUE YU YANJIU ZHONG DE JIAOYU JISHU (SHANG): YINGYONG YU ZHANWANG

出 版 人　王　芳
选题策划　段长城
项目负责　都帮森
责任编辑　都帮森
责任校对　杨　钰
装帧设计　梧桐影
出版发行　外语教学与研究出版社
社　　址　北京市西三环北路 19 号（100089）
网　　址　https://www.fltrp.com
印　　刷　北京九州迅驰传媒文化有限公司
开　　本　650×980　1/16
印　　张　21.25
字　　数　338 千字
版　　次　2024 年 6 月第 1 版
印　　次　2025 年 4 月第 5 次印刷
书　　号　ISBN 978-7-5213-5369-3
定　　价　99.90 元

如有图书采购需求，图书内容或印刷装订等问题，侵权、盗版书籍等线索，请拨打以下电话或关注官方服务号：
客服电话：400 898 7008
官方服务号：微信搜索并关注公众号"外研社官方服务号"
外研社购书网址：https://fltrp.tmall.com

物料号：353690001

记载人类文明
沟通世界文化
www.fltrp.com

前　言

　　计算机、互联网和移动设备已经完全融入了我们的日常生活，"数字技术几乎是与教学相关的一切的结构[1]"（Brown 2015：18）。从无处不在的文字处理到在线课程注册，再到居家访问图书馆数据库，学生、教师、管理员和工作人员在高等教育的各个方面都依赖于广泛的计算设备和相关应用程序。数字技术也出现在教室里，如电脑讲台、投影屏幕和全电脑教室。学习管理系统可以拓展课堂学习，为在线课程提供平台并辅助线上线下混合式教学。可以说，在不使用数字技术的情况下完成大学学业的可能性已经不复存在。

　　尽管科技给教育带来了很多希望，但也带来不少失望。当初的电话、电影和收音机被认为将彻底改变教室，电视也曾经像如今的互联网一样承诺会带来教育的变革[2]（Bok 2003；Flavin 2012）。可是，经历了几代人的技术冲击，教育系统并没有发生根本性的变化，大学作为一个机构似乎具有非凡的韧性，大学教育在可预见的将来可能仍会在一段时间内保持黄金标准（Gordon 2014）。技术来来去去，但在大学里，讲座仍旧是主要的教学方式，而论文和考试依然是主要的评估工具。为什么互联网至今还没有真正改变大学的学习和教学？人工智能的应用为什么不会首先在学校落地生根呢？

　　正是基于这一背景，本书试图通过识别和分析教育技术在外语教学中的应用、影响和反应来透视高等教育中的技术效用问题。通过对外语教育技术来龙去脉的梳理，探索新技术在不同教育情境中的实际使用，并探讨数字时代教育神话和修辞背后的机遇和挑战。本书的讨论基于对教育与技术历史的理解，侧重教育技术在外语教学中的实践性反思，并对技术创新的潜力持开放态度，对技术决定论和技术怀疑论采取批判观点。

1　本书中文译文均为作者自译。

2　参见约翰·霍里根（John B. Horrigan）发表于 2016 年的文章 "Digital readiness gaps"。

毫无疑问，数字时代改变我们的教学与学习方式的潜力巨大，新的信息来源和互动形式已经发展成熟，但许多学校的教学模式和学习方式与前数字时代的情况相比变化不大。虽然，数字技术（如智能手机、笔记本电脑或平板电脑）在人的生活中已越来越普遍，但是一旦走进课堂，数字技术在日常教育体验中可能会变得"无足轻重"。尽管学生在社交媒体网站上投入的时间越来越多，但将这些技术融入课程或正式的学习环境仍然是一个重大挑战。历史的现实似乎在告诉我们，教育环境的变化，如果它以预期的方式发生，通常总是渐进的，很少是革命性的。因此，在历史知情方法的背景下反思教育技术的发展和应用是本书的核心内容之一，同时本书也分析了日益技术化的外语课堂教学以及学习技术在文化上的中介方式。虽然数字世界似乎越来越"扁平"，但是重大挑战依然存在。本书不拟进行外语教育技术应用的"扫盲"，而是侧重对技术应用过程中出现的问题进行反思，并对诸如"数字原住民""数字鸿沟""智慧教育""技术赋能"等术语以及"口号式"表述尝试进一步澄清，而不是毫无疑问和不加批判地全盘接受。

深入研读关于信息技术教学应用的许多表述，发现其主要的特征常常是理论上的可能、技术上的功能，而不是现实环境中的实际可行。论及互联网数字教育，技术专家总爱提 4A、5A，甚至 6A 式学习[1]，即任何人都可以在任何地点、任何时间以任何方式学习任何内容。

然而，这些多数只是技术上的可能性和教学应用的假设，其实际可行的前提是所有的学生用户都必须拥有理想的终端设备、无障碍的网络环境、实际可支配的时间、充裕可选的学习内容以及娴熟自如的技术应用等等，同时还需要教师善教、学生乐学，并辅以配套的管理措施和评估机制。可是，实际情况却是并非所有的学生都拥有良好的设备和接入条件，并非所有设备上都能部署安装必备的应用程序，并非所有学校都能提供足够的固定机位或网络带宽；至于

---

1 4A 指 anywhere、anytime、anything、anyway，5A 在 4A 基础上加 anybody，6A 在 5A 基础上加 any-device。

说时间、空间、地点等，就更不是满负荷学习的学生可以任意处置的。无论是教室、实验室、图书馆，还是宿舍、家或其他环境，似乎都不太可能为每个学生的自主学习提供私下的、无干扰的和不受限制的访问机会和技术便利。由于家庭背景、经济能力、生源地区等多方面因素，学生的技术可及度可能根本不在同一起跑线上。看起来每个学生都有智能手机（资费问题通常被忽视），但学生们在学业活动中使用技术的经验和准备情况参差不齐。来自收入低、父母受教育程度较低的家庭的学生，数字技能最弱，这使他们在大学使用技术方面与来自经济或教育背景更优越的同学相比处于劣势（Rideout & Katz 2016）。这似乎表明借助技术中介的学习反而不如传统面授课堂平等。研究还表明，并非所有大学生都以同样的方式使用数字技术，或者对他们必须使用的技术感到同等舒适，尤其是在学术性作业中。学校对大学生在数字技术方面的了解和准备的不切实际的期望，可能会特别影响到那些在中小学阶段缺乏数字训练的大学生。因为，如果大学哲学是基于对数字原住民、教育和技术的假设，那么就是在假设不必教学生如何使用技术进行学习。

许多当前和未来的校园数字技术规划，都是基于大学生"精通技术"的普遍看法，在当前关于高等教育数字化转型的讨论中，一个普遍存在的概念是"数字原生"的比喻（Prensky 2001），用来形容在无处不在的数字技术中长大的大学生，他们被称为"数字原住民"。这种被广泛接受的比喻传递了一种观念：21世纪的大学生与以前的大学生有着根本的不同，"今天的学生不再是我们的教育系统设计用来教的人"（Prensky 2001：1），他们在数字技术方面的知识和技能似乎是与生俱来的。这也成为许多主流、教育新闻媒体讨论的从小学到中学后各级教育的共同特征。

然而，残酷的真相却是现实中的千差万别。与数字技术相关的，不仅存在"无有者"（have-nots），而且还有"无欲者"（want-nots），数字鸿沟在接入条件、设备拥有、使用能力、动机水平等各个方面均有体现。在解决了获得信息和通信技术的问题后，使用该技术的强度和方式，以及不同群体之间存在的差异，即所谓**第二级数字鸿沟**[1]才是问题的重点。截至 2022 年 6 月，在网络接入环境方面，我国网民使用手机上网的比例达 99.6%，使用台式电脑、笔记本电脑、电视和平板电脑上网的比例分别为 33.3%、32.6%、26.7% 和 27.6%[2]。这意味着，对于大多数家庭和个人，还远远达不到常态的严肃学习所需要的设备和信息环境条件，人口密集型的校园网带宽和流量也还未尽如人意。皮尤研究中心（Pew Research Center）的一份报告显示，即便是信息技术发达的美国，在个人和工作相关活动中，成人学习技术的采用也因社会经济地位、种族和民族以及家庭宽带和智能手机的使用水平而存在显著差异[3]。一些用户无法使互联网和移动设备在学习、求职等关键活动中充分发挥作用。现在，人们对数字鸿沟的担忧开始从是否能够获得数字技术，转而关注人们在使用技术试图驾驭环境、解决问题和做出决策时成功或努力的程度。

另一令人不安的教育技术应用现实是，一些教师在 21 世纪的新技术上使用旧的 19 世纪教学方法[4]，他们仅仅是将大量未消化的信息通过大口径的数字管道，灌输给相对不活跃的、被动的学习者。在线教育的默认模式往往只是借用旧的教学方法，并将其转移到新的在线学习空间和数字技术中，而没有任何变革优势（Brown *et al.* 2020）。而这样的问题似乎与技术本身无关，更多的是教育教学观念本身的问题。但是，主导教育数字化进程的各级决策者往往聚焦在技术的进步与教师的技术能力上，而对何以用技术、如何用技术以及用技术做什么的问题深究不多。

2020 年，Brown *et al.*（2020） 在 *2020 EDUCAUSE Horizon Report, Teaching and Learning Edition* 中将高等教育技术趋势中的"技术发展"一词改为"新兴技术"（emerging technologies）。Pelletier *et al.*（2021：5）在 *2021 EDUCAUSE*

---

1 第二级数字鸿沟是指不同地区、不同人群之间在数字技术应用和数字化能力方面的差距。这种差距可能源自地区发展不平衡、教育资源不足、经济条件落后等多种因素。

2 参见《第 50 次中国互联网络发展状况统计报告》。

3 参见约翰·霍里根（John B. Horrigan）发表于 2016 年的文章 "Digital readiness gaps"。

4 同脚注 3。

Horizon Report, Teaching and Learning Edition 中又将"新兴技术"（Brown *et al.* 2020）改成了"关键技术"（key technologies），并解释说，一方面，由于"技术发展"一词太过笼统，且不易跟踪，有的技术仅仅昙花一现；另一方面，以前的报告太过着眼于技术本身，而不是技术对教育的具体影响或落地的教学应用。"将'新兴技术与实践'改为'关键技术与实践'，使得报告中技术类别的出现、消失甚至返回更有机化，从而反映不同的问题"（Pelletier *et al.* 2021:5）。这一变化是十分可喜的，它反映了高等教育信息化协会（EDUCAUSE）接手新媒体联盟以来的新思路。不过，技术发展之快、功能之强使人们瞠目结舌。在 *2023 EDUCAUSE Horizon Report, Teaching and Learning Edition*（Pelletier *et al.* 2023：6）中，专家小组成员们讨论"用强大的新技术能力取代人类活动，以及我们所做的一切都需要更多的人性"，他们在这一看似两极的想法之间摇摆不定，难以做出合意的取舍。Pelletier *et al.*（2023：6）还认为，"技术在不断变化，变得越来越复杂。随着技术的过时和新技术的引入，高等教育机构必须持续监测已经实施的技术的有用性，并规划新技术，以实现更具适应性的决策和更灵活的教学体验。"对于教育技术工作者，到底是从技术发展的角度审视教育变革现象，还是从教育发展的演变进程中考察技术的应用，这恐怕不是一个简单的观察视角的问题。

任何技术的应用，都是人类社会人文现象的功利化结果。人类可以创造工具，改造世界，但本质上都只是重组利用了物质世界的可予性（affordance）。正如布莱恩·阿瑟（2014：48）所说，"所有的技术都会利用或开发某种（通常是几种）效应（effect）或现象（phenomenon）"。对于教育现象与需求的发现、捕捉和利用是技术应用于教育的逻辑起点，促使教育技术发展变化的核心要素是纷繁复杂的教育现象和隐而不显的教育规律。教育技术作为方法和工具系统和自然世界一样，其可予性是它的预设属性，但是可予性的实现却依赖使用者的能力与创意互动水平。"竹篮打水一场空"形容工具用错会白费力气，但是，如果在篮子内衬上一层塑料纸也未必不能打水（把水冻成冰块也行）。

教育技术的应用与此类似。同样的工具或软件，使用效果因人而异。我们不能武断地判定工具或软件好与不好，而要看使用者有没有用好。手绘的思维导图和软件生成的思维导图在功能效用上是一样的，差别在于绘制是否方便，效果在于用法是否得当。如果误把心智图（mind maps——用来激活思维、组织活动）当成概念图（concept maps——用于讲述知识、厘清概念）使用，可能就会造成认知混淆，反之亦然。也许，正是技术具有这种因人而异的两可性，它才被技术工具论者认为是中性的、双刃的，其本身并不荷值。当然，这种观点在哲学上未必站得住脚。且不说技术发明者本人是否具有价值预设，技术本身的存在逻辑就是求利的。因人而异的"求利不得"和"求利得利"并不能构成技术中性论的说辞。教学中的技不得法，往往是既没有想到"往篮子里衬塑料纸"，也没有"把水冻成冰块"。篮子有篮子的用处，但并非不能挪作他用。

Strate（2012）曾经说，如果技术是中性的，那就不是技术。从媒介生态学的角度来看，技术不可能是中性的，因为它是一种变化形式，并且基于其材料和方法的属性具有固有的倾向性。此外，技术的应用是技术本身固有属性的一部分，技术、指令、软件或工具也是如此。虽然，技术创新总是会产生意料之外的、不想要的、不受欢迎的效果，但是技术的意外不能简化为设计师意图。技术虽然是人工制品，但是它一旦出生，所带来的影响并非总是按照制造者预先设定的路向演进。类似的思考为技术价值论和技术中性论的分歧留下了许多讨论空间。

效率是所有技术的潜在偏向。然而受技术价值论的影响，我们总在好与不好、有效与无效的两元悖谬中徘徊，而忽视了对教育技术引发的生态性效应的深入研究。在历时数十年的"学媒之争"中，信誓旦旦的证实、言之凿凿的证伪，或者是若即若离的观望与持中都得到了淋漓尽致的反映。然而，这场由克拉克的"媒介无用说"（Clark 1983）和科兹马的"媒介相关说"（Kozma 1991；1994）引发的争论最终在无显著差异（no significance）的沮丧中不了了之。但对技术、媒介乃至课堂、学校、社会等诸多要素之于教学效用的探究（教学效用量的元分析）却方兴未艾，给我们的启示是极富意义的。技术媒介之于教育的意义，远在具体的教学应用之上。

美国传播与技术协会（Association for Educational Communications and Technology，简称 AECT）1994 年发布的有关教育技术的定义是一度被国内教育技术界普遍认可的教育技术定义："教育技术是关于学习过程和学习资源的设计、开发、利用、管理和评价的理论和实践"（Seels & Richey 1994：1）。该定义将教育技术的研究对象表述为关于"学习过程"与"学习资源"的一系列理论与实践问题，改变了以往"教学过程"的提法，体现了现代教学观念从以教为中心转向以学为中心，从传授知识转向发展学生学习能力的重大转变。这种转变是一种进步，但是，教育技术的研究对象如果不能涵盖教学过程，那何来学生的学习呢？技术在教的过程中的作用又是什么呢？

在 AECT 于 1994 年发布有关教育技术的定义之后，又于 2005 年和 2017 年两次修改了该定义。

[AECT 1994]: Instructional technology is the theory and practice of design, development, utilization, management and evaluation of processes and resources for learning（Seels & Richey 1994:1）.（教育技术是关于学习过程和学习资源的设计、开发、利用、管理和评价的理论和实践。）

[AECT 2005]: Educational technology is the study and ethical practice of facilitating learning and improving performance by creating, using, and managing appropriate technological processes and resources（Richey 2008）.（教育技术是通过创建、使用和管理适当的技术过程和资源，促进学习和提高绩效的道德实践和研究。）

[AECT 2017]: Educational technology is the study and ethical application of theory, research, and best practices to advance knowledge as well as mediate and improve learning and performance through the strategic design, management and implementation of learning and instructional processes and resources（李海峰等 2018：21）.（教育技术是合乎伦理的理论研究和最佳化实践，旨在通过对**教与学**的过程和资源进行策略设计、有效管理，以促进知识发展、调节学习进程和

提升学习绩效。）

2017 年的定义中保留了 ethical（伦理）这个词，creating（创建／创造）这个词又重新改成了 design（设计），更显专业务实；在这三次定义中，processes and resources（过程和资源）两词都得以保留，这表明 AECT 认为"过程和资源"是教育技术应用近 20 年来最为关注的部分。但是 2017 年的定义审慎地用回了 instructional（教学）一词，以修正 1994 年和 2005 年定义的矫枉过正，首次体现了教与学的微妙平衡。

教育技术发展的历史上一直存在定义之争，但更多的时候，是关于教育技术有效性的求索与争鸣。然而，这种求索与争鸣很少将技术置于应用生境中来考察并确认其效用，而总是努力去证明对某种特定技术的线性期待：比如，笃信多媒体教学能解决文本学习的单调枯燥、期待翻转课堂能提高学生参与度和课堂有效性、指望开放在线课程（MOOCs，即慕课）可以改革高等教育的既定模式、认定混合式教学可以实现传统教学与在线学习的优势互补等。类似的待证"公式"还有：互联网＋教育＝全民教育、人工智能＋教育＝智慧教育、移动终端＋慕课＝公平教育，等等。但是到头来发现，理想与现实之间似乎总有一堵时隐时现、难以跨越的屏障。这堵无形的屏障或许就是根深蒂固的教育体制和教学文化，以及由此而衍生的教育教学的发展逻辑和操作现状。仅凭技术介入的教学改革往往难以达到预期的目的，殚精竭虑的初衷得到的可能是流于表面的结果。

在技术如此普及的当下，离开了计算机人们已无法有效地工作；离开了手机，人们已不能自在地生活；而离开了网络，无论是计算机还是手机，人都仿佛是失去了"灵魂"和动力。可见技术已经改变、甚至左右了我们的生活和工作方式，而这也是许多学者想当然地确证信息技术已经改变了教育。确实，有关教育技术的新名词、新概念不绝于耳，且每每动静不小，"如慕课、微课、翻转课堂、创客、TPACK、STEAM、Smart Education 等等，大有举国而动的势头"（李子运、李芒 2018：64）。可看看身边的课堂、教师和学生身上发生了什么？除了讲台多了台电脑，黑板前挂上了幕布，PowerPoint 替代了板书，

APP替代了书本，几乎没什么太大的改变。就连被誉为高等教育革命的慕课，也还是"原模原样"地将课授套路搬上了屏幕，课堂教学的原生态依然如故，类似的情形同样发生在英国、美国等发达国家。难怪会有经典的"乔布斯之问"："为什么计算机改变了几乎所有领域，却唯独对学校教育的影响小得令人吃惊？"对技术在教育中的应用前景由此陷入一种在技术乐观主义和技术悲观主义之间不断摇摆的周而复始的试错循环（陈晓珊、戚万学 2021）。

技术的本质是帮助解决人力所不能解决的问题，故而技术赋"能"是耳熟能详的坊间热词。但在教育技术的应用实践中，人们很少有对于什么是"能"与"不能"的界定和讨论。技术到底能在哪些方面、多大程度上为教师赋能、为教育赋能、为学生赋能？其边界条件是什么？而哪些能力是技术所不能赋予的，而哪些又是有可能被技术所戕害的？以现代信息技术为特征的教育技术的深度融入，到底能为教学（包括外语教学）带来什么样的改变？这种改变是可选的，还是不可逆的？原因何在？

教育技术专业从业者常常给人一种不淡定的感觉，他们经常引用的一种观点是，教育技术领域是一个日新月异的领域。这句话的含义似乎是技术发展时不待我，如果错过了机会就赶不上了。然而，事实就如 Weller（2018）在回顾教育技术二十年发展时感叹：在紧跟新发展的令人窒息的努力中，教育技术（edtech）领域在记录自己的历史或批判性地反思自己的发展方面明显不足。

以技术为背景探讨外语教学的方法与规律，这个想法由来已久。只是一直囿于专业学养的粗浅和技术素养的匮缺，始终觉得难以挠到问题的"痒处"。笔者于 20 世纪末开始接触多媒体计算机辅助教学（multimedia computer-assisted instruction，简称 MCAI）的应用实践。在 Wintel 和摩尔定律的驱使下，作为外语教学的技术爱好者一路跟跑，从 PC 386、486、586，Windows 31、95、98、2000，一直到 Windows 7、10、11；从组装机、原装机、一体机，到笔记本、工作站、服务器；从组装个人电脑，到组建多媒体（电脑）网络语言实验室，等等，一度"不务正业""玩物丧志"成为电脑玩家。有同行戏称笔者是外语学界中电脑用得最好的、电脑玩家中英语最好的，但真相却是技术上

"半路出家未及精专"，英语上"半途而废不进则退"。这似乎刚好验证了笔者对外语教育技术应用方面的担忧：基于双师型思路的教师发展策略未必是教育数字化转型的正途，对技术应用的精进要求某种程度上是以牺牲教师学术精力为代价的。教育技术研究的核心任务之一就是针对教学实际研发易用、适配的教育产品，而不是面对技术更替和转型被动地寻求识变、应变之道。

几度提笔，几度搁笔，一直到退休才又重新拾笔完成此书。究其原因，是想讲好技术应用的故事，但力求完美的念想总也跟不上技术迭代的速度。总想等等新技术面世再说，免得一出书就过时，就如同书架上蒙尘的计算机书籍和软件用户手册一样。可是，一路走来，目之所及似乎很难看清技术应用的尽头：带宽突破、计算突破、智能突破，多媒体应用、课件共享、在线视频课、MOOCs、SPOC（校本在线课程）、翻转课堂、混合式学习。本书差不多要截稿的档口，冷不丁又出现了ChatGPT，以及围绕ChatGPT等大语言模型的生成式人工智能（Generative AI，简称GenAI）竞赛。AI技术进步出现了指数级增长，令人目不暇接。商业逐利大潮裹挟着摩尔定律使技术发展如脱缰的野马，软件补丁升级频率越来越快，设备报废年限已跟不上技术的迭代。应用尚未普及，技术已经过时，"码农"们甚至惊呼：半年不充电，立即成小白。仿佛谁要与数字信息技术结缘，谁就注定难以安生不折腾。然而，诡异的现象却是：大学教育并没有像人们预期的那样发生翻天覆地的变化。课堂内外，书该怎么读还是怎么读，课该怎么上还是怎么上。那技术之于教育，到底在哪些方面改变了大学？数字信息生态下的高等教育，哪些方面必须与时偕行，哪些方面必须持恒守正？面对数智技术的全方位融入，大学教育既定模式的定力到底是什么？

外语教育技术的应用已经度过了历史上的扫盲期，新一代的外语教师已经不再是"技术白丁"，相反，他们多数是数字网络时代的"数字原住民"，没有深切感受过"数字移民"的技术冲击。然而正是这种"冲击感"的缺失，让他们无法切身体悟传统教育的不能承受之重，进而认为技术带来的一切快感和便利仿佛都是自然而然、顺理成章的。

互联网、人工智能和在线应用的进步使人类能够极大地扩展自己的知识技能，提高解决复杂问题的能力。这些进步使人们能够立即获取和分享知识，并增强了他们理解和塑造周围环境的个人和集体力量。如今，人们普遍认为，从现在起到 2035 年，主要由机器学习和人工智能驱动的智能机器、机器人和系统的速度和复杂程度将迅速提高。随着个人更深入地接受这些技术来增强、改善和简化自己的生活，人们可能不由自主地将更多的决策和个人自主权"外包"给数字工具。教育专家们对教育领域越来越多的自动化表示担忧，他们担心成长中的学生正在失去独立于这些系统进行判断和决策的能力。

但是，更多人乐观地断言，纵观历史，人类普遍受益于技术进步。他们认为，当出现问题时，新的法规、规范和文化有助于改正技术的缺点。人们有理由相信，即使自动化数字系统越来越深入地融入日常生活，人类的驾驭力量也会始终站稳脚跟。

目录

第二部分　外语教育技术的研究对象与内容

第三部分　外语教育技术的发展与期待

图目录

表目录

第一部分

外语教育技术的演进与理据

　　无论是简单还是复杂的技术，都是在应用一种或几种现象之后乔装打扮出来的。技术就是那些被捕获并使用的现象，是对现象有目的的编程。我们一直以为技术是科学的应用，但实际上却是技术引领着科学的发展。

　　　　　　　　　　——布莱恩·阿瑟（Brian Arthur）

导言：外语教学技术的由来与理据

教育技术在何时何地、以何种方式、在多大程度上介入外语教学，取决于教师对技术作用的认识及技术应用的体验。但从本质上看，语言教学的声学特征必须依赖（语音）技术支持。传统语文教学的文字信息可基于纸质教材，但是语言教学的语音信息只能依赖外语老师的口耳相传，其效率极其低下。离开语音信息的听说模仿，几乎很难在课堂环境下教会学生听说一门全新的外语。所以，如果说幻灯教学是所有学科的视觉教学的最早技术应用，那利用语音技术（留声机唱片、录音机磁带）进行的听说教学（如图 1.1 所示），就是外语教育技术（电化教学）应用的逻辑起点。外语的语言性教学与学习的目的是外语教育技术应用的本质特征。从教育技术应用的历史来看，外语教学是所有学科教学中技术应用最早、历时最久、介入最深的学科之一，最早可追溯到一百多年前的幻灯、唱片、留声机听说教学。

图 1.1　20 世纪 50 年代引进的灵格风唱片

自从视听技术介入外语教学以来，被赋予的教学称谓不下于几十种。耳熟能详的就有：听觉教学、听力教学、听说教学、视听教学、视听说教学、计算机辅助语言学习（computer-assisted language learning，简称 CALL）、计算机辅助语言教学（computer-assisted language instruction，简称 CALI）、外语电化教学、多媒体辅助外语教学、网络化外语教学、数字化外语教学、信息化外语教学、外语教育技术学，等等。从历史的角度看，外语教学中的技术应用从来就没有一步到位，而是不断推陈出新，老技术尚未普及，新技术又"登堂入室"。这种不断的期待、将就、进步、发展的历程，缓慢而深刻地形塑了外语教育技术应用的思维定式和应用范式。

电化教学的历史渊源与发展轨迹表明，从留声机、电唱机，一直到后来的幻灯投影、电影电视、录音录像，在外语教学的过程中，无一不是作为现成的教学辅助工具出现在课堂上的。早期电化教学内容（幻灯、电影、录音、录像）的加工制作过程，基本上与教师和学生是互不相干的。有时即使有教师参与其中，如教学录像片的制作，教师也是按自己本来的意愿和设想上课，镜头只是记录。换句话说，教师主导教学设计和课堂实施，但并不参与录像片制作；录像片摄制者不干预教学设计，但可根据影像学原理进行镜头语言改编，如构图、走位、视角、光线、同期声、画外音等。教师和电教人员的分工是相当明确的。时至今日，我们仍然可以在慕课、微课的设计摄录过程中窥测到类似的传统观念和制作思路。依赖性强、参与度低，总希望使用现成的技术制品，这是多数外语教师对教育技术应用的根深蒂固的态度。

现代外语教学的技术化演进，很大程度上就是计算机辅助外语学习的历史进程。虽然，教育技术发展的不同阶段与外语教学的流派并非一一对应的关系，但两者的交互影响却是不言而喻的。只是，无论技术如何演进，外语课程教学的模式始终难以改变其基本路向，至少目前仍然如此。从传统的单体设备、语音实验室，到计算机辅助、虚拟实境营造、人工智能加持，变化的是课堂技术环境与教学方法，而非是学校课程设置与课堂教学模式，夸美纽斯[1]以来的班级授课制依然如故。教师中心的教学模式长期以来一直处于主导地位，而且，并没有因为学生中心、师生双主（主导 vs 自主）、以学习为中心等教学范

---

1 班级授课制起源于 16 世纪的欧洲，兴起于 17 世纪乌克兰的兄弟会学校。1632 年，捷克教育家夸美纽斯出版了《大教学论》，形成了班级授课制的系统化理论，后来经过德国教育家赫尔巴特的发展而基本模式化。

式的出现而退出历史舞台。技术的演进和课堂介入只是越来越方便了教师选择或切换教学模式，却并没有成为教学模式变革的前提或者是触发器。它们仍然只是不同教学范式赖以推行的适配性技术手段，而非导致教学变革的肇因。

　　本书第一部分按照实验室电化外语教学、计算机辅助语言教学、数智化外语智慧教学和虚拟化智能外语教学四个阶段对外语教育技术的发展与教学应用观念作梳理讨论，原因之一是外语教育的实验室教学模式和计算机辅助语言学习（CALL）并非同一起源，尽管它们在 20 世纪 90 年代随着个人电脑（personal computer，简称 PC）的问世开始合二为一；其次，正是由于原因一，计算机辅助语言学习也并不能完整涵盖外语教育技术演进的全部历史和技术应用范式。然后，结合技术在外语教学中的应用，对其理论依据进行反思性探讨，主要集中在学习科学、技术化介入和多媒体认知三个方面。

第一章　外语教育技术的历史演变

1.1　外语课堂教学的技术化演进

1.1.1　实验室电化外语教学

语言实验室教学的起源说法不一。有人认为，19世纪80年代美国托马斯·爱迪生（Thomas Edison）建立了第一个语言实验室，但是这个实验室并不是专门为语言学习研究而建立的。又据历史记载，德国莱比锡大学（Leipzig University）的心理学家威廉·冯特（Wilhelm Wundt）在1879年创立了世界上第一个实验心理学实验室，一些研究人员认为，该实验室也是世界上最早的语言实验室之一。然而，没有明确的证据表明冯特确实建立了一个专门用于语言研究的实验室。比较确切的说法是法国的格勒诺布尔－阿尔卑斯大学（Université Grenoble Alpes）在1908年建立了世界上第一个专门用于语言研究的实验室（Léon 1962），并采用了当时的先进技术，如受话器、录音机等。该实验室成立之初主要是为了研究法语的发音和语音学，后来又逐渐扩展到其他语言和语言学领域。国内很多学者认为"语言实验室"（Language Laboratory）这一名称最早出现于20世纪20年代，是由美国夏威夷大学（University of Hawaii）拉尔夫·沃尔兹（Ralph Waltz）首先提出的（何高大2000；范姣莲2005；逯海斌、郭培超2015）。沃尔兹确实是一个在语言教育领域有重要贡献的学者，但他并不是语言实验室这一概念的创造者或首次提出者。语言实验室这一概念是在20世纪初由欧洲的语音学家和语言教育家首先提出并发展起来的，然后逐渐传播到其他国家和地区。在美国，弗兰克·查尔凡特（Frank Chalfant）被认为是最早将语言实验室引入美国的学者之一，并于1911年或1912年在华盛顿州立大学（Washington State University）建立了一个语音实验室（Roby 2004），专门用作外语学习的空间，学生可以在这里获取音频或视听材料。这些早期的语言实验室使用留声机来传递音频，还没有划分成单独的隔间。

现代意义上的语言实验室主要发轫于美国。在二战期间，由于军方资助，美国的语言实验室教学经历了快速发展。美国政府成立了专门的军事语言学校和语言实验室，以培训士兵和文职人员的语言能力。其中最著名的是 1918 年成立的"美国陆军语言学校"，该校在二战期间改名为"美国军事情报服务语言学校"，即"美国国防语言学院"（The Defense Language Institute）的前身，继续扩大了语言实验室教学的规模和范围。当时的语言实验室使用最先进的技术和设备，如录音机、扩音器等设备来帮助学生听懂外语，并使用影像技术来辅助教学，培训士兵的语言能力。该实验室还研究了外语的语音、语法和词汇，为外语教学提供了科学的基础。

美国的语言实验室教学模式很快在高校得到了广泛应用。许多大学和学院相继成立了语言实验室，为学生提供更好的语言教学和学习体验。20 世纪 40 年代，密歇根大学（University of Michigan）的语言学家开发了基于行为主义的用于外语学习的语音学方法，即听说教学法（audio-lingual method）。这种方法依赖反复的听说练习，而语言实验室非常适合有声语言方法。到 20 世纪五六十年代，这种方法在美国和加拿大越来越流行（Hayes 1964），到 1958 年，美国已有 300 多个语言实验室，其中大多数在学院和大学（Roby 2004）。其后，由于 1958 年美国《国防教育法》（National Defense Education Act，简称 NDEA）授权联邦财政资助美国中学外语课程，促使新语言实验室的批量建立。到 20 世纪 60 年代中期，美国大约有 1 万所中学和 4,000 所高中语言实验室。直到 1969 年，NDEA 的资助结束后，传统语言实验室的数量迅速下降。在诺姆·乔姆斯基（Noam Chomsky）批评语言学习的行为主义模式之后，有声语言方法的采用也开始有所减少。

从 20 世纪 50 年代到 90 年代，大多数语言实验室使用基于磁带录音的模拟技术。进入 PC 时代后，模拟语言实验室开始逐步淘汰，数字语言实验室用计算机替代了传统模拟设备和录音带／录像带，采用先进的 IP 网络结构，全面支持各种格式的数字音频，支持网络广播、分发，无缝接入校园网和互联网，并将学习资源传送到学习者的终端，克服了模拟语言实验室单一的语音教学模式的局限，因而得到了更广泛应用。曾经的语言实验室不仅改头换面，连名称也随之变动，如数字语言实验室（digital language laboratory，简称 DLL）、多媒体语言实验室（multimedia language laboratory，简称 MLL）、语言媒体中心（language media center，简称 LMC）、语言学习中心（language learning center，简称 LLC）、多媒体学习中心（multi-media learning center，简称 MLC）、虚拟语言中心（virtual language center，简称 VLC），等等，不一而足。如今，这些语言实验室大多已经被自主语言学习中心（self-access language learning centers）所取代。

中国外语电化教学（外语教育技术）的历史可以说是一个跳跃式发展的过程。在这个过程中，语言实验室的应用可以视作其中的一个重要阶段。虽然中国外语电化教学曾一度中断，但到 20 世纪 80 年代又重新兴起。语言实验室大批出现在高校外语院系，早期以进口为主，如德国的西门子，日本的松下、索尼等。随着改革开放的深入，国产的语言实验室迅速投入市场。

这个时期的语言实验室的主要作用是为学生提供更多的听力训练机会，通过播放录音来帮助学生更好地掌握外语听力口语技能。这种教学方式虽然能够提高学生的听力水平，但是在教学效果方面仍然存在较大的局限性。因为仅仅靠语音录制和播放，并不能实现对学生的准确反馈和个性化支持。而且，由于观念和经费的原因，当时的语言实验室教学范围极其有限。首先，语言实验室在高校只设立在外语专业院系，对公共外语并不开放。其次，在专业院系也仅是课程对口模式，只用于听力、口语教学，并不对其他课程开放。最后，由于实验室设备的技术特征，使用完好率低、维修率高且不方便导致教学支持率和受益面受限。而且，由于技术限制，语音录制和配音教材制作的难度大，磁带机故障频繁，录音带耗损也大。语言实验室的应用主要是以教学机为主，通过教学机播放录音实现听力练习。虽然当时的技术水平相对较低，但外语教师充分发挥了语言实验室的作用，结合传统的教学方法，有效地提高了学生的外语听力水平。因此，语言实验室是当时国内外语专业院系的标配教学设施。

到了 20 世纪 90 年代，计算机技术得到了飞速发展，语言实验室广泛采用数字技术，语音技术和计算机技术的结合也使得语言实验室的构型和教学方式发生了翻天覆地的变化。21 世纪初开始，外语语言实验室从单一的听说型语言实验室，发展到视听说型、多媒体型、网络型语言实验室。2004 年，教育部发布了《大学英语课程教学要求（试行）》，明确了基于计算机和课堂的英语多媒体教学模式。计算机辅助教学的观念开始普及，多媒体语言实验室数量急剧增加，许多学校突破了语言实验室听说课程对口应用的瓶颈，转而鼓励其他课程开展计算机辅助实验教学，大学英语课走在了前列。

综上所述，语言实验室在中国外语电化教学历史中扮演了极其重要的角色，对高校外语教育产生了巨大的影响。随着技术的进步和教学理念的变革，语言实验室的教学方式也在不断更新和改进。在完成了机械电子范式向网络数字范式的转移后，语言实验室教学逐渐演变为更大的计算机辅助外语教学领域（CALL）的组成部分之一。然而，老式的"电教中心最活跃的要素——教育技术专业人员的存在"（刘美凤等 1997：12）并没有顺理成章地过渡成为计算机辅助外语教学的中坚力量。原因之一是这部分熟悉模拟语言实验室技术的技术人员对计算机技术、网络技术并不熟悉，而具有计算专业背景的技术人员一时无法到位。许多院校都面临实验室数模转换期技术人员青黄不接的现象。

1.1.2　计算机辅助语言学习

外语的实验室电化教学和计算机辅助语言教学，虽然都可以被看作是教育技术发展的不同历史阶段，但实际上，两者并无承上启下的同源关系，而是各有各的起源，并在很长一段时间（20 世纪 60 年代至 80 年代）各自独立发展，直到多媒体计算机普及的 20 世纪 90 年代后期，两者才在技术上开始融合。如果说电化设备、语言实验室教学的逻辑起点和技术适配是语音技术和听说教学的话，"基于大型机的 PLATO（1960）[1] 的计算机辅助语言学习系统的开发，其最早也是最重要的应用是编程逻辑 / 自动教学操作学习，其大部分语言学习工作都是通过语法翻译方法教授俄语。重点是翻译俄语文件，特别是科学文件"（Beatty 2010：35）。

在 20 世纪 70 年代和 80 年代，标准微型计算机无法产生声音，而且图形能力也差。这对语言教师来说是一种倒退，因为此前的语言教师已经习惯于在语言实验室课堂上使用各种不同的视听媒体。因此，直到 20 世纪 90 年代初，随着多媒体计算机面世，外语教学应用才迎来了重大突破，因为它能把文本、图像、声音和视频整合到一台设备中，并整合了听、说、读、写四种基本技能（Davies 2011）。

计算机辅助语言学习（CALL）与其他技术和教育领域有重叠，因为它包括不同的语言习得工具和方法。如今，语言实验室虽然仍保留着一些传统的应用范式，但却已经和 CALL 一起成为更大的教育技术领域的一部分，而 CALL 则发展成为相对独立和完整的学科体系，被定义为"寻找和研究计算机在语言教学和学习中的应用"（Levy 1997：1），是计算机辅助教学（computer aided instruction，简称 CAI）的一个子集，现在已成为各种外语教学环境中的常规应用。越来越多的语言教师开始具备 CALL 专业知识，包括实践技能和对信息技术（information technology，简称 IT）理论的深入理解。教师可能需要在课堂上设计、实施和评估 CALL 活动，并负责多媒体语言实验室的设置与教学操作。

在很多人的概念中，计算机辅助语言学习（CALL）与多媒体辅助语言学习（multimedia-assisted language learning，简称 MALL）是同一事物的不同说法，但其实基于计算机的"多媒体辅助"只是"计算机辅助"发展后期才出现的机辅应用阶段，或者说只是 CALL 的一个子集（Laureanda 2020：12，34），

---

1 PLATO 系统是由美国伊利诺伊大学厄巴纳—香槟分校（University of Illinois Urbana-Champaign）开发的计算机教育系统。该系统于 20 世纪 60 年代问世，是早期计算机辅助教育的先驱之一，被认为是现代远程教育和电子学习的先驱之一。

见图 1.2。有学者以教学内容的授受媒介、方法、手段、人际交互为主线，概览计算机、网络等技术的辅助教学的脉络（Bickerton 1999；余青兰 2015），这虽然不失为一种研究视角，但"多媒体"这一术语毕竟不能涵盖 CALL，更遑论教育技术全景。而 MALL 这一缩略语有时也用于移动式语言学习（mobile assisted language learning）。实际上，自 20 世纪 90 年代以来，对 CALL 进行分类就已经变得越来越困难，因为它现在扩展到博客、维基、社交网络、播客、Web 2.0 应用程序、虚拟世界中的语言学习和交互式白板的使用中（Davies *et al.* 2011）。亦有学者以技术发展的阶段将 CALL 分为大型机（20 世纪 70 年代）、微机（20 世纪 80 年代）、互联网（20 世纪 90 年代）三个阶段。但 Warschauer（1996）和 Warschauer & Healey（1998）采用了不同的方法，他们略过了 CALL 的技术类型，而是确定了 CALL 应用范式的三个历史阶段，根据其基本的教学原则和方法进行了分类，即 20 世纪 60 年代以大型机为基础的行为主义模式、20 世纪 70 至 80 年代的交际认知模式、20 世纪 90 年代至 21 世纪初的整合模式三个阶段。

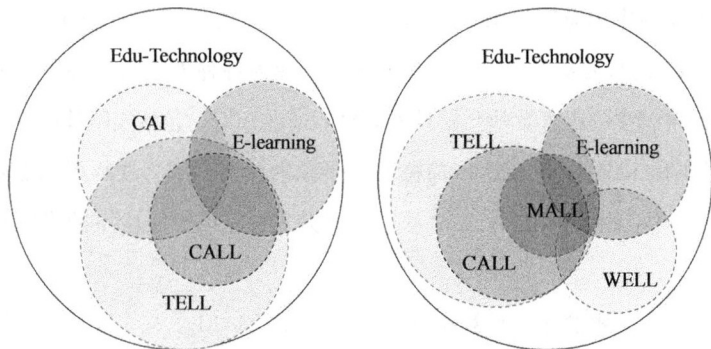

图 1.2　教育技术与 CALL 之间的关系（Laureanda 2019：12，34）

当然，还有许多方法可以对 CALL 领域进行概念化描述。Levy（1997）认为，认识 CALL 的一种有用的方法，特别是对于那些刚刚进入该领域的人来说，是根据把计算机作为助教（tutor），还是作为工具（tool），或是作为媒体（media）的功能角色进行划分。第二语言习得研究和语言教学方法往往将技术作为语境的一部分，技术在其间的中介作用是 CALL 的核心思想，且这种中介作用并不是中性的。Levy & Hubbard（2005）展示了学习者在追求语言学习目标的过程中如何通过最广义的"计算机"作为中介与教师、同伴、他人和材料进行广泛的互动。从图 1.3 中我们可以看出，计算机可以泛化为所有技术手段的代理，但若从其携带、纳管、递授的教学信息来看，也可以具化为教学内容的数字化或多媒体表征，且实际情况也确实如此。所以，对 CALL 的理解，一切取决于我们把计算机看作什么：工具（tool）、媒体（media）、助教（tutor），抑或是学伴、环境还是其他。

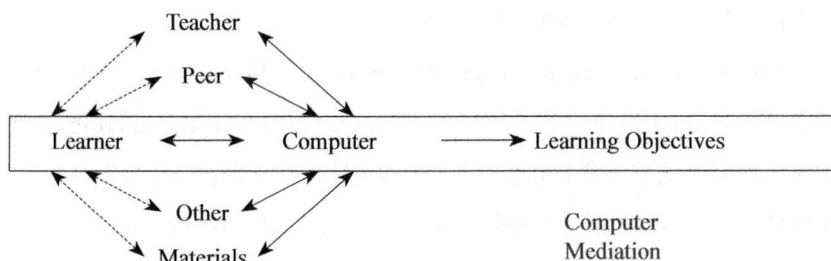

图 1.3　学习者经由计算机与他人和材料的互动（Levy & Hubbard 2005：146）

这一领域有许多不同的名称，因为研究者都试图推广他们自己的观点和哲学理念。在某些情况下，他们试图将这一领域与助教式应用拉开距离，因为助教式 CALL 有时被认为与交际主义和社会建构主义的语言教学方法不相容。于是，又有了 CALL 的助教范式与助学范式的区分（胡杰辉、胡加圣 2020）。下列具有代表性的术语，虽然不全，但可以从缩略语上管窥研究者的态度：

Computer Assisted Language Learning（CALL）：计算机辅助语言学习，是该领域最有生命力，也是被普遍接受的术语，但无论是 -assisted 还是 -aided，都译为辅助，只是汉语行文教 / 学不分，学界论述中也常将 CALL 称为计算机辅助语言教学，而原术语指称的是"计算机辅助语言学习"。其实，"计算机辅助语言教学"（CALI）一词在 CALL 之前就已被使用，反映了它的起源是 CAI（计算机辅助教学）这一通用术语的一个子集。然而，CALI 在英美语言教师中不受欢迎，因为它似乎意味着以教师为中心的方法（重在教），而语言教师更倾向于以学生为中心的方式，注重学而不是教。CALL 在 20 世纪 80 年代初开始取代 CALI（Davies & Higgins 1982），现在它被纳入全球越来越多的外语教学专业协会的名称中。

Technology Enhanced Language Learning（TELL）：技术增强的语言学习，该术语表明，这不仅仅适用于计算机，通常也包括数字媒体、网络通信等一切技术手段，并将计算机视为更大系统的一部分。它作为一个通用术语越来越受欢迎，例如，TESOL 有一个 CALL Interest Section，而美国加利福尼亚州 TESOL 有一个 TELL Interest Group。与此相似的术语是 TALL（技术辅助语言学习），可以视为 CALL 和 TELL 的变种。

Mobile-assisted Language Learning（MALL）：移动辅助语言学习，是移动学习（m-Learning）和计算机辅助语言学习（CALL）的子集。指利用随身听、MP3 和 MP4 播放器、掌上电脑以及笔记本电脑等移动设备进行语言学习。通过 MALL，学生可以在任何时间、任何地点获取语言学习材料，并与老师和同伴交流，为语言学习提供了传统课堂无法提供的动力。MALL 交付模式（APP）为用户提供随时随地学习的机会。虽然该术语只是涉及了 CALL 领域的一小部分，但手持交付确实成了泛在学习最主要的方式。

Computer Enhanced Language Learning（CELL）：计算机增强语言学习，该术语表明计算机的作用是使学习更好，但此术语并不流行。

Computer-based Language Training（CBLT）：基于计算机的语言培训，将语言学习的要素视为培训，并倾向于使用具有可定义、可测量目标的方法。

Network-based Language Training（NBLT）：基于网络的语言培训，重点关注本地和通过互联网连接在网络中的计算机，尤其是以计算机为媒介的交际学习。国内一般称为网络化外语教学（董剑桥 2003；陈坚林 2004；陈青松、许罗迈 2006）。

Digital Language Learning（DLL）：数字（化）语言学习，一个相对较新的术语，包括计算机和其他数字设备，国内常称为数字化外语教学。

Technology-mediated Language Learning（TMLL）：以技术为中介的语

言学习，通常没有首字母缩略词，这可能是最通用、最具描述性的现代术语，徐锦芬、龙在波（2020）称之为"技术调节外语教学"。

以使用的技术媒介的类型来定义辅助教学的模式有其自然合理性，但它们都只关注了技术应用的某一侧面或阶段性特征，并不能全面反映"机辅外语教学"的本质属性，况且，由于技术发展的无止境，与技术类型绑定的术语会过时。我们其实可以把方兴未艾的大数据、云计算、人工智能的教育应用都看成是 CALL 应用的**技术融合及智慧应用**的各个阶段。CALL 这一术语之所以能被普遍接受，也是因为**计算机**是所有技术应用的操作终端和人机接口，没有例外。大型机也罢，小型机、微机也罢，甚至笔记本、上网本、平板、智能手机一直到穿戴设备，无一不是类型各异的"计算"终端设备。其小型化、移动化、智能化、具身化趋势的本质是让人不必固定在某一物理处所、限制于某一特定设备，从而可以更方便、更自在、更经济、更人性化地人机互动，而不是必须移动化、泛在化、智能化地工作、学习。工作学习的模式是由工作学习的内在要求和组织文化决定的，技术是人根据需求采用的，它或许能、或许不能、或许只能有限度地促进人的劳作和智力活动。技术要为教学研究服务，而不是强求适应；**技术应用可能会推动教学研究，但教学研究的本质与是否应用技术无须绑定**（即便到了教学研究离不开技术的时候，仍是如此）。

CALL 的发展到了 20 世纪 90 年代中后期开始了两大变化。一是随着 CD-ROM 成为家庭电脑的标配，用于语言学习的商业多媒体产品急剧增加，这一阶段的 CALL 的课堂应用主要是多媒体技术的应用；二是万维网的发展，由于网络的普及和互联网接入的增加，CALL 出现了以交际为导向的工具使用的重大转变。而从 20 世纪初开始，随着互联网带宽的突破和流媒体技术的成熟，计算机与网络应用逐渐合二为一，海量的多媒体音视频不再依赖物理的存载交付渠道而直接到达桌面，CALL 越来越多地融入课堂内外的语言学习活动中。

计算机辅助语言学习的**基本动因**是为了让语言教学更好。Hubbard & Levy（2016）假设了 CALL 有助于学习者改善学习过程的一些方式：

- 更快或更省力地学习语言知识或技能（学习效率）；

- 自选目标，更好地保留语言知识或技能，更多获取学习材料（有效性）；
- 可以获得原本难以获取或者不可能获取的材料及互动体验（可及性）；
- 可以在更广泛的时间／地点或多或少地获得同等的学习效果（灵活性）；
- 更喜欢或更愿意参与语言学习过程（趣味性——动机）；
- 只需更少的空间、更少的教师时间或更便宜的材料（机构效率）。

也许从一开始，这些就是 CALL 的目标（对老师同样适用）。然而，随着信息技术的不断发展，人们发现将 CALL 融入语言学习的另一个收获是：当教学完成时，学习者将成为语言的使用者，而技术也可能成为他们使用语言的中介。因此，技术之于外语教学是来自生活和工作的真实性场景和实际案例，而不仅仅是课堂上的附加内容。所以，CALL 的应用发展趋势将会是：

- **越来越真实的虚拟交互。**与过去的笔友交互一样，学习者借助视频和网络相互联系，使用他们在课堂上学习的语言进行合作项目，也可以利用 AI 智能助理实现跨模态、多模态的人机交互。虚拟交互的意义不仅在于情境创设，更在于它会在语言教学的课堂实践与社会应用之间架起桥梁。

- **越来越便利的移动学习。**"移动"已经超越"随时随地"学习的概念，移动性可以存在于学习者、设备或任务中，如借助翻译器、手机、耳机、AR 眼镜等穿戴设备，进行跨语言面对面虚拟对话交谈。移动学习将会成为学习型社会的常态。

- **越来越多的游戏化语言学习。**通过数字游戏环境提供的动机和参与，或通过"游戏化"学习活动和任务，增强语言学习兴趣。计算机教学游戏的应用，与其说是着眼于游戏的娱乐性，倒不如说是在学习中借用了游戏活动的心理机制。契克森米哈赖的"心流理论"[1]（Csikszentmihalyi & Lefevre 1989；Nakamura & Csikszentmihalyi 2009）揭示了游戏活动的体验特征，即以高度集

---

1 心流理论，也称"最佳体验理论"，是契克森米哈赖在 20 世纪 70 年代提出的一种积极心理学理论。该理论表明，当个人完全投入与他们的技能水平相匹配的活动，并具有一套明确的目标和即时反馈时，他们会体验到一种"心流"状态，其特点是高度专注、沉浸和享受的感觉，以及对手头任务的控制感和掌握感。

中的注意力和完全融入感为特点，以此提升任务绩效。

- **从数字素养到数字韧性**。这意味着人们将会从掌握应对数字社会的工具性技能，转向具备全方位适应技术环境的弹性、恢复力与健康生活态度。数字素养不再只是学习工具，而是生存方式，对于语言学习者和母语人士来说，这都是一个不断增长的领域，学习者成为语言和文化的关键消费者和熟练生产者。

与西方国家的 CALL 不同，我国的计算机辅助外语教学是在语音实验室教学的基础上发展起来的。但是这个艰难探索的过程已经逐渐被人遗忘，以至于如今很少被人关注，甚至很多 CALL 研究都未有涉及。多数学者默认 CALL 的历史发展三阶段论，即所谓行为主义、认知交际主义和整合主义。但是，由于种种原因，我国外语教学其实错过了 CALL 同时期发展的最初 30 年历程，一步跨入了微机时代（20 世纪 90 年代），从而经历了电化教学与教育技术并存纠结的转型过渡期。

笔者曾任教的学校的外语系于 1996 年自筹资金建设了第一个基于计算机网络的多媒体语言实验室（笔者是主持者，见图 1.4），这也是南通最早的城域局域网的典型之一。此前，南京大学外国语学院于 1995 年以同样方式筹建了 20 座多媒体机房。这是当时全国最早用于外语教学的 Windows 系统多媒体机房。同期的语言实验室均为传统的模拟语音室，此后一直到 2002 年左右才开始出现基于以太网的数字语言实验室，而且还只是主控台配置了计算机，初步实现了节目源和控制系统的数模转换。所以，我国的计算机辅助外语教学并不是个人电脑一出现就顺理成章地登堂入室的。外语语音实验室从模拟到数字的技术转型差不多走了十多年。其间，学校的计算机机房和外语院系的语言实验室是两股道上跑的车，无论硬软配置都互不相关，管理使用更无关。学校机房的电脑是不配光驱的，更不会有外语学习软件，且重启后自动恢复默认配置系统，唯一的外存储设备是 3.4 英寸的软盘（1.4MB）。

图 1.4　南通师范学院外语系多媒体语言实验室（1996—1999 年）

尤其值得注意的是，在 20 世纪 90 年代初期，笔记本电脑、电视机、便携式录音机等属于高端家用产品，不能作为学校教学设备予以列支报销。非计算机专业的教师拥有个人电脑是比较高端和前卫的。想要将其用于教学的实践者是"吃螃蟹"的那部分人。高校计算机等级考试（National Computer Rank Examination，简称 NCRE）笔试于 1994 年 11 月开始，上机考试于 1995 年 1 月举行。DOS 系统考试直到 2005 年才全面取消。因此，当时外语教学中 IT 技术的实际可行性、IT 设备的课堂可及性都还是问题。研究者想当然地采用西方学者的编年史划分，或者按流派、主义划分的做法，多少有点脱离实际的经院派色彩。

外语电化教学的语音室"课程对口模式"（仅向听力、视听、语音等课程开放）现在听起来有些怪异，但这在当时是顺理成章的。这种情况直到实验室完全数字化、教师主控台配备多媒体计算机（配置 CD-ROM 驱动器、视频加速卡、声霸卡的电脑）、学生机位配备显示器、实验室数量大幅增加以后，才有所改变。教师利用光盘软件、多媒体课件、音视频节目源、超文本百科全书等为学生打开了一个丰富多彩的多媒体世界。《空中英语教室》、因卡特（Encarta）、《走遍美国》、《老友记》等都是耳熟能详的英语视、听、读教学资源。当时的多媒体教学软件和资源绝大多数是单机版运行，但对于只能通过读课本、听磁带、看录像来教外语、学外语的老师和学生来讲，集三者于一身的多模态学习体验无疑是饕餮盛宴。随后出现的 DVD 又大大增加了数据容量，各大音像出版社争相推出了大量音视频教育节目，如探索频道（Discovery Channel）、国家地理（National Geographic）等。得益于多媒体技术的普及，20世纪末到 21 世纪初的十来年间（1996—2006 年）是计算机多媒体教学的黄金年代。

实际上，自实验室电化教学模式以来的教育技术发展，主要是以计算机为中介的学媒技术的应用发展。以教育技术的媒介观梳理机辅教学的概念与教学应用，无论是软件还是硬件，知识的加工、呈现、递授与传播，均可列入"计算机介导"（computer-mediated）的范畴。有人甚至用"技术介导"（technology-mediated）一词统称一切技术应用，并倾向于不同媒体、不同传播方式的融合、转化、嫁接，以此增加人们对信息的获取途径。它不是多种媒体之间的简单连接，而是根据需求和成本来综合运用各种表现手段、媒介形态和传播渠道，以实现投入最小、传播最优、效果最大的结果。所以，课程形态依然如故也罢，日新月异也罢，知识的优化组织、科学表征、创新和传播永远是学习认知研究的题中之义。而技术媒介是构建所有这些"环境"的手段。

但遗憾的是，计算机辅助教学资源的广泛应用在当时尚未从根本上动摇外语教育的内在结构和课程逻辑。小班上课、大班上机，计算机或者其他技术手段都还只是工具，只不过这个工具更方便、更省力、更强大。丰富的教学实践并没有形成完整的理论体系。媒介论、资源论、工具论，乃至生态论等不一而足。随着一波又一波新的技术潮汐的登陆，着眼于媒介、资源、工具观念的CALL 应用渐渐地失去了原先的光彩，尤其对于那些认为外语教育技术应该从范式走向学科的新理论学者，CALL 术语中的"assisted"（辅助）一词的格调实在不高。

但与此截然相反的是，在一些语言教学专家看来，包括计算机在内的技术手段固然重要，但它们毕竟只是工具，因而不是语言教学的核心要素。例如，

17

在讲到计算机辅助语言学习的理论时，Egbert & Hanson-Smith（2007：3）声称CALL 理论是不必要的："教育者不需要一个离散的 CALL 理论来理解技术在课堂中的作用；一个清晰的二语习得理论及其对学习环境的影响可以服务于这个目标。"对于 Egbert & Hanson-Smith（2007）来说，关键的术语是"学习环境"。他们认为，计算机作为中介给学习环境带来的影响是非常重要的，如果不深入了解技术对学习环境和学习过程的影响，任何试图描述这种环境的行为都是不完整的。"CALL 理论是一套关于 CALL 领域中有意义的元素和过程、它们之间的相互关系，以及它们对语言学习发展和结果的影响的理论。"（Hubbard 2009：629）

1.1.3　数智化外语智慧教室

智慧教室是外语教学技术化演进的高级阶段的产物，是典型的智慧学习环境的物化形态，经历了传统教室、电子教室、多媒体教室、多媒体网络教室、智慧教室的发展过程，其中多媒体教室、多媒体网络教室和智慧教室属于数字教室的不同发展阶段[1]。当前，对智慧教室大家普遍认可的描述是：运用人工智能、人机交互等信息技术增强教学内容呈现和对整个教学环境的感知，利用物联网、互联网等通信技术优化教师和学生的沟通交流，构建个性化、开放式的泛在教学环境。新兴的智慧教室方案往往融合了 AR、VR、MR 等虚拟教学模块。

与以往的教室和实验室不同，智慧学习环境是数字化学习环境的高端形态，是一种能感知学习情景、识别学习者特征、提供合适的学习资源与便利的互动工具，可自动记录学习过程并评测学习成果，以促进学习者有效学习的学习场所或活动空间（黄荣怀等 2012：23）。黄荣怀等（2012：24）认为智慧教室的"智慧性"涉及教学内容的优化呈现、学习资源的便利获取、课堂教学的深度互动、情景感知与检测、教室布局与电气管理等方面的内容，可概括为内容呈现（showing）、环境管理（manageable）、资源获取（accessible）、实时互

1　参见中国教育和科研计算机网的文章《智慧教室：从概念到评价》。

动（real-time interactive）、情境感知（testing）五个维度，简写为"SMART"概念模型，如图 1.5 所示。

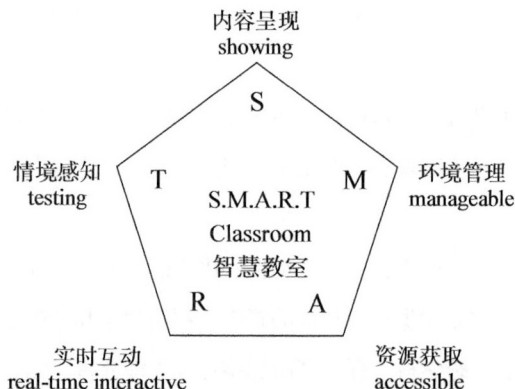

图 1.5 智慧教室"SMART"概念模型（黄荣怀等 2012：24）

但是，SMART 模型很容易被理解为智能技术对五要素的自动化实现，设备提供商与应用集成商主要也是在各设备要素的自动化操控上下工夫，而对课堂活动的人际交互、人机交互的智能化适应和活动数据的意义挖掘支持不够。换言之，人机交互的便利性有余，而对个体学习行为的适应性设计不足，对学习交互的绩效分析不足。智慧教室应该为个性化学习提供适应性学习空间，应该能全程循迹学习行为并给出绩效反馈数据和教学建议，对问答评价、随堂测试、作业抽查、堂前表演、讨论汇报、辩论等活动的数据进行跟踪记录、汇总分析、当堂反馈。何克抗（2015）认为，智慧学习环境具有记录学习过程、识别学习情景、连接学习社群和感知物理环境等四大特征。智慧技术如果只用来作为改善教与学的物理环境和方法手段，而不是用于支持学习者应对教育教学的结构性变革的动机和能力发展，那么，再先进的技术仍然是"浮云"。

国外教育界对智慧学习空间的研究比较早。由于西方教育强调个性发展，对学校环境，尤其是教室布置特别注重个性化空间设计。小学课堂中要考虑多种学习空间，如教学空间、图书角、写作中心、安全空间、亲友空间、合作互动空间、手工创意空间、数学工具空间等等。Dunlap & Grabinger（1992，

1993）在 20 世纪 90 年代初就提出 "丰富的主动学习环境"（rich environments for active learning，简称 REALs）的概念。定义教育者必须实施一些策略，以便成功地采用关于思考、学习、指导和成就的新假设。REALs 是一个综合性的教学系统，包括：

- 从建构主义哲学和理论发展而来教学策略，并与教学环境一致；
- 能促进真实（即现实、有意义、相关、复杂和信息丰富）背景下的学习和调研；
- 鼓励培养学生的责任感、主动性、决策能力和意向性学习；
- 培养一种建立知识学习社区的氛围，利用学生和教师之间的协作学习；
- 利用动态、跨学科、促进高阶思维过程（即分析、综合、解决问题、实验、创造力和从多个角度检查主题）的生成性学习活动，帮助学生将新知识与旧知识相结合，从而创建丰富复杂的知识结构；
- 通过实际任务和学习表现评估学生在内容上的进步。

从上述描述中可以看出定义 REALs 系统的两个特征：其一是整合性，即将新知识与旧知识联系起来，增进和丰富现有知识的过程，进而提高了学习的深度，增加了获取信息的能力；其二是全面性，即把学习放在广泛、现实的环境中，而不是孤立和条块化的知识学习。人工智能、物联网技术和新媒体技术是支持实现这两者的工具。值得注意的是 "丰富学习环境" 的研究始终伴随着旷日持久的学媒之争。Clark（1994）认为，新媒体技术可以是 REALs 不可分割的组成部分，通常事实上也是。然而，真正的学习并不局限于任何特定的技术媒体，而是各种各样的方法和想法。智慧教室应有助于创造一个促进和鼓励主动学习的环境。Clark 有力且令人信服地论证，影响学习的是教学方法，而不是媒体，因为任何必要的教学方法通常都可以在不止一种媒介中设计。虽然人们对 Clark 的观点有不同程度的接受和反对（Jonassen 1994；Kozma 1994），但 REALs 系统的旨归始终是一套教学方法，其设计假设是媒体是学生和教师使用的工具，环境中发生的学习是基于鼓励思考和推理的活动和过程，而不是传递信息的媒体本身。

随着信息技术的不断发展和教育应用的逐步普及，技术与方法本身已越来越不可分割：人们为驾驭技术而不断推出新的程序和算法（人的智慧产物），但高度智化的技术却不尽如意地左右着人的活动。智慧学习空间的研究一直在效益最大化的追求和人的自主化需求两者之间纠结。人们对智慧教室的期许越来越高，但实际情形却是技术提供方与教学应用方就像两股道上的车轱辘，齐头并进，却从未交集。就像智能手机的智慧功能越来越多，但使用者却变得越来越懒惰、被动，很多功能和应用沉睡着从未被唤醒。外语教育教学的技术化道路，从技术单品应用、语音实验室、多媒体教室，一直到网络教室、智慧教室，始终没有离开这条爱恨交加的主线：技术赋能于教学，但效果始终不尽如意。

现代意义上的智慧教室被定义为智能技术辅助的封闭环境，国外许多学者从多个侧面描述智慧教室的功能特征，如可以增强教学体验（Diaz León *et al.* 2017）、有更好的演示工具（de Groot 2002）、增强学生参与度（Lui & Slotta 2014）、促进更好的互动（Suo *et al.* 2009）和有更好的物理环境（Guntha *et al.* 2016），等等。它还可以为各种教学支持任务提供工具，如考勤、评估和实时反馈。图1.6展示了智慧教室研究的主要分类，下文进行详细说明。

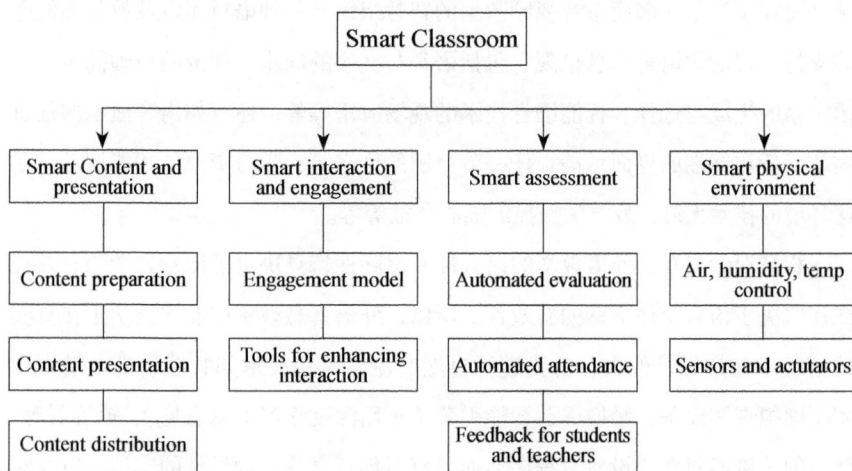

图 1.6　智慧教室研究的分类（Saini & Goel 2019：2）

21

（1）**智能内容与呈现**：这包括内容准备、演示和分发丰富的交互式多媒体内容，系统可根据目标参数、行为参数和主动请求，自动推荐相关学习资源，并以适合的方式呈现；

（2）**智能互动与参与**：这包括智能技术支持下的学生之间的互动、教师与学生之间的互动以及学生在课堂上的参与。系统可以跟踪记录学习行为，并建立与绩效数据之间的可能的关系；

（3）**智能评估**：这包括对学生学习的评估（测验等）和对老师的反馈（讲座质量）；

（4）**智能环境**：除了智能教学设备外，智能教室还应该有一个健康的物理环境。

显然，这样的分类是高度抽象的，是通用的、粗线条的原则性描述，虽然不能充分反映不同学科的智慧教学需求，但可以为各学科教育技术应用研究开发提供合理的框架，进而发展出更为丰富、更符合学科特点的智慧教学技术。就外语教育教学的智慧教室研发，也可以在此框架下形成自身的特点：

智慧教学内容：除了通用的教学演示和内容分发的便捷性，外语教学的特殊性还在于海量的多模态音视频数据的智慧组织、各种语料库以及教学案例库的支持；智能化语言信息呈现，包括语音与文字的同步、视像的声画同步、多语字幕的生成与选择、智能语音技术的现场应用等等；还有如内容演示的任意缩放、任意终端的界面示播、任一节目源的推送等；学习资源的智能推荐，通达环境的技术无痕，教、学操控的随心所欲等等。

智慧课堂交互：外语教学的语言性、交际性特点决定了课堂教学的有效性往往取决于语言交往活动的有效性。所以，外语智慧教室应能支持学生在真实的情境中与知识、他人、自我进行自然交流，可用技术如智能终端、增强现实、虚拟现实设备、触摸屏、智能弹幕（利用深度学习汇总意见）、抢答器等。此间的关键不只在于设备、程序，而且有对创意交往活动设计的支持，以及对行为过程的跟踪和对数据意义的建模。所以，循迹记录的数据积累、意义挖掘分析，以及可视化现场反馈都很关键。

智能分析评价：智慧教室的评价功能与一般的学习管理系统（learning management system，简称 LMS）不同，它不仅是对学习作业成绩的自动汇总、分析反馈，更是对现场学习行为数据的全过程跟踪与分析，有效描述个体学习行为的绩效曲线。基于情境感知技术的行为分析可针对有意义的学习行为，评价的有效性取决于是否清晰定义什么是学习行为，什么是非学习行为，并合理赋分、给出智慧对策。现在的研发趋势似乎对可观察的行为表现，如低头、趴桌、表情、小动作等非学习行为感兴趣（供教学预警），而对有意义学习行为的建模研究不够重视。且不说这类不用功现象的捕捉是否会触及伦理问题，就此类行为本身是否具有教学价值，以及这些行为的成因和影响学习的心理机制也难以确定。学生的性格特征、兴趣偏好、认知策略、话题注意度抑或是教师课授方式差异（如可视化程度）等不确定因素都会引发类似行为，但却不一定具有现场的教与学的分析价值。技术研发应该把重心放在对有意义的学习行为的智能化支持上，将有限的算力用在学习行为的意义挖掘上。课堂教学支持是面对常态教学情况下的教、学活动，而不是面对个别问题学生的实验研究。这并不是说问题研究没价值，而是说此类做法可能不恰当地将注意力导向学习问题的简单归因。

智能物理环境：物理环境一般指教室的温度、湿度、灯光、通风等因素，智能遥感设备会自动加以调节。这些相对容易做到，且做得不错。但是，在物化教学设备的智慧化集成、自动适应不同教学模式的采用方面，深度研发的兴趣和主动性似乎不到位。比如，是否可以在多媒体课授、在线直播、线上线下混合、远程互动，甚至是不同课型模式之间实现一键选择，而不必让任课教师焦虑设备开启、程序调用、音响调节、视频连线、摄像头角度、课堂走位、师生互动乃至签到点名等技术操作因素，真正做到智慧教室的"技术无痕"（tech-free），让教师全身心关注教学本身，忘掉技术操作。遗憾的是在很多情况下，不要说智慧教室，就连多媒体教室的教学电脑都不能做到操作环境的兼容。

显然，以上的分析表明，真正具备智能的智慧教室关键不在于资源、设备的集成与自动化操作，而在于外语教与学的各种过程数据的抓取、整合、分析、反馈。这些数据和新的连接改善了外语教学的日常运作，并有潜力加速语言学习活动的实验、创新和合作。这些目标的实现可能需要配备有信息技术、机器学习、传感器网络、云计算和可访问硬件，以及可以追踪学生进度并提供个性化反馈的学习分析工具。

现有的智慧教室概念存在较大的局限性。第一，设计理念上仍局限于设备操作、资源访问、课堂管控的便捷化、自动化、智能化上，而非基于数据的、对师生活动的智能化支应上，教师仍被要求去适应新软件和新技术，设备的智慧程度与教师的熟练程度相关（教学操作易用性不够会影响课堂授导流畅性）；第二，提供这些新技术并实现这些概念的成本相当高，目前很难普及；第三，智能技术在现有的教育体系中仍然缺少适应性设计（如自动、广谱适应于不同技术喜好和技术水平的教师和学生）；第四，智慧教室的内容性资源配置不足、智慧化程度跟不上，其原因可能是设备集成与内容提供两者不属一家，两者虽各有所长，但应用集成度不高、取长补短不易（期待 GPT 模型嵌入）；第五，智慧教室设施设备的工学设计和环境装修人性化不够，不计成本、豪华配置大屏、中屏、小屏，造成光污染；在新技术教学中，持续接触计算机或手机可能会导致眼睛疲劳、颈椎疼痛等健康问题。

最后值得注意的一点是，并非所有课程或课程的所有环节都需要配置**全景式智慧教室**，事实是某一类智慧功能的加持就已经足以改善现有课堂教学。所以，更好的选择是在智慧校园的总体规划下部署教室智慧化程度的梯度安排。如智能建筑的概念比单一智慧教室物理环境的智能改造更经济；校内云的部署应该成为各学科智慧内容建设的基础；智慧化演示和无障碍交互应该成为普通教室的标配，等等。否则，发力于单一智慧教室建设的豪华配置反而会造成隐性的结构化闲置浪费，因为并非所有老师、所有课程教学都需要用足资源，囿于一室的资源配置也会因无法与其他教室共享而形成信息孤岛。所以，技术的配置不是越高档、越全面、越先进越好，合理的结构性适配更符合国情、校情和学情。当然，还应考虑如何克服社会发展、信息化水平的差异造成的数字鸿沟等问题。

总之，外语教育技术应用的计算机化的历史告诉我们，数智技术赋能于教育的作用不可低估，但平心而论，目前教育之于技术大多是现成的设备应用和被动的功能适应，主动的设计研发、向技术提要求相对较少。所以**在一波又一波教育改革的热潮中总会出现技术有余、智慧不足的现象**。

1.1.4 虚拟化智能外语教学

虚拟现实技术，是沉浸式技术的一种，也称灵境技术或人工环境，是20世纪发展起来的一项全新的实用技术，广泛应用于影视娱乐、教育、医学、工程、军事等领域。虚拟现实利用计算机构造出一个形象逼真的（环境）模型，人与该模型可以进行交互，并产生与真实世界中相同的反馈信息，获得和真实世界中一样的感受。当人们需要构造当前不存在的环境（外部现实世界）、人类难以企及的环境（超巨、超微、超危险、超复杂）或构造纯粹想象的环境（虚构的故事、游戏场景）以取代需要耗资巨大的真实环境时，就可以利用虚拟现实技术。

虚拟现实的构建其实是一个从现实环境（real environments，简称 REs）到虚拟环境（virtual environment，简称 VEs）的一个连续统（Milgram & Kishino 1994: 1322），如图 1.7 所示。可以有屏幕上的桌面级仿真应用、运用穿戴设备的投入式应用、增强现实性的虚拟应用和军事等高端用途的分布式虚拟现实。广义的虚拟技术还包括 3D 电影、全息投影、激光衍射等技术。普通的电影、电视、录像等都可以看作是早期的虚拟现实。

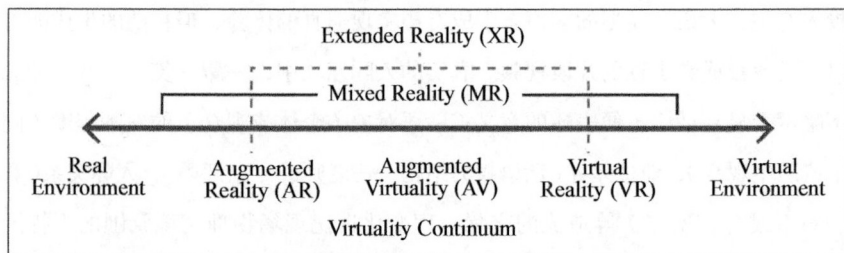

图 1.7 现实——虚拟连续体（Milgram & Kishino 1994: 1322）

通过向自然语境添加图形、声音和触摸反馈来创建用户体验的增强现实技术（augmented reality，简称 AR），是外语沉浸式、交互式学习的首选应用，其技术特点是"通过添加计算机生成的虚拟信息来增强／扩展实时物理现实世界环境中的直接或间接视像"（Carmigniani & Furht 2011），当然，也包括听觉、动觉信息。它是计算机辅助语言学习中采用的新颖技术之一。Azuma（1997）将 AR 定义为具有三个重要特征的系统：真实和虚拟维度的结合、实时交互和三维应用。

AR 的虚实结合和实时交互，对外语学习是为大用，三维视觉体验倒在其次，关键在于交互。至于穿戴设备下的全景投入式 VR，性价比不高，至少眼下难以普及，或可用在智慧教室或仿真实验室条件下进行实验型、研究型教学，如杭州师范大学的虚拟现实与外语教学模态再建研究（李颖 2020）。虚拟现实的教学效用在于**其情境使用的可重复性**和**个别体验的拟真性**，前者最好是开发通用型语言仿真实验室，或教育类人工智能 AR、VR 平台，类似于"第二人生"（Second Life）一类的游戏平台，而不必是一情一景的单用途制作。所以，叙事构建很重要，话语功能、语用场景的提炼是关键，当然能自定义 GPT 模型就更加理想了（借助 GPT-4 Turbo）。比如，截取毕业与入职这一时段，虚构连贯的实际故事经历就会与学生毕业季体验比较吻合。内在的心理需求、实在的生活博弈比假设的学习活动场景更能促进学习。若能虚实结合，那就更好。

至于 VR 的多模态场景效应，理论上讲或许是成立的。但无论是人工绘制还是 AI 生成的场景模态目前还达不到理想的拟真效果，这与技术水平和经费投入有关，大语言模型的多模态生成有望实现逼真的体验，但目前的生成能力也只是数秒或数十秒的片段视频。真实的人际互动中，一颦一笑、一举一动无不暗示着显在话语不便表达的意义；话语对象（个体或观众）的熟悉程度（同学或陌生观众）、地位差异（话语权力结构——老师或专家评委）、人际关系（竞争对手或合作伙伴）等造成的交际心理变化远比现场物理情境氛围的干扰因素大得多。甚至可以说，如果除去人的因素，物理景观的影响可以忽略不计。所以，电影录像、视频会议、实况转播、多媒体合成等技术仍然是仿真、全真交际练习的常用手段。VR 适用于个体试练，与真人实操相结合方可相得益彰。值得注意的是无论是虚拟还是现实，场景构建的目的是营造适合语言交际的氛围，提供更多、更真实的语境支持和现场心理驱动。语言交际的怯场更多的还是性格因素。作为训练，需要适度的紧张和心理舒缓，而不是干扰和压力测试。以考代练是教育领域的习惯性思路，但其结果不是培养成长，而是应试训练。

其实，AR 是现阶段应用更普遍的虚拟手段，而定义 AR 的方式也没有那么严格。麻省理工学院（Massachusetts Institute of Technology）的建筑与规划学院教授、增强现实游戏专家埃里克·克洛普弗（Eric Klopfer）曾将手持设备和移动电话上的基于位置的游戏，它们在给定位置提供额外的虚拟数据或信息都纳入了增强现实领域（Jenkins 2006）。该技术是一种将虚拟信息与真实世界巧妙融合的技术，广泛运用了多媒体、三维建模、实时跟踪及注册、智能交互、传感等多种技术手段，将计算机生成的文字、图像、三维模型、音乐、视频等虚拟信息模拟仿真后，应用到真实世界中，两种信息互为补充，从而实现对真实世界的"增强"。

AR 使用的技术不限于任何特定类型的显示技术，例如头戴式显示器（head-mounted display，简称 HMD）也不限于视觉。AR 可能用于增强嗅觉、触觉和听觉（Carmigniani 2011）。"随着设备变得更便宜、更小、足够强大，可以运行应用程序，技术已经赶上了增强现实的想法。"（Salmon & Nyhan 2013：60）除了穿戴设备外，智能手机、网络摄像头和数字投影仪也被用于增强现实。智能手机在 AR 中扮演着重要角色，因为它们配备了摄像头、应用程序和互联网连接。它们可以将虚拟图形和媒体覆盖在物理对象上，如文字、图片或对象。使用智能手机相机指向文字、图片或对象，用户可以接触到增强的虚拟层，如语音、视频、3D 动画或文本解释。这使得将外语课堂环境转变为虚拟学习环境成为可能。

外语的教学改革，根本变化在于将"**教书**"变为"**教学**"。在资源充裕、技术便利的当下，我们应跳出课堂"讲解"的既定框架考虑课程设置与教学实施的变革。比如，采用外语学习中心、诊所式评测、菜单式修学、自修式慕课、应邀式私播课、值班式在线辅导等等（其中蕴涵了不同的学习模式：泛在学习、移动学习、在线学习；探究学习、自主学习、询证学习等）。再比如，利用虚拟技术进行仿真实践教学活动：**仿真场景**（课堂、实验室、博物馆、旅游景点、商务职场等）、**仿真对象**（学习助理、对话人物、谈判对象等）、**仿真事件**（演讲比赛、同传训练、新闻发布等）、**仿真活动**（虚拟环境中活动的设计：场景对话、演讲、辩论、应聘、采访、导游）等。语言实训仿真实验室应兼容多场景、多功能、多语种（用户可选）。除翻译（同传、交传）仿真实验室以外，不宜专设文旅、商务、民航、酒店等专业类仿真系统，因为这些系统在技术上是通用的，只是场景数据内容不同而已（可作为自定义模块）。分类定制适销大多是商业套路。特别值得提醒的是：沉浸式语言学习仿真实训是个体体验，语言仿真实验室建设最好应设有免扰机位、抗干扰耳麦，或可供同步、异步远程个别访问。集体课堂模式既不是仿真实验室首选模式，也无法做到沉浸式个性体验。但凡到了集体学习场景，真人配对交谈、分组讨论、多人互动时，人际因素凸显，虚拟情境的效用反倒消减了。

也正因为如此，不少老师存疑，虚拟现实用于外语教学是否可行、是否值当？其实，就技术与应用的角度来看，无所谓行与不行、值当与不值当，关键在于成本与收益的平衡：即我们用其解决什么样的教学问题，或者更确切地说，我们是否将其用来解决常规技术手段无法解决的教学问题。如前所述，VR、AR 的价值在于场景和内容的重复使用和个体的仿真体验，这就是传统课堂教学不能同时满足的。再比如，全面掌握每一个学生的学习行为并及时给出有价值的教学反馈，这在非技术化条件下也是难以做到的。所以，从实验教学研究的角度看，VR、AR、MR 和其他外语教育技术一样，自有其应用价值。而且，技术不该总是用于济急或娱乐，更应有前瞻和创新（改善认知体验、排除心理障碍、激发学习动机）；当然，技术应用也不必一步到位，而应因时制宜、与时俱进。以下是可以采用虚拟手段来设计的应用原则与策略：

- 难于引入课堂，但又是语言习得所必需的场景（如目标语国家的风土人情、民俗流变、语用情境等，可有一般观影、触摸互动、全景投入等不同层次的应用）；

• 可以实际组织的外语实践活动，但成本太大，且不能反复的场景（如赛事现场、新闻发布、涉外职场、会展博览等，可有全息投影、全景建模、投入式 VR 等应用）；

• 可以应付外语常规教学，但实际效果欠佳的场景（如实际语用场景、对话人物、具体话题语境等，可有视频会议、视频电话、视频现场连线、桌面人机对话、机器人助教、AR 跟踪等应用）；

• 结合学生专业技能的 AR 教学，辅以外语解说、操作指令等，进行附带性外语习得训练（可利用智能语音技术实现：语音识别＋语音合成）。这对职业院校的大学英语教学特别有用，但需要顶层设计、院系配合、产学合作（针对外语教育应用的智能语音技术与行业虚拟技术科技公司合作），以避免低水平重复开发。

基于数字技术的虚拟仿真教学可针对总体人才培养计划和具体教学目标，设计语言活动矩阵，分析技术可能、成本效益、学生参与、操作便利等因素，分别采用影视技术、智能语音技术、虚拟仿真技术或集成系统。

外语教学本质上是实践性教学。但是，纯语言类专业设置的人才培养模式、公共基础课框架下的大学外语教学模式，均难以适应信息化社会的人才需求。随着高校教育改革的深入发展，对大学生的外语素养要求不会降低，只会更高。这无可避免地面临着现实和理想之间的矛盾：（1）掌握语言需要的有效学习时间和实际可用的计划学时之间的矛盾；（2）同一课堂、统一进度的教学模式和实际存在的学生需求差异之间的矛盾；（3）语言知识性学习和缺少语言实践环境之间的矛盾。如何破解高校外语学习的学时瓶颈、提高外语学习的实训密度和有效性，将英语学习变成基准线以上的选择性自觉，而非被动的达标测试？两者的差别在于前者是有高度、有梯度、有选择的主动修读；后者则是被动勉强的低水平应付。目前大多数学校正在进行这方面的改革。但多数仅限于课程设置层面的行政操作，而远远没有触及施受双方的个体需求。各级各类的课程仍然是大班统一上课，仍存在差、优生陪读现象，结构性资源浪费是常态。低成本 AR 技术应用，在这方面是可以大有作为的。

1.2　外语教学中的技术观念变化

技术持续不断的进步能否与观念的变化同步，这一点并不乐观。尽管教育技术的发展已经到了泛在与通用的地步了，但是，耳提面命的教学形式一直难以撼动，即便是网络数媒技术大行其道的当下，面对面的讲授仍然是师生互适性最好、教师自在感最强的授受形式。在部分教师看来，再好再先进的技术仍然只不过是工具。种种技术媒介的课堂应用，其初衷似乎也只是为了弥补肉身功能的不足才被选择性采用的（麦克卢汉 2019）。各种类型的黑板、白板、挂图、贴片、实物教具、幻灯投影，一直到无处不在的 PowerPoint，无一不是为了辅助、强化、优化教师的知识讲授。就连采用了数媒音像技术的微课、慕课，从本质上讲，仍然还是记录、保存、还原、演播了课堂讲解的局部或全部（大多数也确实如此）。改变的只是授受的媒介，而不是知识递授的本质。而且，只要可能，人们总还是乐意见面。当下流行的视频会议（抑或是全息视频会议）、在线授课，不还是昭示着人类这种原始的"见面诉求"和身临其境的贴身感受吗？可见，面授这一学校教育的课堂范式具有深厚而久远的历史底色和人类学意义上的合意性。

所以，课堂这一人类文明的传承场所和教化模式，似乎是天然合理的。课堂上种种技术的介入都是为了方便授导、提高效益，而不是替代本真。这就是技术作为辅助手段的哲学内涵和历史现实。无论是低成本的教学工具，还是高端的智慧教室，都被看作是辅助手段，核心仍然是知识演授、话语交流（chalk and talk）。

然而，正是这种近乎本能的感受，工具的主体性地位一直很难引起教育工作者的注意。现代信息技术手段由硬变软（从物理到心理），由显性转向隐性，软件、课件、数据、算法，一直到数字助理、AI 问答，技术手段已经不再单纯是外在物化的工具，而逐渐演变为内在的逻辑和策略。当算法作为智能因素介入教育技术后，教育技术不再仅仅是辅助工具，而是在不知不觉中成为左右师生心理和行为的隐形推手。

1.2.1　数智融合与技术应用的观念变化

数智融合主要指的是将数据和智能技术相结合，以实现更高效、更智能的决策和操作。之于外语教学应用，主要有两方面的含义：一是教学内容与学习资源的数智化，在智能引擎、内容生成技术的支持下，学习者可以更加方便地获得适合自己的学习材料；二是学习过程的数智化，智能设备和感知程序记录所有的学习数据并加以分析，为我们提供即时学习反馈和最佳学习建议。同时，数字媒体技术作为人类身体与心智功能的延伸，也越来越成为人体机能和社会功能的有机组成部分，难以剥离。以课堂教学来讲，录音录像和数媒影视技术可以突破时空限制记录和再现现实（不必重复讲授，方便复习、预习、补习等）；网络化、云服务可以使海量信息瞬间即达（方便知识检索与探究性学习）；大数据、人工智能把延时反馈变成了全天候及时反馈（及时了解学习情况，实施针对性教学干预），多媒体技术可以实现信息内容的立体化、可视化、结构化科学表征（提高教学效能与促进学习认知）。技术介入后的课堂：教学内容动态化、交互化、自定义化（超文本新形态教材）；教学活动自组织化（个性、自主、协作）；教学测评的多元化、智能化（自测、互测、机测的介入）等等。外语教学中的技术观念正悄然发生着变化。

虽然课堂没有变，但是课堂的话语生态会发生改变；教师的主导作用虽然依旧，但由于数智技术因子的介入，促使教师改变教学行为的因素变得更多、更复杂，但同时也更及时、更具针对性；学生虽然仍旧是知识的接收者，但是学习中的探究性、批判性要求更高，且自主性、独立性更强；教学内容仍需以教材作为蓝本，但是呈现的方式更加灵活、更丰富，且更具适配性；课程规范与教学流程仍然需要严格规定，但教学内容与学生的实际结合更紧密，教学活动的组织则更多变、更多元、更具活力。总之，教师、学生、教材、教室等课堂生态因子由于数智技术的介入，衍生出全新的样态。技术不但具有辅助教、学的工具属性，同时也具有了左右教、学的类人属性。随着 AI 技术介入程度的广泛深入，技术越来越成为全方位、全过程融入教学智力活动的活跃因子（如知识表征、递受媒介、计算大脑）。

从教育要素的主客体性质来看，作为执行教育教学任务的教师是主体责任者，所有的技术手段、方法等均处于从属的、辅助的工具性地位；但从教育教学实施的具体操作过程来看，人与技术各有所长，两者是互补的关系。人之所短，技术辅之；技之所短，人可辅之。但是，在数字融合的教学语境中，通过数据分析，智能设备和程序越来越"理解"人之所需；人对技术功能和效用的理解与期待也越来越理性实际。人通过 AI 技术赋能自己，而 AI 技术通过人的使用不断完善。随着技术的智能化程度的不断提高，它与人的互惠关系也变得越来越令人期待。

所有这些都大大提高了人们对课堂的信息聚合与交换功能的认识，同时，人们也看到了数智技术在这一过程中的巨大作用，这是技术进步带来的观念变化。仅仅把技术手段当成辅助工具的观念可能会阻碍我们对教育数字化转型的深入理解和开拓创新。不过，这种观念转变的向度和程度，在教师群体中的表现是参差不齐的。

1.2.2　数智语境中教师技术素养的专业性

外语教育领域从教学法研究到教育技术应用，其主体一直是广大外语教师本身，但是其作为研究领域或应用场域的专业性地位，一直以来都未得到外语主流学术圈（文学、语言学、翻译学）的同等重视。学界较少思考什么是外语教学的专业性，什么是教育技术应用的专业性表现，人们甚至把技术素养仅仅看作计算机操作技能和数媒编辑技巧。

外语教师的专业素养应该既包括对本学科知识技能的系统把握和专门训练，也包括能运用恰当的方法和技术手段教授这些知识技能。但在一般人的概念中，获得相关专业的学历学位，就具有了从事该专业领域教学的资格，从而也就具有了专业地位。如果在相关领域还发表了很多学术成果（通常以文章、专著数量和学术含量为标准），那么就在该领域具有了学术地位。学科知识领域的广博精深者被称为学者，技能领域的技术精湛者被称为专家，而能否有效地教授这些知识或技能，大多默认会什么就能教什么，即所谓达者为师。换言之，对"教"这一行当，缺少科学性认识和专业性确认。"教学有法、教无定法、贵在得法"的经验式体悟模糊了对教学方法与技术应用的专业性界定和学理性思考。

从本质上讲，所谓专业性，即指所从事职业的不可替代性。替代性越低，专业性越强：比如律师、医生、工程师等；替代性越高，专业性越低：如保洁员、快递员、门卫保安等。教师的专业替代性，按理说并不比律师、医生低，但是，由于没有即刻、刚性的利害关系，又或者是由于其他种种原因，从教的门槛被人为设低了，尤其公共基础课程的教学。

长期以来，在外语学术领域，就一直存在类似的专业性判定的观念性偏颇，具体表现为：学科知识具有专业性要求和标准，而教学方法与技术的掌握并无专业性判定（除非把后者也变成学科性理论知识）。所以，文学、翻译甚至语法等专业课，教师是不能被轻易派课的（需要足够的知识储备和专业素养）；但是教外语口语、外语基础课、大学外语课，只要外语达到门槛条件（即本科外语专业毕业），大部分教师似乎都可以"胜任"。至于教学中的技术应用，则更少有人将其视为"专业"（无论是知识，还是技能）。隐性的方法和显性的技术似乎都不属于外语学科的专业性内容，它们只是施教者灵感所致的选择，抑或是无师自通的经验积累。这也许就是中国高校一直设有通用语种（英语）和越来越多非通用语种本科专业，却长期没有相应的外语师范本科专业的观念性原因，只有加括号的"英语（师范）专业"。其隐含的逻辑就是只要会外语，就能教外语。所以，外语教师有外语水平的专业性认定（专业四、八级证书，翻译资格证书），却鲜有教学技能的专业性认定。当然，以此判断中国的外语教师都不具专业性是武断的。高等院校本科专业目录里曾一直保留着师范类英语，国家从 1995 年 12 月起还开始实施教师资格证制度，2004 年开始成为刚性要求，并在 20 世纪末基本废除了代课教师制度，彰显了对教师职业专业性的重视。但是，平心而论，教师资格的认定只是默认了各级师范类专业的学历具有对应各级别、类别学校的教师资格，其他非师范类专业的教师资格认定，也只是在学历门槛之上通过几门教育类通识课程（教育学、心理学）的考核和普通话达标而已。

这种资格认定离真正的教师职业训练和执业资格还相去甚远。教师资格证只是官方认定的教师从业入门证，但却无法甄别教师的学科教学能力及其专业性程度。其结果就是有专门研究外语教学的学者（师承或学术志趣），也有专门研究外语教学的机构（附属于高校或管理机构的各种民间学会），甚至还有半官方的外语（专业）教学指导委员会，但唯独没有对教师个体的学科教学技能和业绩水平的专业性认定（相当于律师、医生的执业资格）。替代性做法是各学科通用但不太专业的学生评教、同行评议、领导评定。职称评定也许可以看作是对教师水平的学术性认定，但这似乎仍不能构成某一领域执教行为的不可替代性。不会教英语、教不好英语，甚至连英语都说不好的专家、教授也并非绝无仅有。固然，能说好英语、教好英语的老师也不可能都成为专家教授。这恰恰说明了外语教学的专业性标准与外语学科的学术性标准是有所差别的。并不是有了学历、职称、资格等证书就自然具备了外语教学的专业性。

那么，如果连外语教学本身的专业性都未能进行体制性确认，外语教育技术应用的专业性又如何体现呢？我国外语教育长期以来对"经验性外语教学"模式的体制性默认阻碍了外语教学科学体系的构建和专业地位的确立，也阻碍了外语教育技术的专业性发展。

外语教学中狭隘的技术观念还表现在从机构性操作到个体认知的多个层面，突出体现在对外语教学本身以及教学中技术应用的专业性的认识上。在绝大多数外语教育工作者的观念中，掌握外语知识和技能是教好外语的必要条件，没有不行；懂得如何教外语、怎样用技术教外语是教好外语的充分条件，有了更好，没有也行。技术原本只是方便教学的工具（物化工具、智化工具），外语教学远远没有达到离开了技术就不行的程度。尤其是在特定情况下，耳提面命、口耳相传，借助于纸笔、书本、实物仍可以很好地教。即便是在学校环境下，没有技术加持，也不是完全不可以进行教学。所以，会技术但不会外语，一定不能教外语；会外语但不会技术，未必不能教外语。那技术的作用是什么呢？技术的专业性又如何体现呢？

我们认为，技术和方法的专业性并不仅仅体现在教师的技术知识和操作技能上，更体现在教师面对具体的教学情境、教学对象、教学目的和教学内容时，能否对技术的用与不用，以及如何用与为什么用做出恰切的思考与效益判断。撇开所有的操作细节不谈，在理解教育技术作用时，教师至少在观念上应该明白，技术赋能不只是补拙，其效用是具有边界条件的：

同等条件下，懂技术应用比不懂技术应用好（此处的条件是指外语水平和教学能力）；

同样的技术，恰当应用比不当应用好（技术既能扩大优势，也能放大缺点）；

正常条件下，技术应用能够锦上添花（好的教师、好的教学设计＋技术应用会更好）；

非常条件下，技术应用可以雪中送炭（如面对课时紧缩、批量个性化、远程授课等）；

适配条件下，技术应用的效益总是大于不使用技术的效益（多媒体、多模态效应等）。

总之，对技术效用的理解不应拘囿于局部、具体的个案。技术应用的系统效应远大于个体效应。信息化生态环境下，技术不仅是工具，同时也是观念、规范、文化，是一种学习方式、工作方式乃至生活方式。技术一旦发展到了教学、科研离不开它的时候，技术手段就获得了相对独立或互为主体的地位，就具有了专门的研究价值、开发价值、学科价值。如果观念中一直认为技术是可有可无的，那么就不会认真对待技术应用的专业性问题，甚至对教学中许多由于外行的技术应用而导致的无效学习现象熟视无睹。

任何一种教育技术应用应该精准切入到实际的教学问题上来，并能提供解决的思路与技术方案，如教学演示的原理与策略（可视化设计中的视觉原理、注意力分配、认知负荷处理等）、课堂面授与在线函授区别（技术介入后的分布式认知效应）、翻转课堂的预习设计与材料制备（针对性教学的预案及预后），等等。

有关教师发展的文献表明，教师的基本学养和专业知识水平受到了研究者的普遍关注和一致认同。但是，学者对教育技术和教学技能的素养及作用往往各执一词。各专业领域的学科专家往往对技术应用不以为然，各种教育技术应用的研究论文也常常将技术本身和技术应用混为一谈。长期以来的外语教育实践中，会外语就能教外语的思维惯性一直存在。但是现实问题在于，不必说初登讲台的新手，即便是很多功成名就的专家学者，教不得法、讲授寡淡的现象也并非偶见，甚至专事研究二语习得和外语教学法的研究型学者，也不一定就会自觉地将研究成果用于自己的教学实践。所以，知识型、理论型学者不少，但是能教好外语的教学型、实践型专家却很少，能利用技术教好外语的创新实践者更是少之又少。我国外语教学，尤其是外语专业的教学实践中，学科性、学术性含量远大于科学性、技术性含量，经验型教学一直占据主导地位。这对外语教育技术应用与研究的发展是极为不利的一面。

学术性与专业性失衡问题有其内在的逻辑和外在的原因。从学理的角度看，**学术话语**侧重在相对较长的时间内转移、评估和创造正式知识，其衡量标准是基于数量相对有限的专业受众的出版物，所以，著作等身历来为大学当局和学者群体所重视；而**专业话语**侧重在短期内成功处理问题，或采用技术手段解决实际问题，它的衡量标准是基于特定领域的实践成果，只是这类成果的量化标准并不一致。

要成为专业或学院的一分子，我们需要获得特定的知识、技能和能力，但也需要能够在一系列环境中适当地应用自己的学识。换句话说，就教育技术而言，我们不仅要能够"谈经论道"，还要能够解决实际问题；不光要做学者，也要做专家。但令人困惑的是，在大学里，我们常常认为某一门课程很专业，但结果却是学术性的，即"以研究为基础"，而不是"以实践为基础"。教授，尤其是文科（包括外语）教授，讲着讲着就把实践讲成了研究，或者就是让研究脱离了实践，这就是典型的会讲不会做。教育技术学常常给人这样一种"眼高手低"的感觉，这其实就是专业性不强的表现。外语教育技术的研究与应用在这方面的欠缺是客观存在的。当研究者笃信的技术手段并非不能被非技术手段替代时，我们很难认为该技术手段的应用是具有专业性的。换句话说，唯有用其他方法不可解决的专门技术和方法，才是真正具有专业水准的。许多教育技术手段，抑或是外语教育技术手段，迄今为止还没有达到不可替代的地步，因此，它们的专业性程度仍有待提高。

第二章　外语教育技术的理论依据

外语教育技术学的研究，虽然服务于外语的教学，但它的研究重点不在于语言或语言的教学（这是外语教育学、语言教育学的任务），而是语言教学过程的技术应用。所以，笔者倾向于从以下三个方面来厘定外语教育技术应用的理据：学习科学、多媒体学习理论、分布式认知理论。

2.1　学习科学与教学设计

学习科学（learning sciences）是一个跨领域学科，致力于加深对学习的科学性、人文性和批判性理解，并参与学习创新的设计和实施，以及教学方法的改进。学习科学的研究传统上侧重于认知心理学、社会心理学、文化心理学和人类学习的批判性理论基础，以及学习环境的实践设计，其主要贡献领域包括认知科学、计算机科学、教育心理学、人类学和应用语言学。作为一门学科，它整合了心理学中关于认知和学习心理过程的研究、课程和教学论中关于教材组织及教学过程的研究，以及教育技术学中关于如何建立动态系统以支持学习的研究。在过去的十多年中，研究人员将重点扩展到课程设计、非正式学习环境、教学方法和技术创新。因此，学习科学与教育技术应用研究在理论基础和实践应用方面有着紧密的联系和交汇。

学习科学是在对认知科学等学科关于学习的研究方法和观点进行深刻反思的基础上，逐渐发展起来的一门相对年轻的学科。最初是 1983 年由美国银行街教育学院（Bank Street College of Education）和社会研究新学院（the New School for Social Research）的扬·霍金斯（Jan Hawkins）和罗伊·皮奥（Roy Pea）（2016）提出的联合研究项目，被称为 PET（Psychology, Education, and Technology）。学习科学旨在建立心智、大脑与教育之间的桥梁，将生物科学的最新成果，包括认知神经科学、情感神经科学、基因科学和分子生物学等应用于教育和学习过程。但这门学科很长时间都在关注与人在真实世界中较遥远的问题（科克等 2013），在我国并未取得显著发展。

学习科学是教育技术学的基础理论，凡是关注学习、教学设计和技术应用（learning, instructional design, and technology）的人，不可避免地会遇到学习科学这个术语。然而，对许多人来说，这个术语实际上是模棱两可和充满误解的。关于学习科学的问题实在太多：它是集众多学科之大成者，还是一个专门的官方领域被称为学习科学的复数？它本质上是经典的教育心理学，还是也涵盖学习心理现象之外的诸多领域？它是一门独立的科学，还是始终存在与其他领域（如教学设计和教育技术）的趋同点、分歧点或是交叉重叠？那些被称为学习科学家的人是心理学家、教育家，还是教育技术专家？他们与那些教学设计者的本质差异又是什么？诸如此类，问题很多，且答案也有很多。但是，自该术语开始流行的数十年以来，问题和答案之间一直缺乏一一对应的关系。

外语教学设计中的技术应用问题，牵涉到学习认知的多个方面，也涉及教与学的方法互适性、环境可预性和语言实践的文化互动等问题。而外语的学习除了具有语言性学习的特点，也遵循认知学习的一般规律。学校环境下的外语学习与课程设置、教材内容、教学模式、实践环节等密切相关。二语习得、认知心理学的理论成果需要在课程教学的实践中加以检验。因为教学论或教学设计与学习论、认知理论、语言习得论等不同。前者是操作性知识，后者都为解释性知识。这意味着后者（如认知心理学）的研究人员经常在一个特定的领域内进行研究设置，甚至是不代表真实世界的设置，例如，在同一控制变量水平上看自变量与因变量的相关关系。这种看似科学，但缺乏生态有效性的情况使得研究结果对日常生活的代表性与解释力降低，并可能意味着它们不适用于研究环境之外的环境。

学习科学的目标是研究人们如何学习，以及在什么条件下学习最好（Sawyer 2006）。该领域最初被称为"学习的科学"（science of learning），在2005 年修订《剑桥学习科学手册》（*The Cambridge Handbook of the Learning*

Sciences）后改为"学习科学"（learning sciences），实际上是十多个共同关注问题的领域的集合（Sawyer 2008）。学习科学包括神经科学、心理学和教育学等广泛领域（Fischer *et al.* 2018），这些领域既相互独立又共同发展。我们之所以将学习科学看作是教育技术应用的主要理据，除了认为它可以统摄学习现象关涉领域的全貌，还在于我们发现，教育技术主要是通过学习这一现象与教育、社会、文化、心理等方面发生关系的。这种认识比挂一漏万地罗列学科清单，并牵强附会地论证教育技术与诸多学科之间的对应关联可能更具解释力，见图 2.1。

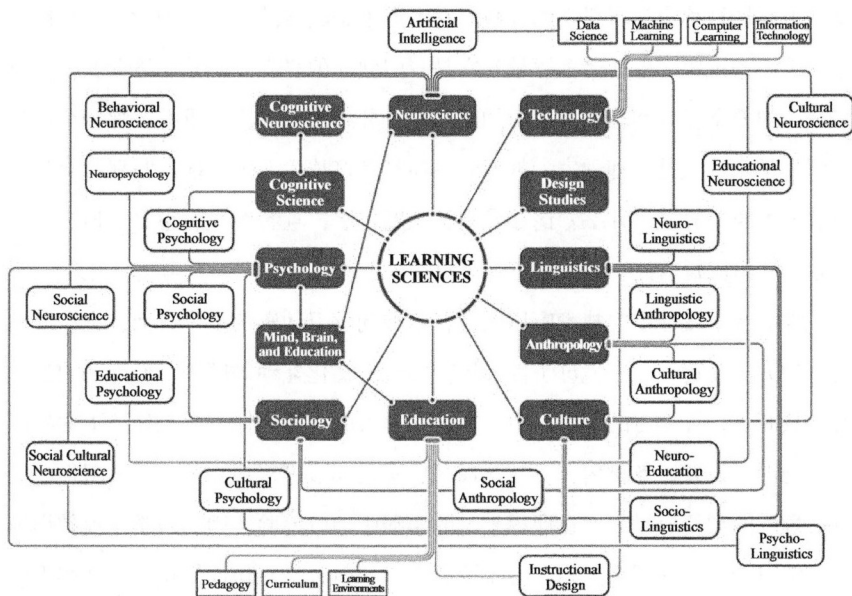

图 2.1 学习科学框架（Tokuhama-Espinosa 2019：5）

从该框图中，我们可以清楚看出，技术或是教育技术和外语教育技术，均须通过学习这一节点，与语言学、教育学、心理学、文化人类学，乃至神经科学发生内在联系，而与教学设计、教育学原理则表现出直接关联，并与方法、课程、学习环境、学习心理等形成闭环，作用于学习。对于外语教育技术研究而言，这样的认知理路既能解释相关学科理论营养输入的可持续性，又能形成符合学科发展要求、具有焦点领域（技术语境下外语学科教学与学习的方法与效用机制）的特色研究。其好处是既防止了外语教学研究囿于语言范式而闭目塞听，又不至于脱离语言教学的应用研究，在罔顾左右似的理论创树中迷失了自我。

学习科学的发展得益于对学习四个方面的研究："（a）学习环境和实践的设计，（b）受启发的基础研究，（c）使用真实的实践和测试假设的环境，以及（d）设想新的实践和资源来支持学习的工程精神。"（Yoon & Hmelo-Silver 2017：169）通过不同学科的协同研究，能更好地帮助教育工作者认识到他们面临的学校教育的挑战。心智、大脑和教育科学都是学习科学中的一个子领域。学科知识对应的是学什么（what），教育技术对应的是怎样学（how），但学习科学对应的是何以如此学（why），它面对神经科学家、心理学家和教育工作者共同关注的课题挑战。例如，"动机"是由多项学习科学研究的，但每一门学科都有自己的方法和分析单元（神经科学家研究大脑，心理学家研究心智，教育工作者研究课堂环境中的学习者）。心智、大脑和教育科学试图通过转化研究和 / 或方法，统一这些主题中任何一个的集体知识。这种方法的逻辑是：对教育问题的跨学科观点比单一学科观点更有可能产生更好的解决方案（Sawyer 2006）。所以，学校环境下的语言（外语）学习研究，需要将二语习得理论与学习科学相结合。

语言习得的特殊性在于它的无意识性和自然性，其结果是潜意识的语言能力构成了人类认知的基础，这对任何人都是一样的；而语言学习是有意识的学习，是通过系统的教与学的过程，辅以练习、记忆、实操应用等活动，其结果是对语言结构的自觉掌握。所以，语言学习作为人类学习的认知活动，并不具有认知规律上的特殊性。语言知识的表征与其他概念结构的表征没有什么差别，语言知识运用的认知能力在本质上与其他知识运用的认知能力也没有本质的区别。对于不具备母语习得环境的外语学习者而言，认知学派的语言习得观更具解释力，学校环境的外语学习主要通过正规课堂的系统授受来实现。其基本运作方式就是教学大纲、教材与课程。

结果教学法（product-oriented approach）的外语教学大纲侧重于学习过程结束时学到的东西（结果），而不是过程本身。而过程教学法（process-oriented approach）的外语教学大纲侧重于学习语言所涉及的技能和过程。较之于以结果为导向的教学大纲，后者侧重于完整的交流行为，即产出过程。当然，将教学大纲分为面向过程和面向结果的有效性也受到了质疑，因为，大多数教学大纲都是且必须是过程和结果的结合。

我国外语学界的产出导向法（production-oriented approach，简称 POA）（文秋芳 2015，2017）与西方学界的结果教学法（product-oriented approach）看似大致同名，实质却很不一样。结果教学法中的 product 是产品，仅指结果，与过程教学法中的 process（过程）相对应；而产出导向法中的 production 是产生、产出，它既是过程，也预示结果。该理论创造性地发展了斯蒂芬·克拉申（Stephen Krashen）（Krashen 1985）、罗德·埃利斯（Rod Ellis）等人（Ellis & Shintani 2014）的"输入、输出、有意学习"等概念，提出了"促成""驱动""评价"的语言学习闭环，在课程教学中分阶段融入习得理论的不同侧面："驱动阶段需要检验输出驱动假设，促成阶段需要检验输入促成、选择学习假设，评价阶段主要检验以评促学假设"（文秋芳 2017：353），凸显了学习过程中的"动机""策略"与"设计"因素，具有鲜明的教学可操作性。产出导向法意在克服教学设计中"学用分离"的弊端，同时也在理论上弥合了"习得"与"学得"之间的鸿沟，体现了学校环境下语言教学的"设计性"，因而可以看作是语言习得理论与学习科学的融合之举。

2.2　多媒体学习认知理论

多媒体学习认知理论通常被认为是教育技术应用的基础理论，因为，媒体技术之于教学内容的多模态表征是教育技术最直接、最显在的教学应用。

美国当代心理学家理查德·梅耶（Richard Mayer）根据艾伦·派维奥（Allan Paivio）1971 年提出的双重编码理论[1]、艾伦·巴德利（Alan Baddeley）

1　双重编码理论（dual coding theory）是加拿大韦仕敦大学（Western University）的艾伦·派维奥（Allan Paivio）在 1971 年提出的认知理论。

和格拉汉姆·希契（Graham Hitch）的工作记忆模型（Baddeley & Hitch
1974）、约翰·斯韦勒（John Sweller）的认知负荷理论（Sweller 1988）和梅
尔文·维特罗克（Merlin Wittrock）的生成学习理论基础（Wittrock 1974）[1]，推
演出多媒体学习的三个假设，经多年实验研究，构建了多媒体学习认知理论模
型（Mayer 2001：59），如图 2.2 所示。这三大理论假设（双通道假设、有限
容量假设、主动加工假设）是该模型的基本前提。双通道假设（dual channel
assumption）是指人类信息处理系统包括视觉/图像和听觉/语言处理的双
通道，其理论基础是双重编码理论和工作记忆模型；有限容量假设（limited
capacity assumption）是指工作记忆在每个通道同时加工的信息量是有限的，其
理论基础是工作记忆模型和认知负荷理论；主动加工假设（active processing
assumption）是指人们主动学习需要在学习过程中进行一系列协调的认知过程，
其理论基础是生成学习理论。

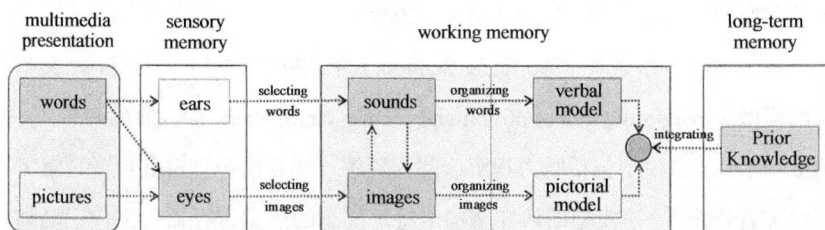

图 2.2　多媒体学习认知理论模型（Mayer 2001：59）

多媒体学习研究的一个基本假设是，根据人类思维方式设计的多媒体教学
信息同那些没有设计的信息相比，更有可能促成有意义的学习。多媒体学习的
认知理论描述了多媒体学习中的五个认知过程：从呈现的文本或叙述中选择
相关单词，从呈现的图形中选择相关图像，将所选单词组织成连贯的语言表
达，将所选择的图像组织成连贯的图像表达，并将图形和文字表示与先验知识
相结合。学习过程中对学习者认知能力的三个要求是**无关处理**（与教学目标无

1　维特罗克（Wittrock）提出的最著名的理论是生成性学习理论，他于 1974 年首次发
　　表这一理论，该理论是当前许多学术动机理论的源头。

关的外部认知负荷 [extraneous cognitive load]）、**基本处理**（在心理上表示所呈现的基本材料所需的内部认知负荷 [intrinsic cognitive load]）和**生成处理**（旨在理解材料所需的关联认知负荷 [germane cognitive load]）。教学设计的目标是减少无关处理（针对无关过载情况）、管理基本处理（针对基本过载情况）和培养生成性处理（针对生成性使用不足情况）。多媒体教学设计应该**引导适当的认知处理**，而不会使学习者的认知系统发生过载，如教学设计中减少与主题无关的图文信息以免造成外部干扰，控制学习材料的难易度以降低内部认知负荷过载，提供练习、消化所学以调节必要的关联认知负荷载量。从 2001 初版到 2009 再版，梅耶几经增删调整，完善了多媒体学习理论：为减少多媒体学习中**的额外处理**，梅耶提出了一致性原则、信令原则、冗余原则、空间邻接原则和时间邻接原则；为多媒体学习中**基本处理**的管理，他提出了分段原则、预训练原则和模态适配原则；为用于多媒体学习中的**生成处理**，他提出了多媒体原则、个性化原则、语音和图像原则（Mayer 2009）。

沃尔夫冈·斯诺茨（Wolfgang Schnotz）于 2005 年提出了另一个图文整合理解模型（integrative model of text and picture comprehension，简称 ITPC），如图 2.3 所示。该模型包括听力理解、阅读理解、视觉图像理解和声音理解（即图像配音理解）。该模型的认知结构由特定模态的感觉寄存器、工作记忆和长期记忆组成。它还包括认知和感知两个层面的内容。认知水平由两个表征渠道表征：一个是言语渠道，另一个是图像渠道。感知水平的特征是多个感觉通道的同步协调。在该架构中，一方面区分文本表面或图像表面结构的**感知约束处理**，另一方面区分语义深层结构的**认知处理**。文本表面结构的感知约束处理包括语音和字形输入分析以及字形—音素转换，从而产生词汇模式；基于感知的图像表面结构处理包括视觉或听觉等非语言特征分析，从而产生视觉空间模式或声音模式。认知加工包括词汇模式的描述性加工（通过解析），从而产生命题表征，以及空间或声音模式的描述性处理（通过结构映射），从而引发心理模型。命题表征和心理模型通过模型构建和模型检查过程进行交互。

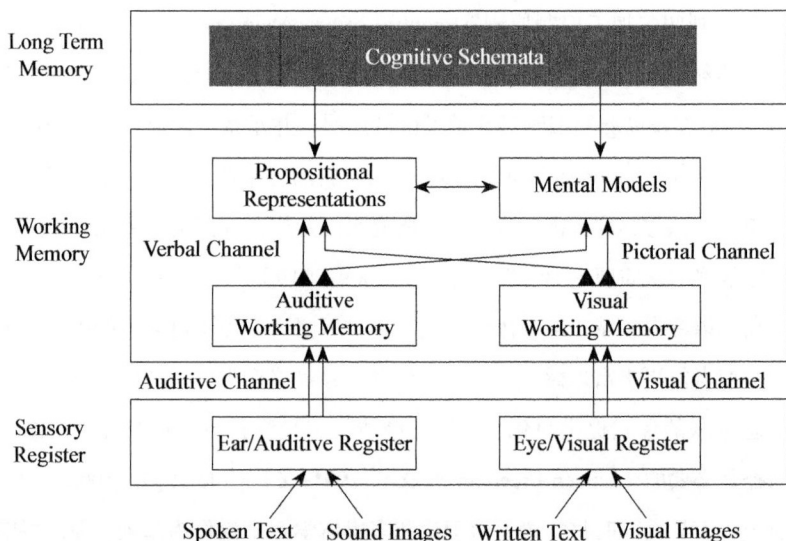

图 2.3　斯诺茨的文本和图像理解综合模型（Schnotz 2005：57）

Schnotz 的 ITPC 模型和 Mayer 的 CTML 模型（多媒体学习的认知理论 [cognitive theory of multimedia learning，简称 CTML]）在多媒体教学设计原则上高度一致，如多媒体原则（文字配与内容相关的图片，对低阶学习者效果更好）、时空毗邻原则（图文空间相邻、语音时间同步的学习效果更好）、模态适配原则（动态图形配音解说比配文注释效果更好）、特定冗余原则（同时为图示配话音和文字的效果不好）、意义一致性原则（多余的文字、图片、音效和音乐会造成干扰），等等。但是 Schnotz（2005）进一步提出了图文循序原则（当无法同时呈现图文时，应先图后文）、结构映射原则（总是选用最合适的可视化形式）和普遍冗余原则（当学习者先前知识足够理解时，无需图文互补）。同时，Schnotz（2005）也对 Mayer 的模态适配原则进行了补充，指出该原则只反映了认知加工的一个侧面，而加工材料的特定性、加工时间的限制性，以及学习过程他控性都会影响认知加工。换言之，如果学习者对加工过程有足够的控制，且无时间限制，那么注意力分散（split-attention）就不会发生。而且，文字配图可以回视，但语音配图却无法回听。据此，Schnotz（2005）增加了一条原则叫"加工控制原则"（control-of-processing principle）。这一修正增加了外语教学设计中多媒体应用原理的理论解释力。Mayer 也在 2009 年再版 *Multimedia Learning* 一书时对此做了修订说明，并承认"对模态原则的研究表明，边界条件（boundary conditions）涉及材料的复杂性、呈现的节奏以及学习者对单词的熟悉程度，需要进一步的研究来确定模态原则的边界条件，并确定多媒体学习的认知理论的含义"（Mayer 2009：219）。

　　在二语习得领域，多媒体信息呈现是目标语言学习不可多得的手段。为了帮助学习者能更丰富地感知接收到的信息，并最终产生可理解的输出，以多媒体信息关联的形式提供简化、阐述、澄清、定义支持或者恰当冗余的图文信息互补是必要的（Larsen-Freeman & Long 1991；Chapelle 1997，1998）。然而，之前很少有研究同时将二语习得理论和多媒体学习理论作为基础，原因可能是没有一个纳入多媒体学习要素的二语习得模型。Plass & Jones（2005）发现，Ellis（1997）和 Chapelle（1997，1998）的二语习得互动模型虽然没有明确提及语言输入的呈现模态，但是描述的组成部分和过程具有生成性，与 Mayer 的CTML 模型相似，遂将两者加以整合，如图 2.4 所示。图中 verbal input（在多媒体学习环境中提供给学习者的语言信息）指的是话语材料，既可用印刷形式，也可用口头形式呈现；pictorial input 可以指静态图片，如图表、图形、照片、地图，也可以是动态材料，如动画或视频。利用丰富的图文介导，可提供有意义的输入、促进与目标语言的有意义互动、引出有意义的语言输出。

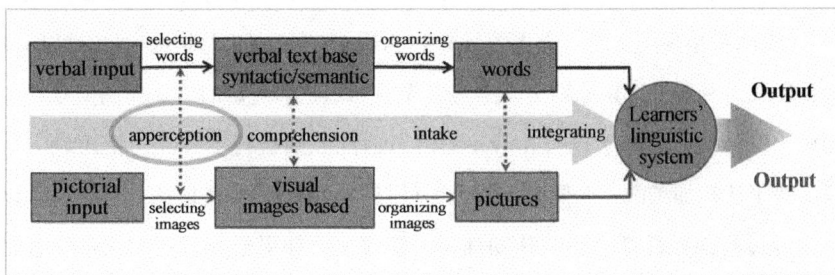

图 2.4　普莱斯和琼斯的第二语言多媒体习得模型（Plass & Jones 2005：471）

Mayer 及其支持者们的研究大都基于这样一个问题：怎样帮助人们以某种特定的方式学习从而使得他们能够利用所学的内容解决以前从没解决的问题？他们关注怎样呈现信息以促进人们的理解，包括怎样使用文字和图片来解释科学知识和数学概念。在 2001 年前的十余年里，梅耶和他的同事开展了 100 多个实验，总结出多条在线学习环境的设计原则（Mayer 2001），形成了关于多媒体学习的生成性理论。该理论不但有认知科学原理作基础，而且有大量的实证数据作支持，是目前利用多媒体进行学习和教学、设计数字学习材料的重要理论依据。

多媒体学习认知理论的一些预测在第二语言习得领域得到了验证，如多媒体原则、个体差异性原则、时空比邻原则等。但是，将多媒体学习生成性理论的所有教学原则直接用于外语教学设计还有诸多存异之处。例如，一致性原则表明，多余或不相关的词语会降低科学内容的学习效果，应予以剔除。但在二语习得中，任何有意义的语言输入都对语言习得具有潜在价值，且单词的相关性不能像描述科学系统及其因果关系那样清楚明晰。又如，模态原则和冗余原则都涉及"动画＋语音解说""动画＋文字注释""动画＋语音＋文字"等优配或劣配问题。但是在二语习得中，阅读和听力是两种不同的能力，都需要发展；在多数情况下，一种模态输入形式会成为另一种模态输入的补充因素。况且，学习过程中还存在学习者意在操练哪种能力的选择问题。当注意力侧重内容时，语言是附带性习得；当注意力在语言学习时，内容可成为语境线索。语音与文字的关系也有类似的转换效应，这符合格式塔心理学的形基关系原理。所以，Plass & Jones（2005）据此提出了先行组织原则（advance organizer principle）和学习者控制（learner control）的建议原则。先行组织相当于预训练，只不过采用的是多媒体方式，与学习主题相关的所有模态均可应用，如文本、语音、实物、图像、动画、视频等，以迅速激活学习者的先前知识图式；学习者控制与 Schnotz 的加工控制原则（control-of-processing principle）异曲同工，但强调了教学设计与软件开发策略中的因材施教和学习赋权理念。

语言与语言习得的研究一直是认知理论发展的重要来源，然而，"第二语言习得的研究引入了其他不同的变量，如与其他学习者的沟通和语言输入的真实性等，大多数采用这些变量的研究设计与认知理论发展不太适合"（Plass & Jones 2005：479）。同理，外语多媒体教学研究的设计也应注意类似问题。

多媒体学习认知理论的局限性

对多媒体学习认知理论提出挑战的大有人在，其中最负盛名的是美国南加利福尼亚大学（University of Southern California）的理查德·克拉克（Richard Clark）和加利福尼亚大学洛杉矶分校（University of California, Los Angeles）的大卫·费尔顿（David Feldon）。他们列出了五条有问题的多媒体原则（Clark & Feldon 2005）。2014年，他们又增加了对另外五条原则的质疑（Clark & Feldon 2014）。他们提供了基于证据的解释，解释为什么这十条原则中的每一条都有问题，并建议基于证据的替代概括。更新后的对**多媒体**教学的质疑包括：（1）比现场教学或旧媒体产生更多的学习；（2）比其他教学媒体更具激励性；（3）提供有助于学习的动画教学代理；（4）适应不同的学习风格，从而最大限度地为更多的学生学习；（5）促进有利于学习的学生管理的建构主义和发现方法。新近补充提出的质疑重点是：多媒体教学提供（6）自主性和对教学顺序的控制，有利于学习；（7）高阶思维能力；（8）丰富信息的附带学习；（9）互动性；（10）真实的学习环境和活动。从这些质疑中，我们可以看出，Clark 和 Feldon 质疑的似乎并不是多媒体教学设计的原则与方法，而是质疑多媒体学习带来的效果。因为，所有这些"由多媒体应用带来的好处，在非媒体教学中并非不能实现"（Clark & Feldon 2005：98）。比如，探究性学习是学生从自己进行的调查或示例中获得领域知识的学习过程。然而，尽管自主发现比阅读课本或参加讲座更能激励人，但发现过程仍需要一套很少有学生能够自主掌握的综合技能。因此，发现学习的有效性在很大程度上取决于适当指导的可用性，而非便捷的媒体手段。所以，某种程度上，这些质疑看起来仍然是那场"学媒之争"的继续。

所以，无论是 Mayer（2001）的 CTML 模型、Schnotz（2005）的 ITPC 模

型，还是 Plass & Jones（2005）的第二语言多媒体习得模型，都有可能将复杂的现实在理论上简化了。言语通道可能存在多个层次的命题表征，而不是只有一个层次；不同的层次可能从文本表达的微观命题一直到学习者构建的宏观命题不等（van Dijk & Kintsch 1983）。同样，图像通道也可能存在多层次心智模型，从粗粒度概述模型到微粒度细节模型。此外，话语通道和图像通道之间的相互作用可能不仅发生在命题表征和心理模型之间。心理模型有时可以直接从文本字面构造出来，不需要命题表征（Perfetti & Britt 1995），即所谓望文生义、见字如面；反之，无需心理模型，直接从一幅图片的知觉表征中创建一个命题表征也并非不可能，所谓触景生情、睹物思人。风花雪月中觅得妙句、吟诗作赋时神游佳境的通感现象也是人类多模态体验的实例。"一图赛千言"（A picture is worth a thousand words.）通常用来描述图像认知的经济性，心理学研究很早就证实了认知加工的图像优势效应，即在其他条件相同的情况下，图像比文字更能被记住。我们不但在回忆、提示回忆和项目识别的测试中可以看到图像优势效应，还可以在联想记忆中、概念处理中发现图像优势效应（郭若宇等 2021）。但是在外语教学设计中，我们的理想目标不是用图替代目标语言的理解（绕过文字识解），而是希望用图降低文字解码负荷、快速调取先前知识图式，从而帮助学生更容易理解目标语言。外语教学的语言性学习设计远比多媒体应用更加重要。

在 Mayer 的多媒体认知研究中，文字模型与视觉模型的整合是多媒体学习中一个重要步骤，但 Mayer 的理论模型是建立在 Baddeley & Hitch（1974）的初始工作记忆模型之上的，见图 2.5。该模型并没有清楚地表明视觉空间或言语子系统如何维持包括句子在内的多种材料，而**假设执行**是一个纯粹的注意力系统，没有固有的存储能力（Baddeley & Logie 1999），既没有涉及工作记忆中不同类型的信息的整合，也没有涉及情景记忆问题。所以，对类似阅读心算、医疗诊断等熟练认知活动中工作记忆容量之大的解释语焉不详。

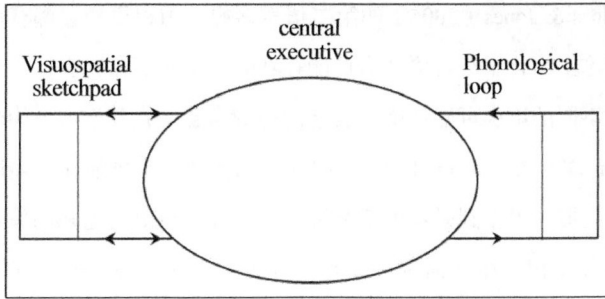

图 2.5　巴德利和赫克的初始工作记忆模型（Baddeley & Hitch 1974）

"工作记忆的本质是既能保存信息又能操纵信息的能力。"（Daneman & Carpenter 1980）受这一观点启发，Baddeley（2000：418）对其在 1974 年提出的工作记忆广度三成分模型进行了补充，提出了工作记忆模型的第四个成分，充当缓冲存储器，保存多维刺激，见图 2.6。该子系统被称为情景缓冲器（episodic buffer）（Baddeley & Hitch 2019)，也被认为是有意识察觉系统，它将不同来源的信息绑定到相关的对象或事件中。除了纳受来自工作记忆的其他子系统的信息外，还假设接受来自长期记忆（long-term memory，简称 LTM）的语义和情景输入，并酌情将各种来源组合成系列多维情景。

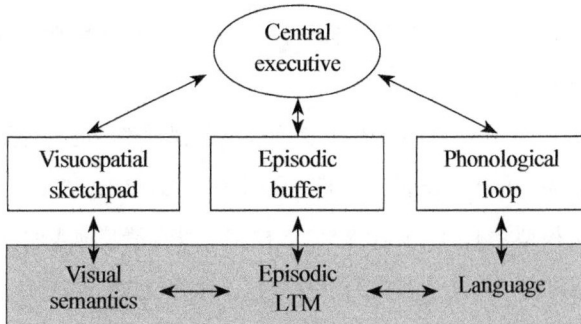

图 2.6　修改后的多组分模型（Baddeley 2000：418）

2012 年，Baddeley 又调整了工作记忆模型，修改后的模式仍然保留了基本的三方结构，最明显的是情景缓冲区，它清楚地区分了其被动存储能力，将其与中央执行官的纯粹注意力功能形成对比。缓冲区也代表了视觉空间和语音子系统，这些是意识察觉可以访问的（Baddeley & Hitch 2019），见图 2.7。

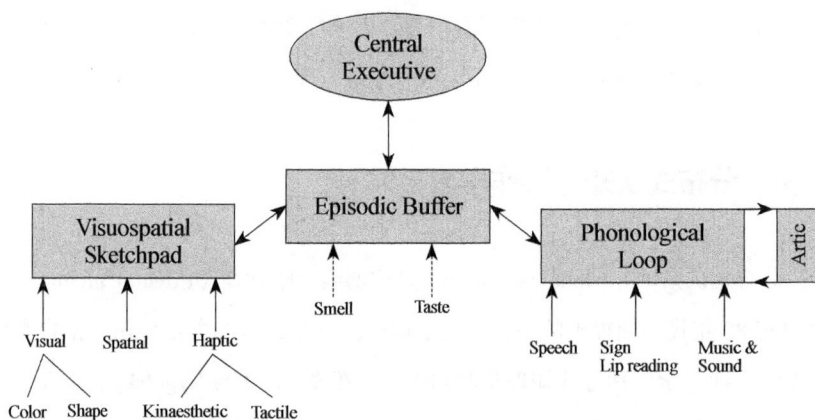

图 2.7 多组分工作模型的当前版本（Baddeley & Hitch 2012）

Baddeley & Hitch（2019）发现，多维缓冲系统似乎能够直接输入来自多种来源中的任何一种信息，不仅包括视觉和言语刺激，还可以直接输入来自长期语义和情景记忆的信息。这又导致"情景缓冲是否是模块化"的追问，并进一步探究它与特定的解剖位置是否相关，有学者已经尝试在海马体内定位情节缓冲区（Berlingeri *et al.* 2008）。研究结果表明，语言材料中的绑定主要发生在长期记忆中（long-term memory，简称 LTM）中，而视觉特征到对象中的绑定发生在访问工作记忆（working memory，简称 WM）之前的处理阶段。

Baddeley 等人的认知心理学的记忆研究的进展为多媒体教学设计和多模态认知研究提供了新的视角和反思空间，并提醒我们在运用任何现成理论时都需要审慎对待（Baddeley & Hitch 1974, 2019；Baddeley & Logie 1999；Baddeley 2000）。比如，Mayer 等人在解释模态原则时断言，在动态学习材料（动画＋解说）和静态学习材料（图片＋文字）的对比实验中，利用静态学习材料的学习效果要好于使用动态学习材料（Mayer *et al.* 2005）。显然，Mayer（2001）一开始低估了多模态学习的复杂性，忽视了多媒体效应的边界条件。媒体效应不是在实验条件下单独生效的，它是和其他效应作为同时满足的条件时才能真正发挥其效用。也就是说，多媒体（multimedia）应用需要和一致性（coherence）、邻近性（contiguity）、冗余性（redundancy）、模态性（modality）和个体差异（individual differences）等效应同时配合，而非简单的"影话""图文"配对的比较，Mayer 直到多年之后才修正了这一理论瑕疵。

2.3　分布式认知与协作学习

分布式认知（distribute cognition）是埃德温·哈钦斯（Edwin Hutchins）在 20 世纪 80 年代中期提出的一种心理学理论。分布式认知方法使用了来自文化人类学、社会学、具身认知理论和列夫·维果茨基（Lev Vygotsky）心理学的见解。它强调通过社会和技术手段将认知转移到环境中的方式。它是一个研究认知的框架，而不是一种认知类型。这个框架涉及个人、工件和环境之间的协调，对于涉及解决问题的情况很有用。由于它有助于理解具象媒体的作用和功能，它对技术设计在活动中的中介作用具有影响，因为系统设计师将拥有更强大、更清晰的工作模型。因此，它也是人机交互、教学设计和远程学习等领域的重要理论。根据 Zhang & Norman（1994）描述，分布式认知方法有三个关键组成部分：（1）嵌入交互表征中的信息实例；（2）具身代理之间的激活协调；（3）对认知系统的生态贡献。具身代理是指一种人工智能系统，旨在与物理世界进行交互。这可能包括机器人、虚拟助理和其他类型的智能系统。与经典的认知科学不同，分布式认知理论认为心理表征不仅存在于个体大脑中，实际上还分布在社会文化系统中，这些系统构成了思考和感知世界的工具（Hutchins 1995）。

行为主义和认知主义的知识观，都把知识看作是学习者的外部事物，学习的过程是一种知识内化的过程。建构主义学习观则认为，即便世界是客观存在的，个体对同一事物的认识也是千差万别的。因为，个体总是依赖经验、信念、理解、心理结构来解释世界。学习者在学习过程中并不仅仅是把知识从外界搬到记忆中，而是以原有的经验为基础同新知识相互作用来建构新的理解。这一源自 Vygotsky 的认知思想，对于我们理解认知可以突破个人局限来关注人与人、人与环境的交互活动过程影响深远。分布式认知将认知现象理解为一种在其所发生的工作环境中的具体情境行为，个人在外部资源的帮助下可以完成超出其认知能力的认知任务，见图 2.8。从某种意义上说，分布式认知理论将认知表达为与周遭世界的符号互动产生的信息过程。它将所有与这一过程有关的现象视为认知生态系统的生态元素。该系统是生态元素在特定认知过程中聚集和相互作用的环境（如互联网生态）。认知是通过在扩展和具体化的模式之间传递信息来形成的，这些信息表征是它们相互作用的结果，也是对认知目标的专注式分布。

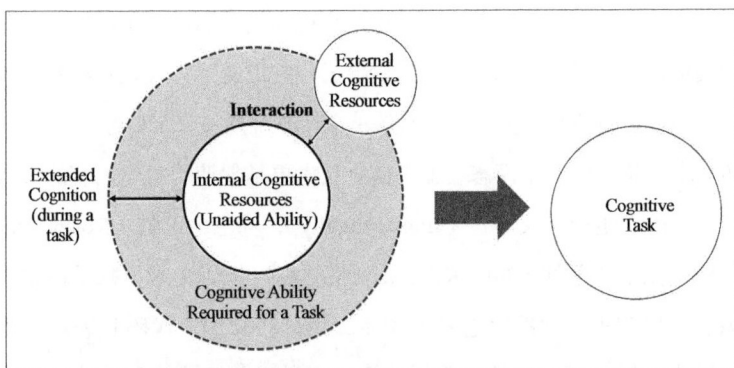

图 2.8 分布式认知理论（Kim 2018：151）

分布式认知是一种有用的思维框架，通过强调个体及其环境间的交互，重新设计认知的社会方面。可以分为三种不同类型的过程：（1）认知过程可能分布在社会群体的各个成员之间（比如学习中的班集体）；（2）认知过程的分布可能是因为认知系统的运作涉及内部和外部结构之间的协调（比如媒介或环境）；（3）认知过程可能会随着时间的推移而分布，从而使早期事件的产物能够改变后续相关事件的性质（比如协同写作的维基百科）。

分布式认知作为一种学习理论，即将知识的发展归因于人类智能体与工件动态交互的系统，其应用是特定学习环境中的系统设计和技术实现，在远程学习领域得到了广泛的应用，特别是在计算机支持的协作学习（computer-supported collaborative learning，简称 CSCL）和其他计算机支持的学习工具上。

例如，在英语作文教学领域，CSCL 提供了共同记忆、协作空间和认知工件（增强认知的工具）的来源，使学生能够通过显性和隐性的机器——人类协作更容易地构建有效的书面作文审阅反馈。分布式认知阐明了人与技术之间的交互过程，以确定如何最好地表示、存储和提供对数字资源和其他在线工具的访问。

互联网上的协作标记（collaborative tagging）[1] 也是分布式认知技术支持的成功发展之一，从 2004 年开始并迅速成为网站的标准。协作标记允许用户上传或选择材料（如图片、音乐、文本、网站），并将标签与这些材料关联。标签可以自由选择，类似于关键字。其他用户可以浏览标签，单击标记可将用户连接到类似标记的材料。标签还支持标签云，它以图形方式表示标签的流行程度，展示标签之间的共生关系，从而从一个标签跳到另一个标签。

超文本、超媒体、多模态表征等信息技术更是促使了教学内容的文本间性（intertextuality）走向跨文本性（transtextuality），罗兰·巴特（Roland Barthes）和朱莉娅·克里斯蒂娃（Julia Kristeva）将其称为任何文本与赋予该文本意义的知识、代码和表意实践之总和的关系，而这些知识、代码和表意实践形成了一个潜力无限的网络。从递受媒体看，互联网、云计算和大数据又促进了教育主体与内容、媒介、工具以及他人之间的互文关系。其间，认识主体不仅仅将内容作为知识活动的对象，同时也将自身的表意实践融入其中，使之客体化为他人的认识对象。智能时代，认知和意义不再局限于个体，而是分布于个体内、个体间、媒介、环境、文化、社会和时间等要素之中（Cole & Engestrom 1993）。认知活动可以被看成是在媒介间传递表征状态的一种计算过程（Hutchins 1995），这过程既有内部表征（如个体的记忆），也可以是外部表征（如图文、影像、计算机数据库等）；认知也分布于文化之中，如习惯、规范、信念、价值、符号、工具等人们所共享的东西；认知还随时间分布，任何人过

1　协作标记（collaborative tagging）为互联网上的资源或项目协同分配关键字的过程，在此过程中，用户添加并共享照片、音频或文本的标签，由于其能够招募网络用户的活动来有效地组织和共享大量信息而迅速获得了支持。

去对系统所做的添加和更改会影响用户可以访问的信息，用户当前与学习系统的交互既受过去经验的影响，也可能影响未来的操作；认知还分布在个体和群体之间，用户的认知（如评测行为）受其他人提供的信息的影响不可估量，更何况还有人工智能的学习者画像和学习资源推荐。

分布式认知和协作学习有密切的关系，两者可以相互促进。分布式认知可以看作是人类在共享、互动和扩展工具等方式下进行的认知活动，其中知识、任务和资源被分布在群体或环境中，群体成员通过互动、合作和分享知识来解决问题和完成任务。协作学习是一种基于团队合作的学习方式，要求学生通过相互合作来达到学习目标。

在教育技术应用中，分布式认知和协作学习可以作为理论基础，对于推动教育技术的发展和应用起到了重要的促进作用。教育技术可以通过互动性和协作性工具来支持学生之间的合作和交流，从而促进分布式认知的发展。同时，通过技术工具的支持，学生可以更加方便地获取和共享信息，支持分布式认知的形成和扩展。

基于协作学习的教育技术可以帮助学生在团队中共同解决问题，提高学生的团队合作能力和解决问题的能力。此外，协作学习还可以促进学生之间的交流和互动，增强学生的自主学习能力和学习动力。分布式认知与协作学习在外语学习中的具体应用可以包括但不限于以下方面：

（1）群体讨论和协作：学生可以通过分布式的在线平台进行讨论和协作，共同解决问题、分享观点和信息，提高学习效率；

（2）语言交流与实践：学生可以通过在线平台进行语言交流和实践，与其他学生或者母语人士进行对话、互动，提高语言交流能力；

（3）合作学习项目：学生可以在分布式环境下，利用协作工具和资源，共同完成学习项目，从而增强合作能力和学科知识；

（4）网络学习社区：学生可以通过分布式的在线学习社区（慕课、私播客、混合式学习），建立联系和网络，分享经验和学习资源，形成良好的学习氛围和文化。

一言以蔽之，分布式认知与协作学习特别适合基于网络和媒体的在线学习、线上线下混合式学习，以及基于内容、基于项目的任务型学习。学习者利用工具、资源、平台可以促进交流合作、发挥群智效应、提高学习质量，同时也可以为教师提供更多的适配学生的外部教学资源和工具，从而更好地支持学生的学习，如图 2.9 所示。这些应用可以作为教育技术实践的重要方向和理论基础。

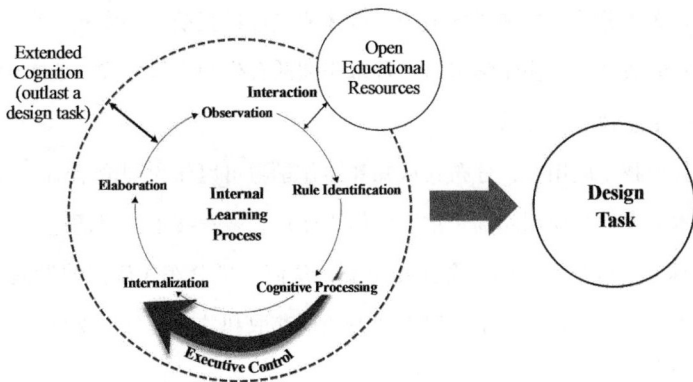

图 2.9　集成外部资源的课程设计新框架（Kim 2018：157）

第二部分

外语教育技术的研究对象与内容

教育技术的目的不是为了让学生更好地掌握技能，而是为了让他们更好地理解世界。

——斯蒂芬·唐斯（Stephen Downes）

导言：研究对象与定位

教育技术有广义、狭义之分，其源头是教学媒体的应用。广义的教育技术是教育技术学的简称，包括技术的开发和应用、应用的理论和实践，如ACECT 1994、2005、2017 年的三次定义的范畴；狭义的教育技术指可用于教育教学和为教育教学之用而研发的技术。有学者认为，用于具体学科教学的教育技术是狭义的教育技术，而普遍意义上的教育技术则是广义的教育技术（胡加圣 2015）。虽然，这种以应用范围的大小或具体对象来厘定"教育技术"概念定义宽窄之分的方式并非没有道理，但在逻辑上却不够严谨。因为，从技术的角度看，是否存在不同的教育技术确实还有待商榷。现实中只有为某某学科专用的"教学设施"，而不存在只为某某学科专用的"教育技术"，虽然，从应用的角度来看，具体学科对教育技术的应用会产生不同的理念、方法和应用原理。笔者的观点是：没有不同的教育技术，只有不同的教学应用。只有将不同的应用抽象化、概念化、体系化、理论化，才有可能形成外语教育技术的学科框架，甚至还有利于研发出独特的技术和产品。外语教育教学的技术应用原理和实践（包括设计、开发、使用、管理、评价），才是外语教育技术学研究的核心内容；而技术视域下的学科教学论是学科教学论与时偕行的自然发展。两者并行不悖，甚至偶有交叉，但不能相互替代。现在不少学科教育技术学的所谓奠基性研究其实只是重复了学科教学论的框架，或者只是戴了技术帽子的学科教学论。

也许，为了规避教育技术学到底是姓"教"还是姓"技"的纠结，或许，同时也为了匡正原有外语电化教学传统只注重电教技术，而对教学应用研究涉入不深的弊端，外语教育专家特别指出："外语教育技术的研究对象不是技术本身，而是在外语教育中运用技术进行教学的理论和方法。"（胡加圣、陈坚林 2013：8）这体现了对外语教育技术应用与研究在认识上的升华。但是，在现实的外语教研实践中，人们的认识发展很容易从一个极端走向另一个极端，其表现就是脱离了技术谈技术应用，或者仅为教学研究套上技术的"马甲"，结果造成了对技术应用的一知半解和教学与技术的貌合神离。

18世纪法国哲学家德尼·狄德罗（Denis Diderot）将技术定义为"为完成特定目标而协作组成的各种工具和规则的体系"（顾建军2018：3），成为近代技术概念的经典定义。狄德罗的定义彰显了技术概念的三个维度：其一是技术活动目的主观性维度，其二是技术存在的工具性（即物质）维度，其三是技术所内蕴的知识维度。这三个维度是作为物体的工具和人的活动方式的规则体系而存在的，即技术应用的理论、方法和价值蕴含。教育技术学的研究应该是三维一体的。任何一维都必须以其他二维为参照方得其意。将技术拆解成"技术本身"和"技术应用"两个方面是对技术概念的认识误区。

对技术理解的出发点是人们对自然有目的的征服，"技术的根本前提是初级产品（材料和能源）、具体的物质手段（仪器和机械）、技术知识和能力"（拉普1986：322）。恩斯特·卡普（Ernst Kapp）对技术概念的解释更接地气，他认为技术有两层含义，包括人的活动方式本身（技能）和代替人类活动的装置，并认为人类所发明的一切技术活动手段都是人体器官向外界投影而形成的结构（Mitcham 1994），这与麦克卢汉（2019）的媒介（技术）是人体的延伸一说不谋而合。外语教育技术的研究基于其学科目的，虽然有所侧重，即技术的"活动方式"，而不是代替人类活动的技术"装置"（包括硬装和软装），但无论从认识论的角度，还是从实践论的角度看，两者显然不能分开。因为"装置"是技术活动的倚仗，活动是技术装置的功能体现和价值指向。对技术装置的认识上的缺位，必然导致教学中难以把握教育技术产品的功能适配性以及使用的合目的性，更别说技术能力的有效提高，以及更大范围的技术生态的可予性利用。

正是由于外语教育技术研究领域对"技术本身"的忽视乃至曲解，才普遍出现了教育技术应用中技术与教学的"两张皮"。教育技术学与技术保持了不该有的疏离甚至是距离，造成了技术的服务与教学需求的脱节、技术的功能与教学应用的脱节、技术的进步与教育改革进程的脱节。教育技术学虽然不是教育的技术学，也不是技术化的教育学，但无论从其字面意义，还是其内涵意义，该术语都包括了"服务于教育的技术"和"技术的教育应用"的一体两面。研究的重点显然是后者，但研究的前提必定是前者。没有技术，何来应用？更何谈应用的理论、方法、原则。

有学者将学科理论、专业设置、课程建设、人才培养、教材编写等看作是外语教育技术学的内部要素，将学科地位、学科发展、学科政策以及与其他学科的关系等看作是教育技术学的外部因素（胡加圣 2015）。这从教育技术研究的出发点看是没有问题的，但离开了技术语境的关涉，这些因素都是学科教学论的研究内容，是可以独立于技术而实际存在的。外语教育技术研究的是技术的生态式介入对所有这些教学环节的影响及其作用机制，而不是重复学科教学论的既定框架。显而易见的是学科教学论的发展不能无视教育技术的影响，而教育技术学也不能脱离教学而存在，就技术而技术地研究技术应用，那两者在何处融合？在何处区分呢？

正如加涅所说："教育技术学领域的一个基本目标就是促进和辅助在教学的设计和传授中应用那些众所周知并得到证实的方法。因此，从理论上讲，教育技术学研究的核心可以认为是**有效学习条件的研究**，技术学可以用于改善教学的设计和传授。"（Gagné 1974:3）此间的"学习条件"理应包括各种技术手段、资源环境及其应用设计。

那技术何以成为有效的学习条件？技术加持后的知识表征、课堂演示、教学传播与传统的方式有何差别、利弊何在？何种情况下这些差别会导致学习绩效的改善？那些习以为常的传统技术是否仍然有效、原因何在？而那些一开始不入眼的技术何以潜移默化地成了大家离不开的日常？它们是如何进化的？技术之于信息媒介、认知模态、师生交互的作用机制是如何生效的，其边界条件是什么？等等。

知晓技术应用之然，还要知晓其所以然，是定位教育技术研究内容范围的关键。"知其然"是指了解技术的功能、设计目的、应用技巧，这与"技术本身"有关；"所以然"指的是技术在什么条件下对教与学的认知活动最有效、什么技术对什么应用最恰当，以及为什么。用学术的话语表达就是技术应用的理论、原则、方法与策略，它们与教学本身有关。所以，教育技术学的这两个"有关"是研究的前提，但却不必都是研究的主体对象。举例说，用 PowerPoint 课件做课堂演示，还是用 Word 文档来替代，这就是技术应用的"知其然"的问题。前者是可编辑的演示软件，后者是方便编辑的文字处理器。但如果两者都只做文本搬家，并没有针对教学内容进行结构化、情境化、隐喻化等教学处理，那就是不知技术应用的"所以然"问题了。作为技术产品的 Powerpoint、Word（或编程语言、UI 设计等）未必是教育技术学的研究对象，但怎样将 PowerPoint、Word 用于教学肯定是研究对象。至于选择什么样的内容合适、用何种方式讲解、如何检测听课效果等，则是教学本身的问题。而授课演示或学术报告为什么需要针对不同受众、不同场合、不同主题采用不同技术方式，甚至非技术方式，那更是教学智慧、技术应用和语用策略的综合性话题了。可以看出研究越是深入，问题的关联性越强，这就是所谓的融会贯通。

那如何理解"外语教育技术所关注的不是这些技术化的产品，而是其如何应用于外语教学"（胡加圣 2015：138）呢？确实，作为技术的教学应用，我们不必关心技术产品的材料、制作工艺、底层技术原理以及维护技术等等；但是我们不能不关注教育产品的技术可予性特征，如界面友好性、功能易用性、流程合理性和操作便利性等。若是嵌入 AI 元素的软件、程序、平台，以及 AI 生成内容（AI-generated content，简称 AIGC）系统，我们还应关注其算法的透明性和可解释性。如果教学应用中不能够理解计算机响应背后的原因、不深入了解系统的工作原理并理解其决策背后的逻辑，那就很难舒适地与系统交互，并获得良好的用户体验，更别说可以识别任何潜在的偏见并采取适当的行动。盲目使用、过度依赖、不分场合、不知就里的技术滥用在教学中并不鲜见。其原因恐怕就在于人们对技术本身有隔膜，想当然地默认技术赋能的"神话"。

所以，没有对服务于教育的技术研究，就不会有**教育技术**；没有对技术的教学应用研究，就不会有**教育技术学**。教育技术中的"教育"和"技术"是无法割裂的，它们是教育技术赖以存在的基石。教育技术学是在这个基石上的"理论研究"和实践探索。无论是产品的物理外观与操作功能，微如键盘的键程和力度、鼠标点击与握感舒适度，还是软件界面设计的友好性、系统与流程设置的合理性，都与 AECT 在 2017 年定义的教育技术的"合乎伦理的理论研究和最佳化实践"原则密不可分。

一堂课上放几分钟幻灯算是电教课，教学内容要点由投影仪呈现算是电教教法；同样的内容要点用 PowerPoint 等简报软件在电子白板、液晶屏、智慧黑板上显示，可能会被标榜为"机辅教学""数字教学""智慧教学"；但若用挂图代替幻灯，用板书代替投影，其他什么都不变，可能被标志为传统课授和传统教学。其实，我们很容易看出这个例子的"不可思议"和暗讽之处：什么也没变，但又似乎什么都变了。这正是现实中大多数课堂的真实写照。也许，教育技术学可以将这种变与没变的"戏码"及其背后的成因作为研究的出发点。

第三章　外语教育技术的教学应用

3.1　通用性技术的外语教学应用

以计算机、多媒体、互联网等技术为特征的信息技术，具有无处不在的泛在性和无所不能的通用性。对于教育领域，它们并不为某一特定的学科所专用。"许多可用于教育目的的技术并不是专门为学习和教学而设计的，因此教育工作者需要分析这些技术的可供性和限制性，以便创造性地将其重新用于教育环境。"（Mishra & Koehler 2006）因此，冠以"信息化""网络化""数字化"的外语教学研究并不构成外语教育技术研究的学科独特性。虽然，信息技术给外语教学带来了巨大的利好，从学习资源、教材形态、课程设置、教学模式、课堂技术一直到课外辅导、学生自习、学习评价等都产生了深刻而广泛的影响，但是，类似的影响同样发生在任何一门学科的信息化教学改革进程中。换句话说，信息技术对学校教育教学的影响是全员、全程、全学科、全方位、全景式的，它并没有顺理成章地发展出具有学科特征的技术范式。同样的电脑只是安装的软件不同，同样的 PowerPoint 和演示软件，只是呈现的内容不同，如同浏览器不变，只是点开的网页不同。甚至精心制作的慕课、微课也还是传统教学套路和授课场景的影视化重现，鲜有看到真正结合学科特点、匠心独运的**技术应用**，如几何画板之于数学、变速不变调之于外语听力。

那外语教育技术研究的定位究竟是技术还是教学？是外语教学中的技术应用研究，还是技术语境下的外语教学研究？看起来是侧重不同，其实是定位的精准与否。本节并不针对通用的信息技术本身展开描述，而是从学校外语教育的视角审视那些可以用来进行教与学、讲与听、问与答、读与思、写与做、考与评等方面的技术应用，大致可分为：用于优化知识表征的、促进师生交互的、有助于自学和协作的、可以精准评测学习绩效的技术手段。当然，在线课程开发、虚拟教学管理、助力学术研究等等也包括在内，但这些不是本书的重点。从教学需求分析出发，而不以技术本身作为切入点来讨论技术，虽然可能挂一漏万，但至少可以不离题万里。

3.1.1　外语教学的知识表征

任何一位教师，包括外语教师，不论其动机、目的是什么，备课时的第一原始冲动就是考虑要给学生讲什么、怎样讲，看什么、怎样看；站在讲台前的所有意念都集中在如何呈现准备好的一切，来让学生听清楚、看明白、记得住。这其实就是一个如何表征知识的问题：用什么样的方法、以何种形式来呈现讲授的知识内容。然而，无论何种知识表征方式，都离不开技术媒介的加持。"现代媒体技术作为显性技术最先进入教育技术的视野，并成为教育技术学发展的标志。"（安涛、李艺 2021：30）据此，我们将教育技术应用的旨归看作是技术条件下的知识表征也绝不为过。

3.1.1.1　知识表征与知识可视化

知识表征在认知心理学、人工智能以及教育技术领域均有着不同含义。在认知心理学中，知识表征是指知识在人脑中的呈现方式，与此相对应的是人脑的各种记忆模型；在人工智能中，知识表征是指计算机系统对人类知识的符号表示，与其对应的是数据结构和相应的算法，即知识在计算机中的存储表达形式和运算机制；而在教育技术领域（知识可视化），知识表征则是指知识的外化表达形式，与此相对应的既是映射知识的图解手段，也是直接作用于人的感官的知识制品（knowledge artifacts）（Newman 2003）。知识可视化是指可以用来构建、传达和表示复杂知识的图形、图像手段，通过视觉表征形式促进知识的传播与创新。知识可视化理论最早由瑞士卢加诺大学教授马丁·爱普（Martin Eppler）于 2001 年提出（Eppler 2001）。

这三大知识表征研究领域虽然有所区别，但却是相互联系、相辅相成的：

认知心理学关注的是知识的心理表征，其研究成果为我们了解认知机制提供理论线索；人工智能关注的是知识的计算机表征、智慧技术的发展，为知识表征提供操作支持；知识可视化关注的是知识的外在表现形式，作为学习工具，可改善认知绩效，促进有意义学习。三个研究领域关注的焦点都是知识表征，关联的本质都是对人脑运行机制的探究、理解和仿拟，研究的目的都是为了促进知识传播和创新。对知识表征机制和技术手段的研究有助于揭示学习认知规律。视觉化表征手段提供的刺激材料直接作用于人的多种感官，有利于促进计算机表征作用于人脑，因此，从这个意义上说，知识可视化是连接认知心理学和人工智能研究的新的桥梁，为计算机的知识表征作用于人脑提供了可依赖的方法和手段。

知识表征是认知科学和心理学中的一个重要概念。为了理解这个理论术语，我们有必要区分"知识"和其"表征"。表征（representation）原本是一个认知心理学概念，它是指在实物不在的情况下指代这一实物的任何符号或符号集（艾森克、基恩 2004）。因为知识是抽象的，我们在讨论知识时，实际上讨论的常常是知识的表征（知识的可感形态），它们与人类的认知密不可分。人类的智能行为，无论是自然的还是人工的，通常都是通过参照系统的世界知识来解释的。换句话说，执行智能行为的能力与所应用的知识之间存在相关。因此，通过将智能和知识联系起来，学习的行为或多或少变得可重构、可预测。

Bruner（1973）认为，再现知识的方式有三种，这三种方式可分为动作（enactive）表征、映象（iconic）表征和符号（symbolic）表征，这就是所谓的表征模式（mode of representation）。在人类智慧生长期间，这三种表征系统一直在起作用，动作表征、映象表征和符号表征——即通过动作或行动、肖像或映象，以及各种符号来认识事物。这三种表征系统的相互作用，是认知生长或智慧生长的核心（Bruner 1973）。

在课堂授导的过程中，身体力行的**动作表征**离开现场就不具备传播性，但数字影像技术能够记录时空，再现动作、场景，这样就不需要教师反复示范演练。无论是动作技能，认知技能，抑或是语用场景，在数字媒体技术条件下，都能实时录制、存储、再现。利用图形或表象来再现知识经验的**映象表征**方式，把时间、空间和定向结构的知觉转化为表象，具有直观生动，与视觉世界同源的特点。数字媒体技术的多媒体、多模态特性极大地方便了映象表征的加工、保存与再现。以语言等抽象符号再现知识经验的**符号表征模式**具有抽象性、间接性等特点。其认知水平高于动作表征模式和映象表征模式，是教育有史以来最常用、最恒久、最有效的知识表征手段。前数字时代，文本符号和语音符号是分别加工、存储和再现的，但现代数字媒体手段不但实现了符号表征的音符和语符（文字）的融合，还在很大程度上实现了动作表征、映象表征和符号表征的多模态融合。

从教与学的角度看，再现表象具有媒介性、选择性、概括性和转换性。也就是说，我们至少有三种不同的方式来表征我们的学习经验和思维过程。信息技术环境下的语言技术、语音技术、超文本、超媒体技术极大地改善了语言表征的互文性、多模态性、超时空性。如果我们以此为据来设计教学，就能达到促进学生智慧或认知生长的目的。

3.1.1.2　知识的分类

有效的知识表征在于合理的知识分类。吉尔伯特·赖尔（Gilbert Ryle）在 *The Concept of Mind* 一书中将知识分为两类，即"知何事"（knowing that）与"知何为"（knowing how）。前者被称为陈述性知识或事实知识，后者被称为程序性知识或技能知识。也可以将知识再细化为陈述性知识、程序性知识、结构性知识、启发式知识、元知识等，但讨论最多的区分是陈述性和程序性知识（安德森 1989）。陈述性知识可定义为事实性知识，是个人能用语言进行直接陈述的知识；程序性知识也叫操作性知识，是个体难以言表、只能借助于"示范"（动作表征）间接推测其存在的知识（如游泳、跳舞、射击、滑冰等）。

陈述性知识是可传播的，陈述性知识表征可进一步分为类比表征和符号表征。类比表征从本质上保留了信息，与特定的感觉形态相联系（如图像）；符号表征则从外部保存信息，是抽象的，是逻辑推理的主要基础（如语言）。与陈述性知识相比，程序性知识难以言传，它们往往是逐渐习得的，需要广泛的实践。对于陈述性知识与程序性知识的分类和定义，学界观点趋同；但对于两者孰先孰后以及之间的关系，学术界存在不同的看法。

通常认为，陈述性知识的获得常常是学习程序性知识的基础，程序性知识的获得又为获取新的陈述性知识提供了可靠保证。但是，也有学者认为，无论是系统发生学（phylogenetics），还是个体发生学（ontogenetics）的证据都表明，程序性记忆比陈述性记忆更早。这可以通过这样一个事实来证明：陈述式学习即使不是人类，也只发生在高等动物身上。就个体而言，儿童在学习事实知识之前就开始学习记忆程序（Bloom & Lazerson 1988），比如先爬行、学步、牙牙学语，然后才开始认字。此外，程序技能对于生存比陈述性知识更为重要（Dudai 1989）。因此，假设事实性知识先于技能知识发展是不合理的。Ten Berge & van Hezewijk（1999）则通过脑科学研究发现，陈述性记忆与程序性记忆虽然是相互独立的，但陈述性记忆是从过程记忆演变而来的，或多或少是过程记忆的一部分。它的某些方面甚至可能被简化为程序记忆。它在系统发育和个体发育上都比程序性记忆更年轻（ten Berge 1999）。而神经网络研究的最新进展表明，就其本质而言，神经网络适合于程序性知识的建模。当输入被馈送到网络时，它"知道"如何反应。这种知识是隐性的，只有通过分析隐藏的单位才能使其显性化。因为程序性知识是一个动态过程的概念，无法通过顺序规则系统有效地表示（Bechtel & Abrahamsen 1991）。这些论点表明，陈述性知识是由程序性知识构成的，陈述性知识可以看作是程序性知识的一个特例。

以上观点与认知心理学的传统看法显然相悖，因为，传统的认知心理学理论认为，程序性知识是由陈述性知识积累转化而来的。只是，该假设并没有脑科学理论的依据，生活中大量例子与此不符。比如，下棋可以被视为部分程序性技能的一个例子：一个人在练习后会变得更好，但却无法表达为什么会是这样。这种现象显然与下棋所需的陈述性知识无关，因为游戏规则肯定不会随着一个人的进步而改变。类似的例子在运动技能、智慧技能，甚至认知策略中比比皆是。

外语的学习就是如此。表面上看起来，词汇和语法规则的学习是掌握陈述性知识，当我们通过大量的反复练习，对外语的理解和运用同本民族语言一样流利时，关于外语的陈述性知识就转化为程序性知识了（皮连生 2011）。然而，陈述性知识的掌握与程序性知识的获得是学习过程中两个连续的阶段。其间的关键是"大量的反复练习"，才有所谓的"转化"。而且，我们要分清楚是为应试而进行的知识复习，还是为了应用而进行的技能练习。能准确无误回忆起来的知识大都是陈述性质的，而脱口而出、流利表达才是技能（程序性知识）。外语学习从知识、技能到能力并不是一个通过累积知识而自然转化的过程。"**技能**是指智力活动和操作活动的基本活动方式，是动作本身和动作方式的熟练程度；而**能力**则是保证动作达到熟练、能顺利完成的心理条件；**知识**是对事物的意义、结构和规则的认知。有了某种知识，不等于就有该项技能；有知识又有技能，也不等于就有能力。"（李克东、谢幼如 1990：20）所以技能通过实践练习而获取，而不是来自知识积累。

可以说，与陈述性记忆相比，程序性记忆在许多方面是相对独立的。在某些类型的健忘症中，如顺行性遗忘症或科萨科夫综合征的观察中发现，患者不再能够收集或回忆新的（陈述性）事实。然而，他们能够获得新的程序技能，尽管有时比正常情况更慢、更痛苦（Squire & Knowlton 1995）。同样的例子包括条件反射、单词补充和语义启动对单词识别的影响。所有这些任务都有一个共同点，即（语言）学习是通过实操练习进行的，而不是通过有意识地回忆学习过程中的经验知识；换句话说，这些是程序性技能（Baddeley 1997）。显然，长期记忆中的陈述性知识通常不是（自动化）能力表现时所必需的。反过来说，当我们开口说外语时仍时刻关注时态、句式是否恰当时，我们就很难说已经掌握了外语的口语能力（程序性技能）。

这些例子给外语学习的启示是什么呢？对如何选择不同媒介表征知识技能又有何意义呢？懂得了外语的语音、词汇、语法等陈述性知识，并不能自然而然地掌握外语的听、说、读、写等技能，陈述性知识的积累并不能自动转化为程序性知识。恰恰相反，程序性知识的内部表征有其相对独立性。只有通过反复实践应用才能建立起内在的神经回路，才能熟能生巧。这也许为非英语专业的英语学习"少、慢、差、费"的现象找到了注脚：为什么同样具有外语陈述性知识的公共外语学习者的语言能力普遍不如外语专业的学生？甚至，一些外语专业基础阶段学生的外语听说能力，要比部分对陈述性知识耳熟能详的老师还要熟练！公共外语与专业外语语言技能方面的差异，表面上看是学习时间投入的差异，实质上是公外学习者把大量的时间用在陈述性知识的学习上了。所以，外语教师虽然大都明白外语学习就像游泳，必须下水才能学会的道理，但是几乎所有老师都会在岸上喋喋不休地唠叨关于游泳的知识；而有了数字媒体技术以后，更是把陈述性知识的多媒体表征极致化，进一步挤占学生语言实践的空间。

为了改变外语教学一直以来多关注语言知识的"教"，而忽略语言本身的"学"这一痼疾，各种教学法理论和方法应运而生：交际法（communicative language teaching，简称 CLT）、任务教学法（task-based language teaching，简称 TBLT）、项目教学法（project-based language teaching，简称 PBLT）、产出导向法（production-oriented approach，简称 POA）等等。所有这些方法都指向了一个共同的认识：唯有通过实践才能真正掌握语言。那数字媒体技术在其间的作用是什么呢？技能性知识的表征如何呈现？是更多地利用技术进行语言实训演练，还是超负荷地展示多媒体语言知识？

3.1.1.3 知识表征的方法

对有关知识分类的讨论为外语教学设计的知识表征提供了多方面的基础。典型的知识分类有：(1) 基于认知心理学分为陈述性知识和程序性知识；(2) 基于认知主体分群体知识和个体知识；(3) 基于符号表达可分为隐性知识和显性知识；(4) 基于知识应用的角度，可分为事实原理知识、技能知识和人际知识；(5) 基于 Bloom（1956）教育目标分类，从具体到抽象分为事实性知识、概念性知识、程序性知识、元认知知识。知识的不同分类，也可以被看作是为学习主体提供了表征的不同角度。从学习过程来看，学生最普遍的困难是对抽象性知识的捕捉；从教的过程来看，教师最普遍的困难是对隐性知识、程序性知识的表征与传授。

探讨教育技术的应用，从本质上讲，首先就是探讨如何应用恰当的技术媒介，合理有效地呈现知识。迄今为止，通用性技术的教学应用的事实也是如此。口述、板书、作图、投影、电脑、网络等都是知识传播的递受媒介；语音、文字、图像、影视是知识视觉化呈现的表征媒介，不同的技术媒介会影响知识表征的性状特征。知识表征之于教学，最通俗的理解就是让知识以最自然、最有效的方式可感、可知、可传递。通常的方法是：

（1）将新信息与以前的知识联系起来（联想）；

（2）将隐性的知识显性化、结构化（具象）；

（3）将抽象的知识具体化、隐喻化（类比）；

（4）将难于言表的技能性知识过程化、动态化（示范）；

（5）就外语教学而言，无论何种方法，要做到源于语言，还要回到语言（口笔头输出）。

知识是相互联系的，因此，与先前知识相关的新材料将得到更好的理解与保留。形成的联系越多，从记忆中检索信息的可能性就越大。比如，文本和语篇理解的驱动因素是先验知识，熟练的母语读者在理解过程中积极使用他们的先验知识，该过程大多是自动化的。以图式或命题形式存在的先验知识会自动填补文本中的上下文空白，并对文本形成更好的整体理解或情境模型。而外语学习者在学习过程中，学习者难以获取文本理解所需要的全部线索（先验知识），从而造成文本解码的困难（因生词、异文化概念等）。因此，外语理解常常是数据驱动式的逐字解读，而非概念驱动式的自动化加工。由于语言差异和文化差异，先验知识与新材料的关联常常会出现错位与误配（母语干扰），阅读过程需要更多的检索、比对、分析和判断等主动加工。

外语教学中的可视化示例就是为了降低语言理解的解码负荷，快速调用或唤醒认知图式以达至理解。通过视觉图像进行可视化一直是传达抽象和具体思想的有效方式，最原始的可视化手段就是表情和手势。现代意义上的知识可视化是利用一个或多个数字视觉工具向一人或多人传播信息。这些视觉信息是利用工具软件生成的示意图表，如数据饼图、柱状图、曲线图、信息图等，也包括图像、草图、插图、动画、影视等创意形式。知识可视化不仅仅是传递信息，它还试图确保接收到这些视觉信息的受众能够理解围绕某一特定主题的更多见解和观点。换言之，它要确保授受双方共享同一符码系统和大致相同的解释方式。

数字媒体技术的普及应用，实现了知识加工与再现的集成性。不同文化的体验、言语交际的语境、声情并茂的语音、多媒体内容的加工、多模态内容的同步输出，等等，都从奢望变为常态。几乎所有老师都开始用计算机备课，鲜有例外。绝大多数老师也都以 PowerPoint 等简报软件作为课授界面。老师们会不由自主地考虑多种知识表征的手段：图示、动画、视频、电影等。虽然，现阶段的技术（包括 AIGC）还不能做到意义连贯、符合教学要求的图文、音像多模态课件制作的随心所欲，各种格式的内容制作与合目的性整合还需要精心设计。但是，借助功能强大、上手容易的简报软件（尤其是加载了 Copilot 的 PowerPoint），将图、文、声、像等不同格式的信息源集成在同一界面、生成同一格式文件已经不是难事了。遗憾的是并非所有老师都能充分认识到知识表征与学习的内在关系，他们大都只把屏幕当成电子黑板，把黑板当成放大的教案稿纸，排版书写只为了呈现教学内容，有了 AIGC，PowerPoint 制作更是只图便利，较少考虑可视化设计的学习心理因素（这是 AI 不会考虑的）。

3.1.2　教学中的思维可视化

如果说知识是思维的部分外在结果，那思维则是知识的某种内化形式。知识可视化与思维可视化仿佛是一体两面。知识可视化关注结果的表达，而思维可视化更关注过程的呈现。二者在表现形式上有相似、交叉的地方，但也有本质上的区别。知识可视化的对象是知识本身，除了传达事实信息之外，其目标在于用图形图像手段来构造、呈现知识结构，以帮助人们重构、记忆和应用知识；而思维可视化关注的是思考路径、策略和方法。这对于引导学生认知的教师来说，格外重要。

思维可视化（thinking visualization）和视觉思维（visual thinking）并非同一概念。视觉思维是一个心理学概念，又称视觉或空间学习或图像思维，是指通过视觉图像加工进行思考（Deza & Deza 2009：526-527）。琳达·西尔弗曼（Linda Silverman）的研究表明，仅使用视觉/空间思维或文字思维的人都是少数，大多数人都会同时使用视觉/空间思维和语言思维。只有小部分人会在所有其他思维形式之上使用这种风格，可以说他们是真正的"图片思考者"（Silverman 2002）。理解这点对于克服"读图"时代外语教学"无图不爽"的课件思路不无益处。

外语教学中的可视化设计除了针对外在的知识制品（是什么）、内在的技能知识（怎样做），还有针对内隐的思维过程（怎样想）。隐性的思维过程不但外人看不见，有时连自己也难以观察了解。知识加工过程中，貌似客观外在的知识，也有其隐蔽性。如过于宏观目之不及的宇宙，过于微观难以窥探的原子，过于抽象不易言表的概念，过于复杂苦于陈清的关系，等等，何况还有过于危险不可触之、过于昂贵不忍拆之的知识，等等。然而，纵有诸多困难，在数字媒体技术发达的当今，陈述性知识的表征难题大都可以水到渠成地解决，但是对于难以言表的程序性知识和内隐无形的思维过程、策略，如何表征仍然是摆在外语教师面前的专业性难题（如外语微技能的表征与传授）。

对于程序性知识的表征，一直乏善可陈，尤其是在前数字媒体时代，主要靠言传身教，从而造成了知识表征领域的不平衡现状。计算机技术的发展有望解决这一难题。但是由于我们对语言和视觉表征的偏爱，当人们试图用知识可视化手段表征程序性知识的时候，其间总是若隐若现地存在陈述性方法的影子。无论是一般性领域的程序性知识，还是特殊领域的程序性知识，自动化的程序性知识或者有控制的程序性知识，都没有发展出易用、低成本且富有成效的表征技术应用模式，外语教育技术应用领域尤其如此。

假定外语的程序性知识只有通过某种形式的实践才能知道它的存在，它包括解释"什么"和"如何"的灵感、方法、意向、实践、程序、策略和技巧等；它是关于如何做一些事情（如听、说、读、写）或关于刺激和反应之间的联系的知识，也包括关于项目行为或基本技能学习的知识。但是在教外语的过程中，所有这些知识又成了关于知识的知识。我们用线性的方式**描述**语态，用空间的方式**表达**时态，用命题的方式**讲述**逻辑……但除了讲解、比画、板书、PowerPoint，我们还能怎么做？

3.1.2.1 思维可视化工具

可视化思维的过程，就是将隐匿的思维进行显性化、结构化、全景化呈现的过程。最常用的三类可视化思维工具，分别是著名教育学家东尼·博赞（Tony Buzan）发明的思维导图（mind maps）、康奈尔大学（Cornell University）约瑟夫·诺瓦克（Joseph Novak）发明的概念图（concept maps），以及由著名思维训练专家大卫·海勒（David Hyerle）提出的思维地图（thinking maps），亦称思维八法图，包括圆圈图、气泡图、双气泡图、树形图、括号图、流程图、复合流程图和桥形图。此外还有认知地图（cognitive maps）、信息图（infographics）等等。这些可视化工具看起来长得差不多，有时甚至都被当成思维导图，可实际上它们各具特点、各有所长，不能混为一谈。

思维导图（mind maps）

思维导图译自英文 mind maps，但还有许多其他的译名：脑图、心智地图、心智图、头脑风暴图、灵感触发图。最流行的译名是思维导图。它是一种使用极其广泛的思维可视化工具，是一种层次信息的视觉表示，涵盖由某一主题的相关分支围绕的中心思想。直到 20 世纪末、21 世纪初，类似的图形表达还只是诉诸纸笔和黑板等的手绘思维工具（hand-to-paper thinking tools），见图 3.1。而运行于计算机的数字化视觉思维工具直到 20 世纪末才初见端倪，如可视化学习软件 Inspiration for Apple Macintosh（首推于 1988 年），商业项目管理软件 MindManager（首推于 1994 年），思维导图软件 iMindMaps（首推于 2006

年）等等。此后推出的许多著名的思维工具软件不少都用 Mind 来组合命名，如 XMind、EdrawMind、FreeMind、Mindjet（原名 MindMan、MindManager）等等。这些软件大都支持多种思维图的绘制，汉语习惯性称这类软件为思维导图软件。久而久之，思维导图就成了所有思维图示化工具的统称，进而在很大程度上造成 mind maps 自身与其他思维图（如 concept maps、cognitive maps、thinking maps）之间的概念混淆和用法上的错位。本书仍使用约定俗成的译名，但会对由此而造成的混乱作梳理。

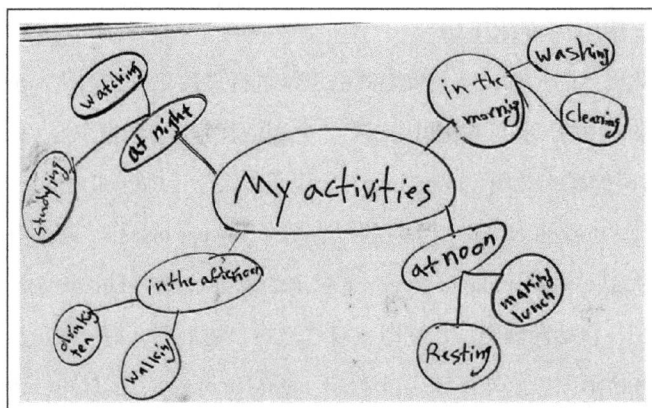

图 3.1　诉诸纸笔形式的手绘思维导图（Khodabandeh 2021：39）

视觉思维、图形表示和创建图表的实践过程可以追溯到公元前 3 世纪。人们使用分支和放射状地图直观地映射信息，这些图像方法记录知识和模型系统，在教育工作者、工程师、心理学家和其他人的学习、头脑风暴、记忆、视觉思维和问题解决等方面的应用有着悠久历史。最早的例子是由斑岩的卟啉（又译波菲利）（Porphyry of Tyros）开发的，史称卟啉之树，又称斑岩之树（见图 3.2），卟啉是公元前 3 世纪著名的哲学家，以图形的方式形象化了亚里士多德的概念范畴。哲学家拉蒙·洛尔（Ramon Llull）也使用了这种技术。

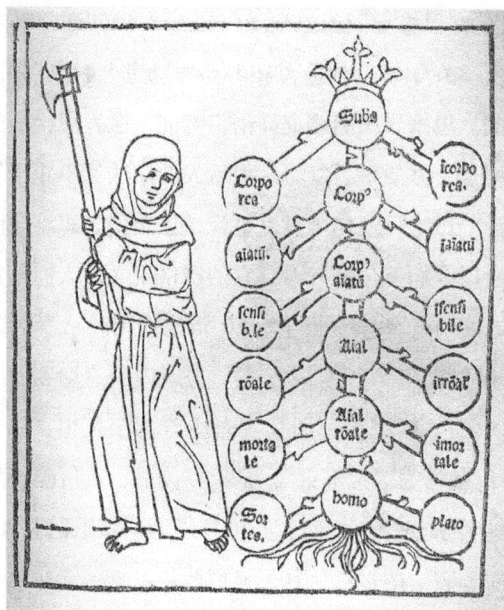

图 3.2　思维导图史：卟啉之树[1]

　　思维导图对应的英文有 mind mapping 和 mind map，前者表示构思过程，后者表示构思结果。最初，它的发明者东尼·博赞将其视为一种笔记方法（Buzan & Buzan 1994）。博赞认为 mind maps 是对发散性思维的视觉表达，依照人类大脑最自然的思考方式，以直观的网络化图解方式显示概念之间的关系，或呈现大脑思维过程，以帮助我们激发创意、促进理解、增强记忆以及快速掌握并交换信息的笔记技巧。博赞声称他是受到阿尔弗雷德·科日布斯基（Alfred Korzybski）的普通语义学（general semantics）的影响，并据此绘制了思维导图的例子[2]。植根于语义学的思维导图，是一种反映出大脑思考模式的可视化图示工具。

　　1960 年，早在博赞发明思维导图之前，美国西北大学的阿兰·科林斯（Allan Collins）和罗斯·奎利恩（Ross Quillian）研究的语义网络结构（semantic

---

1　参见 https://en.wikipedia.org/wiki/Mind_map 检索时间：2024 年 6 月 5 日。

2　参见 https://www.mindmapart.com/portfolio/tony-buzan/ 检索时间：2024 年 6 月 5 日。

network）就已经具有思维导图的雏形（Collins & Quillian 1969）。由于科林斯的贡献和公开研究（在学术、创造力和生动的思考上的成果），他也被认为是思维导图模型之父。思维导图能够提高语言智能，激发思维潜能，快速灵活地记录他人的讲话要点，方便事后复习。但后人的用法远不止于笔记，它逐渐演变为一种应用广泛的思维可视化工具。也许，正是由于思维导图的随机性、多变性，灵活性，所以我们至今没有看到它的严格定义。人们经常将其用于头脑风暴、话题讨论、活动组织，甚至与概念图混淆使用。

将思维导图仅仅理解为"笔记方法"是国内引进时翻译上的一个瑕疵。东尼·博赞原著中的"笔记"一词其实对应着两个词组：note **taking** 和 note **making**。前者可以翻译为"记笔记"，是指在读书、听讲座、与人交流时将别人的话语记录下来并加以整理；后者则可翻译为"做笔记"，但这是一个主动构思、提炼、组织、表达的过程，其外显形式相当于一个非线性、图示化的思路或提纲，故称思维导图。我们写报告、论文、演讲稿时都有类似的思维过程，其核心目的是激活思考、整理思路，采用的手段是从中心向周围发散的非线性图形笔记。所以，思维导图是针对线性笔记的不足而发明的一种新型笔记工具，其与线性笔记最本质的差别是非线性和图示化（见图 3.3）。

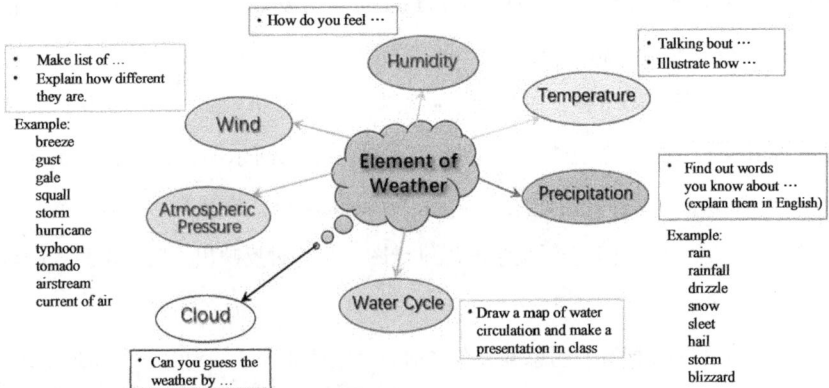

图 3.3　思维导图（mind maps）

概念图（concept maps）

概念图是由美国康纳尔大学（Cornell University）约瑟夫·诺瓦克（Joseph Novak）教授在 20 世纪 70 年代开发的，旨在帮助教师解释复杂的主题，以促进学习、保留这些新主题，并将其与既有知识联系起来。诺瓦克博士给概念图的定义是：使用节点代表概念，使用连线表示概念间关系的知识组织和表征工具（Novak & Gowin 1984）。也就是说，概念图是一种知识可视化的图形工具，其特征是用图示的方式突出概念节点、明晰概念层次、勾勒概念之间的关系。这种非线性图示化的表征手段是概念图与其他知识表征媒介（如线性文本或图像隐喻）的最大不同之处。

概念图是根据戴维·奥苏贝尔（David Ausubel）的有意义学习理论提出的一种教学技术，因此有着浓厚的学术内涵。与思维导图的发散性、随机性不同，概念图是一个真实问题的抽象，所有节点与分支的创造都需要深思熟虑，以涵盖所有实际情况，反映现实，而不是设计者杜撰的主观性想法。在绘制中，主题的概念、关系的连接和意义的标注（见图 3.4）使得概念图能够更精准正式地描绘知识的结构和脉络，有助于对知识的分析、理解和记忆，促成有意义的学习。

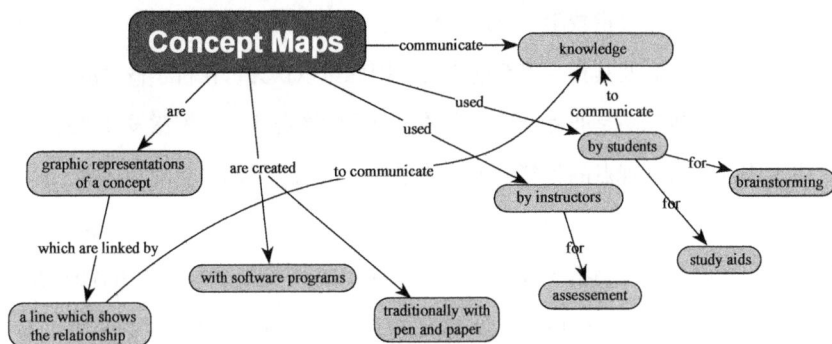

图 3.4 概念图（concept maps）[1]

---

1 参见 https://maryannenestor.com/2011/09/15/concept-mapping/ 检索日期：2024 年 4 月 22 日。

思维导图和概念图的区别

概念图仅凭其外观，有时很难将其与思维导图区分开来，尤其是许多思维可视化工具（如 TheBrain、Xmind、Inspiration 等）都同时支持两种图形的绘制，使用者用思维导图的方式描述知识概念的做法并不少见。尽管不少思维可视化工具提供商都会对两者使用上的差异进行解释，但是描述并不一致。如著名的心智图公司 Edraw 撰文列数思维导图和概念图两者差异以后这样总结："心智图或概念图都只是一种可视化表示，它们没有在像石头一样的结构中完全固定。此外，概念图和思维导图是混合的，但并不相同。[1]"可见，连工具的开发者都持如此包容性态度，何况面对复杂情况的实际使用者呢？

国内业界的使用以思维导图为主，但概念图和思维导图的关系一直在争论，存在着"等同论""不同论"和"无需区分论"（赵国庆 2012）。一般认为，概念图与思维导图相类似，它也可以对多种思维方式进行非线性、可视化综合表示；其不同之处是概念图在精确度（precision）、逻辑性（logicality）和正式程度（formality）上要远高于思维导图。但是，这样区分的操作意义不大，程度上的高低不足以区分两者在功能上的差异，而这种差异是确实存在的。

赵国庆（2012）对两者的适用范围做出了比较合理的区分，他认为："概念图发明于科学（一般指数学、物理、化学、生物等）学习的氛围中，主要优势在于其对科学概念及其相互关系的表达，因此可以认为，在科学概念的学习和组织时，应用概念图是非常合乎时宜的。思维导图源于对思维激发和整理的需求中，因此，对于观点的整理、思路的整理使用思维导图是更加合适的。"（赵国庆 2012：80）

西尔瓦娜·卡皮纳努（Silvana Carpineanu）[2] 则更为细致地从两者的功能、目的、图形、结构、适用性优劣等方面进行了比较（见表 3.1）。必须强调的是，

1　参见 https://www.edrawmind.com/article/concept-map-vs-mind-map.html　检索日期：
2024 年 4 月 22 日。

2　参见西尔瓦娜·卡皮纳努（Silvana Carpineanu）发表于 2020 年的文章 "Concept map
vs mind map"，笔者翻译并作修改。

概念图更符合事实，因为它们确定了更多的主要概念以及它们之间的系统性和复杂关系。思维导图和概念图之间的一个重要区别是，概念图以自上而下的层次结构组织，用于显示多个复杂概念以及它们之间的关系和交叉连接，因此，概念图中的主题可以有更多的父主题和子主题；而思维导图是中心扩散的分支结构，因此只能聚焦一个父主题和若干并无交叉的子主题。概念图用动作动词标注主题间的交叉连接，如促成、原因、要求、导致等，以说明概念之间的逻辑和层级关系；而思维导图的连线只表示主题之间直观的映射联想关系，主观性特征明显。

表 3.1　概念图与思维导图的区别

概念图	思维导图
连接多个概念或想法（是一个相互关联的概念网络）	关注一个概念或主题（组织信息的树形图）
连线：概念之间的关系由带标签的箭头表示（具有解释性），概念间是相互交叉的（连接线）	连线：关系由连接线表示（直观、联想的，不是直接解释的），分支节点无交叉线
节点：概念之间的多对多关系	节点：想法之间的简单关系（通常是一对一）
应用：适用于知识地图和内容差距分析、表示复杂信息	应用：非常适合于头脑风暴、想法生成和快速记笔记
知识表征：命题结构（主题标签主题通常形成短语）	知识表征：非命题结构
绘制：通常，这是一个较长的过程，需要仔细思考	绘制：通常，这是一个快速而自发的创造过程
外观：具有多个分支和簇的网络结构	外观：放射状树形结构
主题：客观、连贯、逻辑的知识整理与表达（可验证）	主题：主观多于客观、探究、联想、创造（不可验证）

概念图与思维导图的另一个差别是两者绘制时的速度与自发性的不同。思维导图反映心中所想，而概念图被认为应该是反映现实的概念地图或系统。有研究证据显示，知识在脑中是以命题为基本单位，采取阶层式储存的。由于概念图的目的是反映知识元素的组织，因此它能有助于理解和进行有意义的学习。

据此可以认为，概念图适合复杂知识的演绎讲解，思维导图则更适合思维训练，如主题讨论时的头脑风暴、听讲学习时的快速笔记、论文演讲时的快速构思、鼓励参与的交互性活动等，但不适合结构复杂、逻辑严谨的知识讲解。两者可以结合使用：概念图中的某一节点可以是思维导图，思维导图中的某一节点可以是概念阐述（演化成概念图）。只是使用者清楚地知道是在做思维训练还是在知识讲解，两者可以融通，但却并不一样。

思维地图（thinking maps）

thinking maps 是名副其实的"思维导图"，但由于该译名已被 mind maps 长期"占用"，为了以示区别才不得已将其译为"思维地图"，或称"思维八法图""八大思维图示法"，是思维导图的一种。按理说，thinking maps 和 mind maps 这两种图示无论在外形结构上，还是在功能用法上都有很大差别，不应混淆。用英文 thinking maps vs mind maps 检索，几乎找不到关于两者差别的文章，跳出的检索结果反而全是 concept maps vs mind maps。其实，这都是翻译"惹的祸"。mind maps 直接翻译成"心智图"或"脑图"也许更符合原义。东尼·博赞的本意就在于利用图形技术，将大脑的发散性思维展现为视觉表达，而 thinking maps 译作思维导图，不仅名副其实，而且确实是为了训练思维策略、提高学习能力而开发的思维可视化图形工具。但遗憾的是思维导图这一译法更早流行，且被张冠李戴到了 mind maps 头上，以至于约定俗成误用至今，连学者们也只能无奈地将 thinking maps 称作八大思维图示法以示区别（赵国庆 2012）。

thinking maps 是大卫·海勒（David Hyerle）于 1989 年开发的一组思维可

视化工具（Hyerle 1991）。thinking maps 共包括八种图，分别是：圆圈图、气泡图、双气泡图、树形图、括号图、流程图、复合流程图和桥形图，如图 3.5 所示。八大思维图示法中的每一种图都对应着一种具体的思维技能，如圆圈图用来支持头脑风暴和联想，气泡图用于描述或想象，双气泡图用来进行比较和对比，树形图表示分类，括号图表示整体与部分关系，流程图表示事件之间的顺序关系，复合流程图表示因果关系，桥形图则用来表示类比关系等。

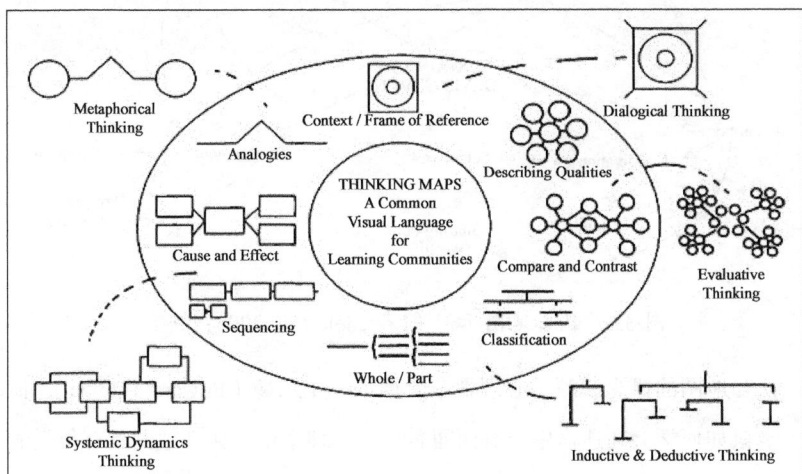

图 3.5 导图作为一种常见的视觉语言（Hyerle 1995）

由于八大思维图示与具体思维策略的对应关系，因此可以认为八大思维图示法是思维可视化工具与思维策略工具的有机结合体，是具体思维方式的具体表示法。人们在选择某一具体图示时，也就同时选择了该图示背后隐含的思维策略。通过将注意力聚焦在具体的思维技能上，可以实现对该思维技能的精细化训练。当然，在面对一个相对复杂的问题情境时，人们可以通过综合运用八大思维图示法中的几个甚至全部图示，以实现对该问题的多角度、全方位分析。在 thinking maps 被引进中国之前，mind maps 曾是最受欢迎的思维可视化工具。近年来，随着相关中文书籍的出版，对 thinking maps 的关注和应用越来越多，甚至超过 mind maps。究其原因，正是因为其在思维训练方面的易用性和简洁性。

认知地图（cognitive maps）

认知地图是心理模型所有视觉表征的总称，其定义是一个人（或一个群体）对给定过程或概念的心理模型的任何视觉表示。认知地图没有需要遵守的视觉规则，即概念和概念之间的关系在视觉的表达方式上没有限制（见图 3.6）。

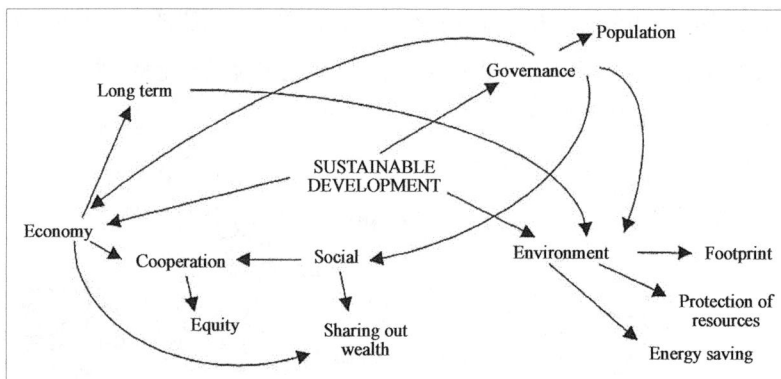

图 3.6　认知地图示例（Louedel *et al.* 2005：260）

认知地图的概念起源于心理学家爱德华·托尔曼（Edward Tolman），他以研究老鼠如何学会在迷宫中导航而闻名。在心理学中，认知地图具有很强的空间内涵，通常是指大脑中空间思维（如走迷宫）的可视化表示。认知地图已经被广泛应用于各个领域，运筹学研究员科林·伊登（Colin Eden）在更广泛的意义上使用了该术语，以指代任何类型的过程或概念的心理模型。所以，与其说它是认知地图，不如将其看作是一种图示方法，俗称"画框图"。

认知地图与心智图、概念图的性质和使用目的不同。认知映射在许多学科中都有广泛的用途，[1] 认知地图是心理模型可视化最普遍的类型，对结构或形式没有限制。认知地图不必遵循特定的格式。因此，它们通常是抽象的，没有一致的层次结构；它们是灵活的，可以适应需要表示的一系列广泛的概念或情况。对任务型、探究性学习活动特别有用。

1　认知映射是自由形式的，可以包括许多可视化方法，包括项目符号列表、流程图、概念图或亲和映射。尽管现有的例子是数字的（因此是高保真的），但认知地图通常是低保真度的，是用纸、笔和便签就可以创建的。

综上所述，笔者倾向于将所有可视化图形工具都称为思维导图，其中包括概念图（concept maps）、心智图（mind maps）、认知地图（cognitive maps）、思维地图（thinking maps）等。它们各有各的特点，但都是从不同侧面对人的心智过程进行可视化描述。概念图侧重知识结构的精细表达，心智图注重激活思维联想、快速构建笔记，认知地图能灵活自由地表达心理映射，而思维地图却能对应具体的思维策略和方法。人们可以根据不同目的对它们进行选择或组合使用。教学中使用可视化工具的根本动力在于培养学生的思维品质和学习能力。教师可以利用思维导图及其模板来改善课堂中的批判性思维与同侪协作，学生可以使用思维导图来更有效地记录笔记、改善记忆和理解能力，并释放自己的想象力和创造力，因为它们有助于厘清概念、解决问题、想象目标以及组织并表达自己的想法。

3.1.2.2 如何选择可视化图示软件的建议

思维导图一类的可视化工具最重要的功能是帮助使用者直观地表达想法，尤其是一些难以言传的程序性知识、抽象复杂的概念等，因而是可视化知识表征和内容策展的助力工具。这类导图软件甚至超越了"思维可视"的认知功能，它本身还具有快速生成、任意编辑、演示共享、集成管理等工具性用途。以下是挑选最佳思维导图工具时使用的参考标准：

演示和共享工具。思维导图通常用作视觉交流或公共演示，因此好用的思维导图工具应该可以导图共享，编辑、演示界面切换灵活，既可在堂演示，又可供他人在线访问和查看，且支持多媒体格式和视频演示播放。

智能化集成应用。好的思维导图不仅仅是一个独立的编辑工具，还能与用户的本地应用程序（如数据管理、文档、图表和演示工具）同步。学生用户对集成的需求取决于教师计划如何使用思维导图软件，用户使用带有预构件集成的工具与常用工具（如 Microsoft Office、Google Drive）可以更容易、更快速地从思维导图应用程序中获取更多信息。优秀的导图软件应该是一个方便收纳、提取、管理本地文档的智能助理。

轻松的文档附件。好的思维导图工具允许用户轻松附加或嵌入外部文件，如音视频文件、图像、文本、在线资源和思维导图的链接。这些功能不但可以用于演示，还可以按自己的思路有效管理本地文件。附件链接是大多数导图工具都具备的功能，但是一般都是付费版本才可以提供的。

丰富的导图模板。当没有时间从头开始学导图的时候，丰富可选的模板库是快速、简单的上手资源。模板应涵盖不同类型的导图，如概念图、心智图、组织结构图、流程图、统一建模语言（Unified Modeling Language，简称 UML）图等等。好的导图工具软件大多配备贴心的内置工具，供用户快速执行基本操作，如添加注释、形状、标记和附件，导入模板和图片资源等。用户使用得越久，费时越少越好。

强大的协作功能。协作应该像评论、标记、共享和上传一样简单。协作功能可以支持多个用户在同一个思维导图上实时协同绘图，方便远程同伴学习。这在任务型学习、协作型学习中特别有用。使用协作笔记等功能，可获得超出个体应用的群智价值。现有的教学应用往往止于公共演示，而忽略了其强大的协同工作能力。

总之，关于知识表征的讨论有助于外语教师形成自觉的内容策展意识和提升知识处理水平，导图一类的可视化软件也不只是方便作图。恰切精巧地构思、经常性地将思维图有机融入外语教学过程、灵活地在任何设备上绘制视图（如平板、电脑、白板）是确保头脑风暴、协作学习、项目规划的创造性、适应性的关键。除了思维导图一类的可视化工具，还有专门的 infographics、motion graphics 等知识可视化表现方式，如图 3.7 所示，但通常都有专业公司制作。复杂的可用 FineBI 自助大数据分析 BI 工具，简单一些的也可以自己用 Snagit 和 PowerPoint 配合制作。有兴趣的话可以自学数据可视化工具软件，如 Microsoft Power BI，这是微软推出的一款商业智能和数据可视化工具，它提供了直观的拖放式界面和丰富的数据可视化选项。

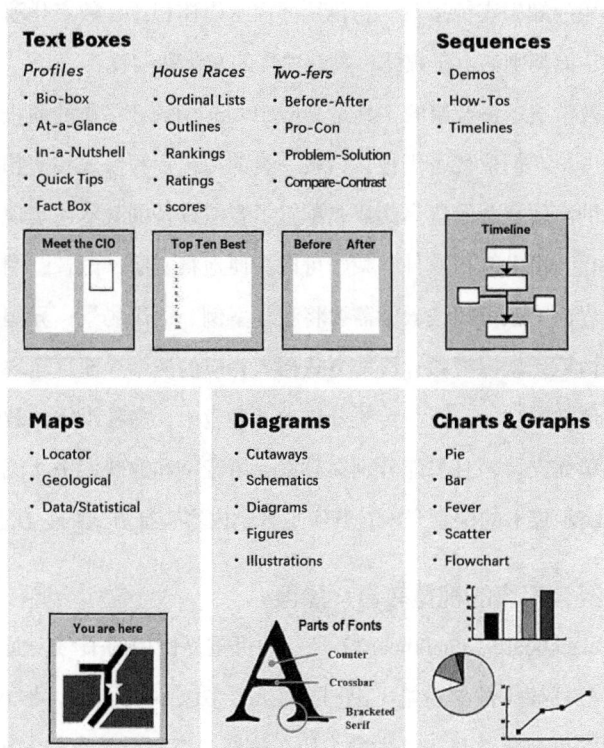

图 3.7 信息化图示类别（Siricharoen 2013：171）

3.1.3 课堂演示与知识传播

教室至今仍然是学校最富激情的可能性空间（Hooks 1994）。学校课堂教学中的看和听是学生一直以来的学习形态：看老师展示的教学内容，听老师的答疑解惑。我们甚至可以说，教学中的口述与听讲、演示与观看，是知识演绎的起始领域，是所有教学技术应用的逻辑起点。当然，口述与听讲多数情况下可能与技术无涉（因距离远或空间大而采用拾音、扩音设备除外），因其符合人类具身交往的天性，成本低、效率高，所以延续至今而不衰；但演示与观看则必须借助一定的技术手段，与时俱进才发展至今。现在，数字化演示技术（digital presentation technology）是所有学科教学最理想的可视化教学手段，是教师普遍采用的知识表征工具。与传统的演示媒体相比，数字化演示可以被视为支持特定功能类别的电子媒体，具有独特的文化和实践。

数字化教学演示最普遍的工具是PowerPoint、Prezi一类的简报软件和投影幕布及显示屏，它们取代了黑板、白板一类的传统手写模式和实物教具，实现了内容呈现的高效率和多媒体集成，配置了音响设备的教室还实现了外语教学的视听一体化。借助简报软件，教师可以方便地将文字、语音、图示、动画置于同一演示界面，也可以按教学需要将教学案例、语用场景、异国风情、故事小品等动态情境元素以视频片段的方式插入相应的演示界面，实现了丰富多彩的多媒体外语教学功能。而在传统外语教学环境中，多种媒体的教学演示需要不同的设备单元支持，且只能分别在教室、语音室和放映室中才能实现。现在看似寻常的演示技术的课堂介入，其实是教学内容表征方式的一次技术革命。

3.1.3.1　经久不衰的视觉教具：黑板

黑板（blackboard、chalkboard）是一种可重复使用的书写表面，在其上用硫酸钙或碳酸钙棒（俗称粉笔）书写文字或绘图，可写可擦，形式简单实用，是世界通用的可视化教具，其生命力历久弥坚，堪称是教育技术史上的奇迹，被誉为"人类最伟大的馈赠"（Krause 2000）。但是，一直以来，"一支粉笔、一块黑板"的批评让黑板成了传统落后的代名词，反而很少有人意识到教室黑板是有史以来最具革命性的教学工具之一。黑板的发明对课堂效率产生了巨大的影响，由于它的简单、有效、经济和易用性，看似普通的黑板及它的近亲白板与许多复杂的现代技术相比有着巨大的优势。其一，黑板是成本低廉的知识可视化工具。它可大可小，可写可擦，可重复使用，可任意保留，使用极其方便，即便是复杂且高难度的学术内容，黑板也是极其有效的面向集体的可视化教具。其二，黑板上的知识推演具有过程性、伴生性。知识要点、板书图示、公式演算等随着教师的讲解而展开，十分有利于学生的同步思维、笔记记录与知识消化。其三，板书演示具有现场性、灵活性、参与性。黑板呈现的内容、顺序既可按教案预设精心设计，又可根据教学互动随机应变、临场发挥。

黑板的历史起源于古代的手写泥、石板。11 世纪初阿尔伯鲁尼的《印度语》（Tarikh Al Hind）记载了此类书写板在印度学校中的使用（Sachau 1910），学生可以在教室或家里用其练习写字和算术，是最早的移动学习形式（石板、石笔、玉笔一直到 20 世纪五六十年代的中国仍在使用，笔者小时候就用过石板）。大黑板的第一次课堂使用已很难追溯，据说早在 16 世纪，它们就被用于欧洲的音乐教学和作曲（Owens 1997：82）。但黑板的发明者被认为是公元 1800 年的苏格兰爱丁堡高中校长詹姆斯·皮兰（James Pillans），据说他把学生的石板挂在墙上，制作了一块很大的石板用来写地理课的内容（地图），全班同学都能看到（Wylie 2012）。石板黑板的制造始于 19 世纪 40 年代（Buzbee 2014：45），其后由木板替代了石材。到 1840 年，黑板已商业化生产，光滑平整的木板涂有厚厚的瓷漆。"黑板"一词直到 1815 年才出现，但实际出现可能更早，因为 18 世纪中叶的英语中就有黑板的记载[1]。美国第一次在黑板上使用粉笔是在 1801 年 9 月 21 日，西点军校数学教师乔治·巴伦（George Baron）使用一块相互连接的石板，他发现这能有效地向更多观众演示复杂公式（Ambrose 1966）。中国最早使用黑板的据说是 1862 年间的京师同文馆。

黑板是可以广谱适应的视觉教具。尽管现代媒体技术已然先进如斯，黑板形式的知识呈现似乎仍然不会过时。尤其是在信息化教育发展并不均衡的当下，黑板的多样化存在更有其实用价值。它可以是简易的低成本教具，也可以是高精尖现代化设备。现代黑板的种类复杂多样，从颜色上分有黑板、绿板、白板；从材质上看分别有水磨玻璃板、彩涂钢板、复合材料板、法兰绒贴板、磁性黑板；从结构组成上看有支架活动板、推拉板、升降板、百叶式翻板；从功能用途上分有普通书写黑板、电子黑板、多功能组合板、交互式电子白板、带屏投影板等。近年又出现了既能板书又能触摸投影的智慧黑板。其实，从技术演化的向度来看，现代的白板、幻灯、投影、屏幕、LED、发光板（lightboard）等教学演示工具，都是传统黑板的变种。从静态到动态，从离散

1　参见《牛津英语大词典》（第三版）中 blackboard 词条。

到聚合，从割裂到关联，从现场书写到预先制备，虽然形态变化多端，但黑板的功能却被顽强地保留了下来。

3.1.3.2　黑板技术的进步

延续至今的教室黑板映射的是教育技术发展的历史向度，它反映了课堂教学演示的前世今生。黑板技术的进步一直十分缓慢，但是 21 世纪以来，得益于现代科技和媒体技术的发展，黑板的品类越来越多，且功能越来越丰富，但其基本的作用仍然是作为课堂面授的可视化教具。

第一类是大家熟悉的普通黑板，它用于课堂教学的历史最长，只是材料基质从木材、玻璃、钢板一直到复合材料，工艺有所进步，但其功能历久弥新，延续至今。

第二类是无尘类黑板，也被称为第二代黑板。为了适应专业书写和安全环保的要求，逐渐产生了特制的书写面板材料和无尘粉笔，既好写、好擦，又没有粉尘污染，如普通白板、专业级书写白板、绒布告示板、表格画线板和环保书写膜等。

第三类是影音类黑板，即第三代黑板。得益于现代科学技术的发展，特别是投影成像类产品的出现，黑板也从简单的文字书写演变为具有图片显现的功能，并且可以整合音响话筒之类的配套产品，图文结合、声情并茂，成为黑板发展史上一次质的飞跃。产品线也非常丰富，比如我们现在常见的哑光投影白板、电子投影白板、投影幕布、复印式电子白板、电子显示屏、荧光黑板等。

第四类是交互型黑板，这是结合了数字信息技术的新一代黑板。图文结合的影音黑板往往只能按照事先设置好的格式被动地显示给观众，这失去了黑板与生俱来的随心书写、自由演示的优点。于是，利用遥感技术实现传统教具与新锐技术相结合的交互式电子白板应运而生，实现了黑板的智能感知，如压感式电子白板、超声波电子白板、电磁式电子白板、红外式电子白板、激光式电子白板，等等。教师在黑板这方寸之间可以点画自如、恣意挥洒。

第五类是最新一代的显像类黑板，又称智慧黑板或智慧屏，采用电容触控技术，将传统的手写黑板和多媒体设备相结合，通过手势触控在粉笔板书和多媒体呈现之间轻松切换，同一区域既可以像普通黑板一样书写，也可以像交互式智能平板一样，用手触控播放 PowerPoint 视频、图片、动画等多媒体课件。这一代产品主要解决了交互式电子白板需要各种外设硬件的配套问题，同时还保留了黑板的外观、易用性和书写习惯，充分体现了新技术应用的人本化回归，堪称智慧型黑板。此类黑板还融入了计算机网络技术、数字音像技术，方便教师调用在线资源、与学生设备智能互联、同步呈现或传输音视频文档。课堂教学真正做到了集现场板书、多媒体演示、知识点检索、师生交互活动于一体。

诚然，传统黑板的教学功能毋庸置疑，但对于某些学科的技能性教学，如外语、音乐、体育等，其功能局限性也是明显的。所以，外语教学是最先引入其他媒介手段用于课堂教学的。黑板技术的发展似乎回应了自身的历史局限性，从而在教育技术的"数字丛林"中又找回了自己的身影。

对黑板历史的回顾不只是源于怀旧情结，而是对这一简单实用的视觉教具的礼赞。人类文明的传承往往是通过两种途径实现的：一是文字，二是建筑与器具。前者以抽象的符号记述人类社会曾经发生的事情，描绘人类生活的方方面面；后者则以具象的物体展示文明的演变，将几世纪甚至几十世纪的时间浓缩在特定的物体上。然而，真正使文明得以传承的是教育。黑板，正是这样一种物化的文明成果，它与人类教育的历史相伴相生、生生不息。可以想象，现代影音技术与遥感技术的进步为课堂演示方式创造了无限空间。3D 全息投影、激光衍射投影、视网膜成像，以及 VR、AR、MR 等虚拟技术的介入，使得未来教室的交互界面无感而泛在。但即便如此，笔者仍希望在教室的一隅永远存留一方黑板，不只因为它真的具有"信手拈来"的便利和"妙笔生花"的自由，更因为它象征着教育的过去、现在和未来，时刻提醒着我们作为教者的职责所在。

3.1.3.3　数媒技术与课堂演示

基于现代媒介技术的课堂多媒体演示，较之于传统的实物、图示、板书等演示手段，其意义不只在知识可视化、内容情境化、学习趣味化等表面，还在于教师可借用数字化演示的便捷性、交互性、灵活性、开放性等特征，引导学生思路，启发学生思维。智慧黑板一类的集成课演技术基于传统教具和现代媒体在课堂教学中的优势互补，但是其仍然是有待完善的发展中的技术，如黑板的传统框架难以突破、可视面积太小、性价比不高。所以，目前高校使用较多的仍然是配置大幕投影的普通多媒体教室。

早期的外语多媒体教学演示大都关注如何使单一的文本材料图示化、语言内容视频化。具体的做法是教学过程以讲授为主，辅之以丰富的可视化材料，如图像、影像、动画等。综合使用这些多媒体材料的目的是增强所讲主题的直观可感性、生动趣味性、组织结构性，从而增强教师讲课的效率和学生的可理解信息输入。借助多媒体演示，教师还可以成为学习的协导者，例如，在探索式教学中，师生可根据一定的主题或思路在教学界面中随意跳转（超文本、超媒体链接），改变了原来的线性学习模式；在结构化演示中，学生通过观察目的语语言结构变化的呈现，从总体上把握英语语法应用规律，消除了板演方式容量小、速度慢、无法动态对比的弊端；在模拟情境演示中，教师可以引导移情体验，帮助学生深刻理解和把握演示主题的语言运用和文化内涵；在课堂练习和测试中，便捷的演示媒体可用于当堂反馈，及时强化学习结果，指导学生选择合适的内容进行补偿学习。教师利用多媒体教学演示时，如能明确演示的目的，就能有针对性地设计好演示方法。

3.1.3.4　演示媒介的选择

采用多媒体方式呈现外语信息，可以节省大量的课堂操作（板书、图画）时间，同时大大增加单位时间内的信息呈现量。成功的演示既可以增强抽象语言信息的直观性、结构性和可理解性，又可以增强和丰富学习者的语言记忆和联想能力，尤其对于先前外语知识不足或不准确的初学者更有帮助。然而，尽管外语课程的有些内容适宜于转化为多媒体呈现，但有些内容宜采用传统教学方法，辅之以教师的直面口述能发挥出更好的现场效果。不同的课型和教学内容宜采用不同的课堂演示方式。比如，一堂课至少有一半的板书可以直接表征为计算机上的字符，但是，诸如文化风情、语用场景、会话语境、言外含义等内容，仅文字描述就有些单薄。在进行外语教学设计时，教师需要提醒自己多媒体的优势在于：当言语解释过于抽象难懂时，呈现视觉材料能具象、简化问题，增强说服力，但这也仅限于目标语内容的可理解性输入。对语言实践的输出性活动、高阶性语言分析、鉴赏、批判性思维等活动，多媒体助益可能不大。所以，基础阶段的词汇教学、语法教学、句型教学、看图说话、视听会意、情境对话、文化背景、域外风情等就很适合用多媒体演示教学。而语言学、文学史、文学选读、翻译写作等课程就没有必要刻意追求多媒体呈现。当然，这些课程仍可运用数字媒体手段进行辅助教学，如原版影片欣赏、必要的文本投影、思维导图的可视化分析、借助屏幕进行作业批改讲评等等。

每一种视觉材料都可以被看作是知识的一种表征形式，不同的媒介具有不同的表意潜能，包含了不同种类的信息。怎样把各具特色的表征加以整合往往直接影响教学效果。教师在准备呈现时，也需要根据不同的课程和课型考虑采用哪种类型的表征。例如，图片、照片可替代实物构建音、形、义关联；图表、框图结构可增加语法规则和语言结构的清晰度和可理解性；动画宜用于表述具有连贯情节的事件；影视片段则可提供真实地道、丰富多彩的语用实境；多媒体的视频、音频和动画结合起来的模拟演示更能将学生带入一个逼真可感的外语环境。因此，教师要明确教学目标，分析学生需求，然后有针对性地选用呈现材料，以帮助他们更好地理解外语、掌握外语、运用外语，而不是只为了帮助识记外语知识，或仅仅是为了增加课堂教学的观摩性。

3.1.3.5 演示方式的设计

课堂多媒体演示不是"教学秀"，教师要对本课的教学目标一清二楚，对学生可能遇到的难点、疑点和自己的相应对策心中有数，对学生的期望和兴趣指向了然于心。一般应建立一个课堂演示大纲，设计好课堂演示的教学界面和导航路径或其他链接跳转方式。演示宜采用 PowerPoint 演播方式，或超链接浏览方式。前者有良好的媒体集成性和便捷的编辑修改功能，特别适于随堂应用；后者适用于比较复杂、系统性较强的教学设计（如个人教学网页 / 学生导学资源），特别便于教学资源共享。

运用超链接方式设计演示大纲十分必要。大纲是用来规划全班呈现而不是固化呈现顺序的，因此，用思维导图比 PowerPoint 更方便内容资源的整合管理和链动设计，PowerPoint、微课、视频等可作为其中的节点文档（见图 3.8）。教师课演时可在任何时候、任何位置自由点击跳转，展示或调用相关材料。这样，讲解时就无须机械遵从事先预定好的流程作线性播放，面对任何学生提问、临场改变都能应付裕如。

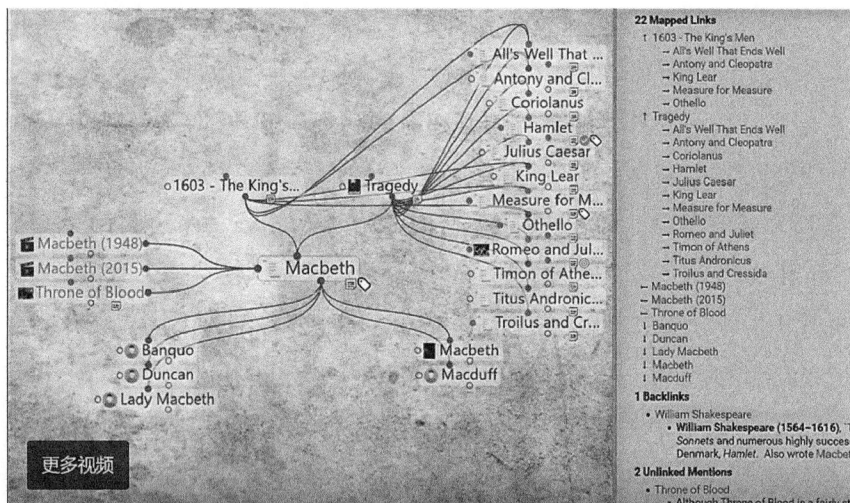

图 3.8　运用思维导图进行内容管理和链动设计（TheBrain 软件截屏）

传统外语教学的课堂演示遵循的是线性原则，教学设计往往是基于文本的导读；而多媒体外语教学演示运用的是非线性原则，教学设计除了保留了文本教学的导读设计，同时引入了文本间、文本外的导航设计，因此，即便是一堂课的内容演示，也可以创建出多级水平的播放页面（见图 3.9）。一个屏幕的知识点与另一屏幕更深层次的内容、更详细的解释或其他有关材料相互关联，演示的非线性结构提供了充分的灵活度，能以最合适的方式按学生的兴趣和反应来建立和传递课程内容（文本缩放、结构超链、路径导航、热点互动等），同时也方便了基于内容的师生交互和活动组织。这样，结构清晰、操作方便的教学界面就很容易地成为了课堂交互的中心枢纽。

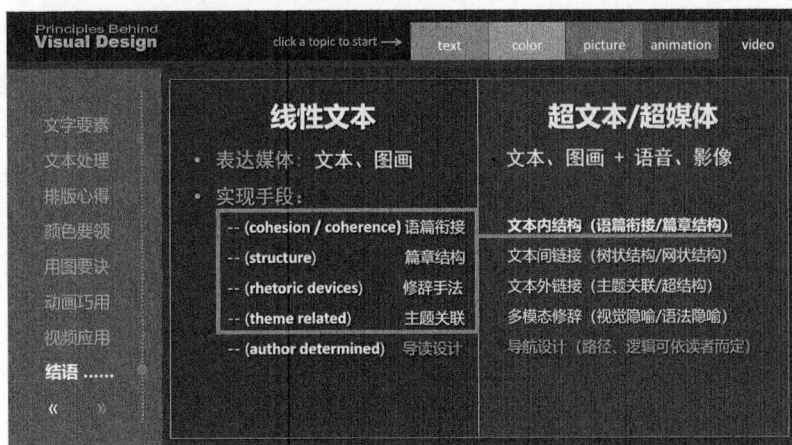

图 3.9　演示界面的导读和导航设计

3.1.3.6　知识传播模式的变化

课堂教学演示其实是一种特殊的、有规定性的知识传播活动。它是按照确定的教学目标，通过教学媒体将相应内容信息传递给教学对象的过程。但是，按照现代教学理念，知识的传播递受不仅限于课堂演示和师生交互，它还包括教学活动的全过程；技术语境下的教学传播媒介也不仅限于课本、教具、实验室，也包括新技术媒体、互联网、社交媒体、自媒体等；传播的方式也不只是单向的灌输，还包括其他方式，如交流、互动、反馈、评估、分发、检索、存储、加工、上传、下载等。

传统外语电化教学条件下，外语学习对物理空间和硬件设备的依赖性很强。内容递受除了课堂讲授以外，主要依赖纸质课本、讲义和与之配套的音像制品，如录音磁带、幻灯片、电影胶片等成品资源。语音形式的内容分发在当时并不是主流，视频内容的分发更加困难，因为离开实验室环境，没有设备的个体基本无法使用。当时的外语专业，课文录音带视班级数量制作拷贝，平行班每班一盘，靠教室或听音室里的分线耳机插座实现共享。借来的课文录音带由一人播放，其他人戴着耳机一起收听，十分不便。个体听力练习往往需要自己借磁带去听音室听，还要看有没有空余的录放音机。便携式收录机、卡式磁带录音机普及以后，制作磁带拷贝（借助磁带速录机）相对更方便，而后相继出现随身听、复读机、MP3 播放器等便携设备，个别化听力练习才逐渐变得方便。这一时期外语教学的技术应用是以听力训练为特征的，或配上幻灯、电影或录像等视频教学内容，称为视听教学。而后迎来个人电脑和媒体数字化的早期阶段（1994—2000 年），出现了 CD-ROM、VCD、DVD 等存储介质和播放设备，外语学习的内容形式开始多媒体化，但是仍然没有改变信息传播的**物理交付**形式。由于成本、技术、设备、经费等原因，教学节目的自主制作和大规模分发一直难以实现，这种情况差不多一直延续到 20 世纪末。

多媒体教学内容传播的物理限制在 21 世纪初出现突破，一是由于数字化闪存介质的出现（8-32MB），二是始于 2003 年的 Web 2.0，用户 DIY 时代的到来。存储介质容量的急速提升使得多媒体文档的存储拷贝可以轻松搞定，信息分发传播的成本大大降低，外语学习的视听一体化、多媒体化才算是水到渠成。2007 年，智能手机、上网本以及平板一类的智能移动设备出现，流媒体技术的成熟和移动终端产品的普及终于使得学生课外自主学习方式发生巨大变化。网络传输代替了拷贝复印。无处不在的传播技术和通达便利的终端设备使得梦寐以求的移动学习、泛在学习和个性化学习成为可能。以数字技术为特征的新媒体几乎融入了布卢姆所定义的教与学过程的所有层面，见图 3.10。

数字工具不仅改变了知识传达的途径，更重要的是改变了教师与学生的互让关系（give-and-take relationship）。基于网络的讨论平台、在线课程或虚拟课堂的创建改变了学习参与的方式和作业类型，当数字工具以良好的教学方式整合时，它们还促进和增强了其他基本技能，如沟通力、创造力、批判性思维、问题解决能力、数字素养、创新精神、全球意识、数字责任、公民意识等。随着作业形式和交互环境的不断改善，评估方法也相应改变。在线环境的开放性和自主学习的泛在性等因素形成了具有教学意义的评估数据，尤其是便于形成性评估来衡量学习进步。

Bloom's Digital Taxonomy

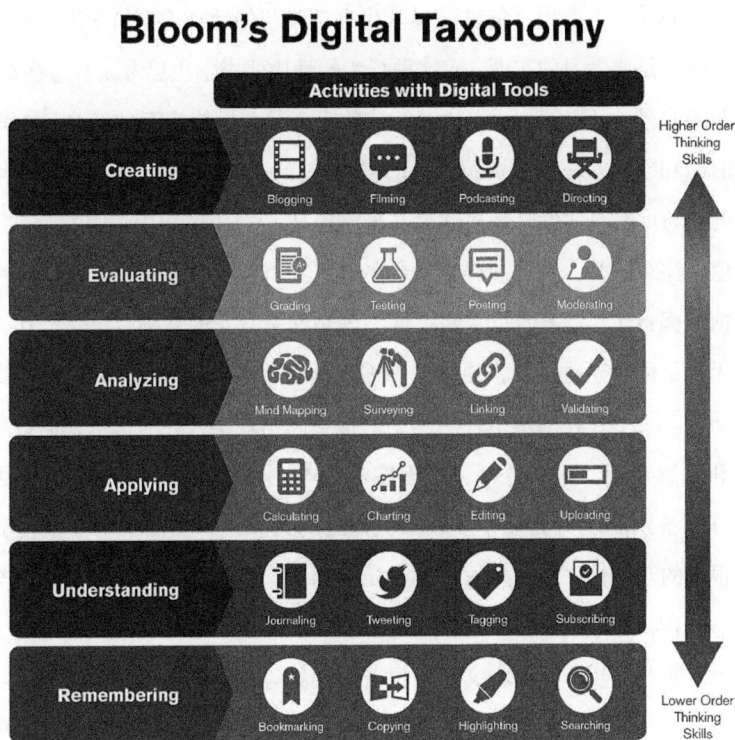

图 3.10 使用数字工具的活动 [1]

数字化网络传播还转变了学习的时间框架，在许多情况下，数字工具提供了一个异步（非同时）学习环境用于响应和询问，而不必囿于实体环境。在线的书面和视频交互可以提供不同的观点和协作机会，同时还为每一个人提供了在做出回应之前思考和计划的时间，而在堂讨论的实时性环境下是难以实现的。如果在技术支持下能有效整合在堂（onsite）的现场性与在线（online）的

---

[1] 参见欧比亚盖利·斯尼德（Obiageli Sneed）发表于 2016 年的文章 "Integrating technology with Bloom's taxonomy"。

灵活性，就能为各种场合、各式人等提供最佳的混合式外语学习环境。

数字信息工具最大的价值不仅在于教学赋能，还在于学习赋权。网络传播功能释放了数字工具的力量，真正赋予了学生自主学习的权利。诚如约翰·杜威（John Dewey）所说，能够激发学生真正参与的活动需要给学生一些要做的事情，而不是要学习的东西；而这种行为的性质要求学生思考或有意注意联系，这样学习自然会产生（Dewey 1938）。数字工具与网络交互的结合，缩短了传播的时间和空间，减小了资源通达的群际差异，推动了信息共享观念，增加了学习的参与度、真实性、随机性，并最终提高了学习过程中的价值。

值得注意的是，网络化外语教学的递受有其自身的特点，且利弊参半，需要审慎把握：（1）**显著的技术性**：这不仅是网络交互的基础，也是操作者的门槛，无论是传播还是接受，使用者都需要具有相应的技术文化知识，否则可能事倍功半。（2）**存在的虚拟性**：网络虚拟空间是现实世界的仿拟，但数据的真实性和来源存疑。作为教师，既不能唯书本，也不能唯网络，因此，去伪存真、分析鉴别的能力更显重要。（3）**沟通的交互性**：在网络交往中传受双方存在很大的互让性，角色位置的不确定性增加，且可以方便地、频繁地交替变换，"守门人"[1]的概念不再清晰可辨。（4）**交往的灵活性**：网络交往既可实时同步，也可延时异步，并可在文字、语音、视频等不同模态中自由选择，互适性空间变大。（5）**信息的丰富性**：无所不包的信息形态和海量无限的信息内容是取之不尽的资源宝藏，但选择的困难性增加。信息检索能力和甄选鉴别能力尤显重要。

所有这些，都构成了传统媒体无法比拟的传播力。对此，吴征认为："相对于旧媒体，新媒体的第一个特点是它的消解力量——消解传统媒介（电视、广

---

1 "守门人"是一个传播学术语，指传播过程中作为传者对信息进行控制的个人或机构。守门人是一种理论的代称，它是库尔特·卢因（Kurt Lewin）在1947年提出来的，信息总是沿着包含有"门区"的某些渠道流动，在那里，或是根据公正无私的规定，或是根据"守门人"的个人意见，对信息或是商品是否被允许进入渠道或是继续在渠道里流动作出决定。

播、报纸、通信）之间的边界，消解国家与国家之间、社群之间、产业之间边界，消解信息发送者与接收者之间的边界，等等。"（转引自张成良 2015：1）这种特性最终促成了教育传播由"一点对多点"到"多点对多点"的转变，这是对教育授受关系最大的颠覆。慕课、微课、私播课等在线学习、泛在学习、混合式学习等形式，无一不是建立在这一基础之上。

3.1.4　教学测评的机辅应用

最初，心理学家将计算机化评估视为一种控制考试可变性、消除考官偏见和提高效率的方法。通过计算机化考试可以消除测试评分的偏见，教学人员也可以从考试管理和评分的常规工作中解放出来。可以说教育测评的计算机化是教育技术最成功的应用之一。

将计算机信息技术用于教学评估可分为三个阶段（Bennett 2015）。第一阶段是在电脑屏幕上简单呈现传统问题（如多项选择题）的评估。这一阶段的评估系统通常允许学生使用鼠标键盘和平板电脑等电子设备键入答案，无须纸笔应答，所以也称无纸化考试。第二阶段的机辅测试系统通常会提出创新的问题类型，以最大限度地提高学生和问题之间的互动量和质量。例如，问题可以以多种格式呈现，如使用音视频或超媒体模拟环境，如托福、雅思和全国大学英语四、六级的口语测试。此类问题旨在提供一个真实的语言评估环境，也为学生在现实生活中应用知识提供机会。第三阶段，则是关于评估设计、内容和形式的决策由学习者模型决定，以便为学生提供一个更具互动性的即时评估环境（如在线学习、自主学习、沉浸式学习等），标志性技术是各类自适应测试平台。

不同类型的技术增强型外语考试和语言评测，对外语教学产生的影响层次是不同的。利用计算机进行考试管理（包括题库建设、命题组卷、阅卷评分等）和考生通过计算机参加考试，是计算机辅助测试的两个方面。前者并不直接介入考试过程，但间接影响考试卷面的构建和作答模式（如客观题型为主），考生仍作纸面回答，阅卷交由机器完成。后者直接介入考试过程，包括考题呈现方式、反应作答模式，考生需要通过操作机器完成试卷应答（通常称作机考，包括远程在线形式）。这对考试的组织实施、考试的构念效度和考试的阅卷评分等环节带来了更大的挑战。

3.1.4.1　计算机辅助测试的缘起

利用技术手段增强教学评估的历史更悠久，并对现代教育产生了深远的影响。最早的标记感测（mark sense）工具是在 1937 年首次申请，并于几年后由雷诺德·约翰逊（Reynold Johnson）更新的"记分装置"的专利；这项技术为 1937 年推出的 IBM 805 商业化测试评分机 [1] 奠定了基础。美国教育考试服务中心最初也使用了这项技术。IBM 在其名为 "Scoring examinations the electrical way"（用电气方式进行评分考试）的资料手册里确认了机器评分的优点：速度快、精确、效率高、节省成本、节省劳动力。

爱荷华大学（University of Iowa）教育学教授埃弗雷特·林德奎斯特（Everett Lindquist）采用了不同的技术，即用光学方式而不是用电子方式感知铅笔标记，他的系统于 1955 年获得专利（Feldt 1979）。这种光学标记识别技术后来由 Scantron 公司采用，该公司名称已成为多项选择测试所用纸质表格的同义词（即 Scantron 答题卡）。有人甚至认为技术评分手段的出现导致了客观性考试的流行，但事实正好相反，恰恰是考试方式的变革催生了机器评分技术。

确实，早期利用计算机技术评分的前提是考试形式的客观化，并由此催生了测试领域的标准化，然而客观性试题的发明却并非应技术而生。多项选择测试之父是"堪萨斯无声阅读测试"的作者弗雷德里克·凯利（Frederick Kelly）（Kelly 1916）。凯利的意图是消除阅读考试的主观性，提高评价学生阅读能力的效率，他认为多项选择题是实现这些目标的最佳方式。令他始料未及

1　IBM 805 测试评分机是国际商业机器公司（International Business Machines Corporation，简称 IBM）从 1937 年开始销售的一款教育用机器。该设备给特殊的"标记感"铅笔标记的答题纸打分，是由教师雷诺德·约翰逊开发的原型机，其后来成为 IBM 的工程师。此后，这台机器及其后代一直在使用。

的是多项选择题最后与机器阅卷结缘而成为标准化考试的经典格式，但颇具讽刺意味的是，凯利后来对标准化考试的影响感到遗憾，并试图改变爱达荷大学（University of Idaho）校长的方向，但却因抵制"现代化"而被该校免职[1]。诞生于 20 世纪初的标准化考试，作为一种了解别人所知道的东西的**方法**，一个有固定数量的选择和高度假设客观性的问题的**想法**，从本质上看，是那个时代大规模生产本能的产物[2]，任何与此相悖的想法都是不合时宜的。

标准化考试与机器评分发轫于西方，我国这方面起步较晚，最早的一篇文献是朱珍在 1983 年报告了哈工大计算机辅助英语考试系统（Computer-Aided English Test System，简称 CAETS）（朱珍 1983）。笔者用"计算机辅助英语**测试**"一词作主题检索，从 1985 年至 2023 年，共发现论文 57 篇，年均发文在个位数，最多的年份也仅 7 篇（2009 年和 2015 年）；用"计算机辅助英语**考试**"来检索，结果找到 44 篇论文，首发时间仅提前了两年(1981 年)。邓斯芮、周杰（2019）以"英语"和"无纸化""计算机辅助""计算机化""考试""机考""网考"的不同组合进行主题或关键词模糊检索，所得相关文献仅 84 篇。而笔者再用"英语测试"一词检索，结果是 5,717 篇，年均发文均超百篇，最多的年份达 380 多篇（2008 年和 2012 年）；若用"英语考试"作关键词，结果是 9,453 篇，两者相加就要 15,170 了。由此可见，不是英语考试、测试不受关注，而是计算机辅助英语考试 / 测试的研究一直没有引起广泛重视，尽管机辅测试在考试的组织、管理、命题、评分等环节已行之有年。令人意外而欣慰的是用"作文自动评分"做关键词检索，发现论文 232 篇，且从 2005 年才开始出现。可以看出，虽然较之于美国的"项目论文评分器"（Project Essay Grader，简称 PEG[3]），我国在该领域的研究起步整整晚了近半个世纪，但发展

---

1 参见 Veritas Journal 上的文章 "The history of the multiple-choice question"。

2 参见克里斯蒂娜·李（Christine Lee）发表于 2022 年的文章 "What is the history of multiple-choice exams? What is its impact on education?"

3 第一个广为人知的作文自动评分系统，由埃利斯·佩奇（Ellis Page）团队在 20 世纪 60 年代末开发。

相当迅速，应用也渐趋成熟。

我国的大规模英语考试的标准化和阅卷自动化几乎是前后同步出现的。20世纪 80 年代末期，我国引进了基于多项选择题的英语标准化考试（笔者所在学校的外语 1977 级学生首次参加了托福考试），而此后各高校英语考试采用光学标记识别（optical mark recognition，简称 OMR）答题卡和读卡机是从 20 世纪 90 年代后期开始的，各高校大学英语期末考试因为人数众多，遂逐步采用客观性试题，并用自动读卡机扫描答题卡计分。光标读卡机以及后来的光学字符识别（optical character recognition，简称 OCR）图文阅卷技术，是考试评分环节的计算机辅助应用，这些设备极大地提高了阅卷的效率。与此相仿的是其他技术性应用，如试题库建设、自动化组卷、考试组织与监考乃至自动阅卷、分析反馈等考试管理与服务的方方面面。这些应用的好处包括降低测试成本、改进评分过程、灵活的测试时间表以及提供及时的诊断报告（Bennett 2015）。但这些好处大多是针对考试管理的效率而言，涉及考试本身的只是命题技术和组卷方式的变化，而这可以看作是考试文本的数字化和考试题目的数据化管理。

较之于考试管理的计算机化，更早介入英语测试的计算机应用是数字化试题库技术，如 21 世纪初上海外语音像出版社的"爱未来"大学英语四、六级试题库、外语教学与研究出版社（简称"外研社"）的英语专业试题库。前者多用于各高校四、六级模拟考试，也用于各年级大学英语课程期末考试的抽题、组卷；后者则用于英语专业教学的命题组卷，包括随堂测试、单元测试等诊断性测试，以及期中期末等课程的成绩测试等，题型、题目更加丰富。试题库的应用极大便利了英语测试的考试命题，也在很大程度上提高了考试的规范性和命题质量。

3.1.4.2　外语测试中的技术认知

真正意义上的计算机化语言测试是计算机化自适应测试（computerized adaptive testing，简称 CAT）。这是一种全新的测验模式，采用了"因人施测""量体裁衣"的自适应测量思想，可广泛应用于各级各类招生入学的能力等级测试，同时其可靠的诊断性功能特别适用于学生的学习自测、有利于教师实施精准教学。与传统纸笔测验相比，它具有提高测量精度、减少测验长度、保证测验安全等优势（涂冬波等 2023）。

自适应测试使用计算机算法，根据考生的实际表现调整测试难度，从而更准确地测量他们的语言能力，这有助于确保测试的结构与考生的实际水平相匹配，提高测试的结构有效性。不同于传统的纸笔测验和它的计算机版本，CAT 的测验试题的生成和被试对试题的解答都是通过计算机完成的；CAT 也不同于一般的计算机化测试（computer-based testing，简称 CBT），又称机辅测试，系统在测试过程中不只是呈现题目、输入答案、自动评分、得出结果，而且还根据被试对试题的不同回答，自动选择最适宜的试题让被试来回答，最终对被试能力做出最恰当的估计。因此，CAT 是因人而异的测验，适用于学生自学、自测、学校摸底测试、语言水平测试，具有配置性测试（placement test）的性质。

先进的自适应语言测试系统还包括多媒体元素，如音频和视频。这些元素可以用来更准确地评估听力和口语技能，从模态多元性的角度提升了语言测试的结构有效性。通过使用多媒体，测试可以更好地模拟实际的语言使用情境，使测试更贴近真实情况。自适应测试采用**自然语言处理**（Natural Language Processing，简称 NLP）技术分析和评估考生的书面作文和口头回答，以检测语法错误、词汇使用和逻辑结构，从而提供更准确的语言评估；自适应测试也采用云计算、大数据技术收集大规模的测试数据，包括规范的终结性学业考试和平时学习的绩效数据，因此可以用来分析语言测试的各个方面，包括标准化考试题目的难度、区分度和相关性。这有助于确保测试更精确地测量语言技能的各个方面。

Chapelle & Douglas（2010）从五个方面描述了传统语言测试与计算机辅助语言测试的差异：（1）地点性和时间性（physical and temporal），传统测试要求考生定时定点，而考生可以随时随地进行计算机辅助测试；（2）评分标准与测试指令（rubrics and instructions），传统测试中的评分标准与测试指令会因考试时间、场地、监考、评分员（标准掌握尺度）等不同而影响考试信度，而机辅语言测试可以克服这些变异，增加测试的公正性；（3）输入和预期反应（input and expected response），对比传统文本化测试，计算机可以提供多模态语言信息，从而大幅度提高语言测试的真实性；（4）输入与应答互动（interaction between the input and response），基于即时交互性，计算机自适性语言测试可获得即时的信息反馈，大幅度提高测试的效率；（5）评价特点（characteristics of assessment），自然语言处理技术使计算机可以实现对复杂的答案进行自动计分，大大增加了评分的客观性和工作效率。但是，应用语言学家通常关注语言测试中技术的使用（Chapelle & Douglas 2010；Dooey 2008），而牺牲了对课堂评估实践的更好理解（Rea-Dickins 2004）。

计算机化语言测试带来的好处和效率是毋庸置疑的，尤其是在考试组织和管理方面。但是，随着技术因素的广泛介入，机辅语言测试的有效性验证（validation）问题和课堂应用问题也越来越引起了人们的关注。机辅语言测试（Computer-based Language Test，简称 CBLT）与纸笔语言测试（Paper-Based Language Test，简称 PBLT）所要考查的都是考生的语言能力，所以 CBLT 的效度验证取决于该测试是否真正测试了语言认知能力和实际应用能力两个方面。与传统的笔试、面试相比，计算机形式的考试（如 CBT、CAT、iBT 等）多大程度上影响了语言测试的构念？计算机化自适应测试和计算机辅助测试多大程度上考查了相同的语言能力？

3.1.4.3　计算机化语言测试的效度问题

早期对计算机辅助测试的研究主要关注纸笔测试（Paper-and-Pencil Testing，简称 P&P）与机辅测试（CBT）的等效研究（Dillon 1992, 1994）。学者们针对各种测试工具，包括人格评估、智力和认知能力量表以及职业兴趣清单，对传统和基于计算机的测试格式进行了比较研究。进行这些比较是为了检验在纸上或计算机上管理同一组项目的等效性。因此，这一研究方向所解决的问题集中在纸笔考试和计算机考试成绩的互换性上。在这些跨模式有效性研究中，当小组表现在不同模式之间没有显著差异时，就建立了测试等效性。然而，研究结论喜忧参半，报告的结果也很不一致（Huff & Sireci 2001；Sawaki 2001；Choi et al. 2003），机辅测试的等效性遭到质疑。Bernhardt（1999）认为，基于阅读的自省性和阅读理解的整体相关性能否进行计算机自适应阅读测试仍存疑。Bernhardt（1999：9）质疑："计算机自适应阅读测试是否能为评估第二语言阅读技能提供一个合适的通用框架？这个问题的答案在理论上是不清楚的，在研究上也远不能回答。"在评估学生的写作能力时，计算机舒适度、熟悉度使部分考生在基于计算机的写作测试中的表现甚至比他们在传统的 PBLT 中的表现还要好（Russell & Haney 1997；Russell 1999；Russell & Plati 2001，2002）。这可能是键盘熟练者的打字速度比他们手写要快得多。而另一些早期研究也证实了计算机使用熟悉度对考生表现有显著影响（Llabre et al. 1987；Ward et al. 1989）。因此，CBLT 测试中的计算机能力被看作是产生分数差异的与构念无关的干扰因素。

然而，过往的等效性研究中更多的是无显著差异的报告（李清华 2006）。只是，反对者认为仅以测试结果的无显著差异证明计算机能力不影响语言测试构念并不能说明问题。因为，考试分数中包含的为克服计算机能力不足而额外付出的认知努力和心理贡献并没有被测量出来。在定时测试中（时间够用的情况下），这种补偿效应被掩盖了；但在加速测试中，计算机能力缺陷就会显现出来。所以，不能对纸笔测试与机辅测试的结果进行简单对比，而要对测试的组织、条件、对象和内容等进行综合分析，才能确定这种影响程度。Mead & Drasgow（1993）报告了在定时测试和加速测试的实证研究中 P&P 和 CAT 两者的显著差异。显然，考生在机辅测试中多大程度上付出了额外的认知努力来弥补机器操作不适带来的影响，在大多数等效研究中并无体现。McNamara（1999）引用 O'Loughlin 的一项口语测试（对比直接与半直接测试）的研究发现，一名候选人在基于磁带的版本中表现更好，较少受到对话者因素的困扰。所以，在进行基于磁带版本的 P&P 与 CAT 的对比研究时，"并不是简单地认为一种格式优于另一种格式，而是它们不同，引发了潜在的不同类型的表现，并最终衡量不同的东西"（McNamara 1999：145）。以往报告的大多数 CBLT 与 PBLT 等效的研究结果，如果不是有出于主观上的验证性设计偏差，就是存在实验条件设置上的疏漏。

有学者认为应该突破语言能力构念的心理语言学模型，主张从社会认知层面阐释构念。因为语言能力与语境之间的关联密不可分，语言能力的发展和运用是依赖于特定的语境和交互环境的。因此，在评估和测量语言能力时，必须考虑到语境因素的影响，并将其纳入评估框架中（Chalhoub-Deville 2003）。但是，这一语境思路有可能被无限引申甚至泛化。如有学者因此而扩大或转移了语言测试构念的边界，认为 CBLT 可定义为"以计算机为媒介的交际语言能力"，其逻辑是"考生个体的语言能力与基于计算机的交际语境相互影响，共同构成计算机化语言测试的构念"（金艳 2012：13）。因此，"计算机能力是与 CBLT 构念相关的语境因素，CBLT 的分数意义是考生在基于计算机的交际语境下所表现出来的语言能力"，是一种"受语境制约的局部构念"，可称之为"计算机化语言测试的构念"（金艳 2012：13）。这样一来，似乎 CBLT 的构念效度问题就迎刃而解了。

但是，深入剖析就会发现，Chalhoub-Deville（2003）所指的语境是有所限定的语言交际语境，而非泛化的语境，否则大而无边、无从界定。其次，语言测试的目的是考查学生的语言能力和语言交际能力，而非限定于某种语境下（如计算机中介语境）的语言能力。纸笔也罢，计算机也罢，甚至 AI 也罢，我们测试的都是语言能力。如果我们认可**语境受限的局部构念观**，那就会顺理成章地出现纸笔语境下的语言能力、AI 语境下的语言能力、人际语境下的语言能力，甚至考试干扰也是"语境"。这显然不是 Chalhoub-Deville 的本意，也不是语言测试的初衷。语言能力的表现受语境影响是事实，但在评估语言能力时应该能够辨别出这种影响并加以控制（即所谓纳入评估框架）。

计算机在测试中是应试操作工具和测试环境（或可认为是测试语境，但必须公平），而不是语言交际手段。Chalhoub-Deville（2003）的研究并未对语境

（context）提供明确的定义。然而，从相关文献中可以推断，他对语境的理解是指语言使用者所处的具体场景、背景和情境。语境可能包括社会文化因素、交际目的、对话参与者之间的关系等。在语言能力构念中，语境被认为是影响语言使用和交流方式的重要因素。考试在设计开发阶段就应该充分考虑影响构念效度的各种因素，在组织实施过程中应该尽量提供公平的工具手段和应试环境（如适当的应试培训），而不是将干扰因素合法化（语境化）。

其实，考生在计算机熟悉度、舒适度和使用习惯等方面的差异极大，而且还存在群体差异（性别、生源地区、新老生、不同专业等）。面对统一的纸笔外语考试，不存在太大的不公平因素；但是在计算机化外语测试中，这些差异和其他与计算机相关的因素可能"极大地改变了任务的性质，以至于人们不能说计算机化测试和传统的纸笔测试是在测量相同的结构"（McKee & Levinson 1990：325）。以实验条件下的高相关性数据来否认一个常识性现实，这种看似"科学"的做法未必是科学的。我们甚至不能以计算机应用的普及为由，忽视技术条件与技术素养因素给语言能力测试带来的影响（影响始终存在，只是程度大小而已），这不仅是因为语言能力构念中本就不包含这些因素，也是因为出于对考试公平、对考生负责的伦理性考虑。尤其是我国地区差异较大，任何高风险测试（尤其是全国性英语等级测试）都应该尽量避免环境、设备、测试方法、试题模式等不公平因素造成的影响，而不是将这些变量因素统统打包成"语境因素"纳入语言测试构念，并称之为基于某种条件下表现出来的语言能力。计算机能力并不属于语言能力，也不应成为语言测试的构念成分。

纸笔测试与计算机测试在呈现方式上有本质的差异。例如，计算机测试可以包含音频、视频或交互式元素，而这些在纸笔测试中是不可能实现的。这些元素可能会改变题目的性质，从而影响考生的理解和反应。在基于计算机的语言测试中，多媒体元素（如图像、视频）可能会提供额外的上下文线索，这些线索可能并非纯粹语言相关。这可能会对考生的表现产生影响，特别是如果考生依赖这些线索而不是依赖他们的语言能力来回答问题。

在跨模态相关性的结论上，一直存在不一致现象。早期的跨模态研究主要局限于纸质阅读和计算机阅读之间的差异表现。而如今，机辅测试的呈现模式已经发展为文本、图像、语音、视频等多模态交互方式，较之于传统测试的纸笔作答方式，变量更加复杂。尽管有研究者认为，语言测试的多模态呈现，增加了语言测试的多样性，反映了语言使用的真实性（Huff & Sireci 2001；Roever 2001；Ockey 2009）。"网考比纸笔考试采用了更丰富的语言材料，以更多样的方式呈现音频、视频和文字材料，设计了更多类型的测试任务以模拟计算机环境下的各种语言交际活动，测量了考生听说读写各个方面的能力。"（金艳 2012：13）又比如，另有学者认为，计算机口语测试（Computer Oral Proficiency Test，简称 COPT）突破了传统的面试形式的限制，使得考试的形式更丰富，功能更多，具有更高的效度和信度（蔡基刚 2005）。但是，图形、图表和示意图等视觉提示的实证研究却未见报道。如果将这些视觉提示纳入计算机化语言考试，似乎还必须能够甄别这些视觉因素对考生认知处理的影响及其对不同模式表现差异的潜在影响。读图能力与语言能力并不是一回事。虽然一直有专家认为试题形式的多模态化（看图说话、视频问答等）有利于考查真实的语言交际能力，但如何在这类命题中剔除非语言因素干扰，确保语言测试效度的纯净性并非易事。国际考试委员会（The International Test Commission，简称 ITC）在 2006 年发布的"ITC 基于计算机和互联网的测试指南"中指出，在互联网分发条件下，复杂的图形和交互功能可能会降低软件运行速度或增加下载时间。项目的设计应符合测试目的和评估目标，只有在有效性证明的前提下才应使用先进的多媒体功能。

然而，学校外语测试改革的实践过程中，对方法原则、媒介准则的遵循并不严格。Kaya-Carton *et al.*（1991）和 Young *et al.*（1996）采用了一种折中的方法，即阅读材料以印刷形式作为测试小册子，而附带的阅读理解问题是计算机自适应的，并在计算机屏幕上呈现，以最大限度地减少方法差异，并符合测试有效性的利益。这表明，对呈现模式影响调查应该是未来外语（阅读、口语、听力、翻译等）计算机化测试结构验证的一个重要组成部分。

3.1.4.4 计算机化语言测试的研究

我国也有不少学者针对计算机化语言测试的等效进行了许多探索研究（桂诗春 1989；何莲珍 1999；孔文、李清华 2002；李清华 2006；田文燕 2006；李清华、孔文 2009；陈慧麟 2009；车丽娟、王建伟 2010；林玲 2011；金艳 2012；何莲珍、闵尚超 2017）。这些研究大都是综述介绍性质的，缺少原创性实验设计和大范围元分析研究。我们在努力探索、大力推广计算机化、网络化、智能化语言测试的进程中，重要的不是为现有的方法体系做学术背书，而是实实在在地发现问题、解决问题。比如，迅速缩小计算机、网络等基础设施的地区差异、校际差异，有效开展计算机化测试的模拟实训（开通公共教育测试平台），切实推进学校常态教学测试的计算机化进程（包括课堂测试）。以下是在学校外语教学测试中需要考虑的因素：

（1）**更新测试理念，积极采用技术手段**。在我国的外语教育语境中，"外语测试一方面可以对学生的语言能力和外语教育教学进行正确的评估，另一方面通过对被测试者语言能力的评估对测试的设计、教学过程及测试者起到一定的反拨作用"（刘晓燕 2017：137）。学校环境下的外语教学评价的本质不仅仅是客观公允地甄别出学习者在某一群体（班级）中的相对排位，也要尽可能精确地描述学习者对某一目标的掌握程度，从而为其不断进步提供指导。单一的文本化外语考试方式、一学期两次的考试成绩，仅能测量语言学习绩效的某些方面。计算机辅助外语测试和语言智能技术为外语考试改革带来了契机。随着AI 技术的不断发展，我们可以不断更新和改进测试技术以反映新的语言使用趋势和技术变化，尤其是部署基于 AI 的计算机自适应语言测试系统，将学习评测最大限度地与学生常态化自主学习结合起来。

（2）**提高测评素养，审慎对待测试效度**。学习评测不能只注重成绩记录，更要注重对分数的解释。不能想当然地以为学习平台的绩效记录就是可靠的，做对题目的多少就反映了学生语言学习的真正水平。经典的测试有效性定义曾认为：如果测试测量了它必须测量的东西（比如说英语试题），那么它就是有效的（Lado 1961；Brown & Abeywickrama 2010）。然而，这种观点现在已不再用于一般的教育测量，也不再用于语言测试。因为它并没有定义什么是必须测量的东西，观点很难保持一致，PBLT 与 CBLT 的等效性纷争就是一个例子。美国教育研究协会（American Educational Research Association，简称 AERA）、美国心理协会（American Psychological Association，简称 APA）和美国国家教育测量委员会（National Council on Measurement in Education，简称 NCME）对**测试有效性定义**是"**证据和理论在多大程度上支持对测试分数的解释**[1]"。早些时候，Messick（1989：13）提供了一个类似的定义，在语言测试中受到欢迎。该定义界定的测试有效性是"**对证据和理论依据在多大程度上支持基于测试分数的解释、行动的充分性和适当性的总体评估判断**"，即评估界熟知的"效度整体观"（unitary concept of validity），其要义是：1）效度是对测试分数的解释和使用的合理性的总体评价。效验的对象既不是测试本身，也不是测试分数，而是分数的解释（包括推论和决定）。2）既要对所提议的测试分数解释提供足够的证据，也要考虑到其他可能的解释，并证明其不合理性。3）效验应包括对测试使用后果的评价。4）效验的目的、常用的方法、判断效验结果的标准应保持一致（李清华 2006）。此处不拟展开讨论语言测试的效度问题，只是据此提醒，计算机化语言测试的开发应用和论证不能只考虑测试效率和技术规范问题，还应审慎看待技术因素给测试构念带来的影响以及由此而产生的一系列后果。CBLT 的测试效度问题，已经超出测试本身的意义，它还承载了社会公平等伦理问题。更具体地说，之于学生个体，公平性被定义为个人和群体在每个评估阶段的可比有效性（Willingham & Cole 1997；Xi 2010）；而之于社会，测试的公平、公正、公开一直以来就承载了民众的深刻关切和强烈诉求，大规模和高风险测试尤甚（何莲珍、张娟 2022）。外语教师要不断提高自己的语言能力测评素养，掌握新的技术手段和评价方法，坚决摒弃用作业分数、考试成绩，甚至一张试卷定终身的草率做法，给学生更多的机会与公平。

（3）**计算机辅助测试的常态应用**。可以预见在今后相当长的一段时间内，

1　参见 2014 年版 Standards for educational and psychological testing 的第 11 页。

机辅语言测试的各种形态（CBLT、iBLT、CALT）会长期并存，甚至包括小规模纸笔测试形式。因为各种形式的语言测试功能各异，能适合不同目的要求、场景条件、使用者的需要。如计算机化考试（机考）适合大规模集中考试，网考适合远程在线考试，计算机自适应考试灵活、轻量，适合个体参考，尤其有利于自主学习评测。当然，具体如何采用视条件和教学要求而定。

最后，在评价考试有效性的时候，一定要区分是学校教育性考试还是社会选拔性考试，前者是服务于教育教学的，因此，选择纸笔、机辅抑或混合式施测并无大碍；后者是常模参照考试，主要目的不是衡量学习或教学质量，其本质是筛选。这种选拔性质的考试对公平性要求特别严格，但是又很难做到真正公平。因为，在比较学校或地区的考试成绩时，绝大多数的分数差异都可以由非教学因素解释（家庭、社区、学区、贫困率等）。然而，这种被视为高风险测试的单一定义的评级考试，其风险并不是测试本身的特点，而是测试带来的后果。因为，任何形式的评估都可以用作高风险测试（改变常模参数即可），通常只是为了方便才选择"廉价"的多项选择测试。忽视这一事实谈测试有效性验证，甚至将所谓后效和反拨效应都纳入构念整体效度，多少有些脱离实际。用考试分数解释一切，或将考试结果与教育质量直接挂钩，与其说是测试效度研究的学术视角问题，不如说是与学术无关的行为对教育本质的扭曲。我们在运用技术手段辅助外语测试时，应该对测试理论本身有审慎的思考。

目前，我们已经可以接触到许多优秀的外语测试平台，都可以引入外语教学常态的管、评、测、学、教活动中，如外研在线的 iTEST 智能测评云平台、外研教学评的测评吧（从 K12 拼读测评、阅读水平测试、英语能力等级测试，一直到服务于中学、高校精准教学的诊断性测试系列产品）；讯飞的智慧考试（英语听说教考平台、模拟测试系统、智能评卷系统）；对标欧框英语能力等级的英孚（EF SET）在线测试平台，以及多邻国（Duolingo）、托福 Essentials 等英语自适应考试平台等。当然，这些平台已经是通用测试技术的外语专属应用了。

3.2　外语专属性技术的教学应用

上一节讨论了通用性教育技术在外语教学应用中的一些特征，他们虽然并不是外语教育技术的（专属）核心应用，但却是学校环境下的外语教学的常态应用。这是因为，外语教学除了自身的学科特点外，也遵循一般教育教学的规律。本节将着重考察外语教学的专属性技术应用。

3.2.1　外语语言实验室教学

语言实验室技术源于外语的视听说教学需求，有着非常悠久的历史。虽然外语视听说教学所采用的设备，如录音机、幻灯机、放映机以及其后的电子音响设备和当今的数字影像技术，与同时期通用的音像视听技术并无二致，但是，其使用的方法与目的以及为此目的而开发的软件和设备集成却有着鲜明的语言教学特色，形成了一套专为语言教学开发的技术应用。

传统的语言实验室由教师控制台以及与之联网的学习终端组成。教师控制台通常包括用于播放教学录音的录音机、耳机和开关系统，以使教师能够监控正在播放的音频和学生，并与他们对话。学习终端通常包括一台学生录音机、一组耳机和麦克风。录音机既能记录学生的口语反应，又能记录教学内容，以供课后独立学习。

实验室类型通常分为以下几种：（1）**听力型**（Audio Passive LL，简称 A-P 型）：它是一种单纯供听力训练使用的语言实验室。学生戴上耳机就能听到教师通过控制台播出的录音带内容或口授内容。此类实验室只有单向通话的功能，故只能听音而不能与教师对讲。（2）**听说型**（Audio Active LL，简称 A-A 类型）：老师和学生都有耳机和麦克风，所以它是一个可以进行问答对话的语言实验室，具有双向语音传输功能，并且一般有隔音座位，按教师的要求进行语言练习，如跟读句型、模仿语音语调、回答提问、口译课文及师生对话等功能。（3）**听说对比型**（Audio-Active Comparative LL，称为 A-A-C 型）：听说对比型是在听说型基础上，在学生座位加装了双声道双轨迹录音机，用以同时记录教师播放的录音教材和现场训练内容，以便进行听说对比。该型实验室功能较多，使用也很灵活方便，有利于听力训练、口语练习、跟读模仿、比对纠偏等语言实践活动。在一些听说对比型语言实验室中，教师还可以遥控学生的录音机或监听学生作业。（4）**视听型**（Audio Visual LL，简称 A-V 型）：视听型实验室的发展经历了模拟技术和数字技术两个阶段。一开始是在教师控制台上安装了放像机、幻灯机、投影仪、影碟机等影视设备和控制单元，并在教室前安装了壁挂显示器或投影屏幕。进入数字时代后，这些音响设备被高性能多媒体计算机所替代，学生单元也由程控终端改为 PC 终端，主控台控制软件也完全计算机化。较之于之前的听说对比型和模拟视听型，PC 型语言实验室构型正式跨入了数字多媒体时代，这为外语教学创建真实生动的语言情境提供了丰富的资源和便利的授课操作。该类型语言实验室被广泛应用于外语专业的视听说课程。

就语言实验室视听说教学的内容而言，也经历了模拟技术到数字技术的范式转换。教学材料的制备除了选用现成的音像制品外，教师可以利用计算机软件，自己动手制作日常教学的多媒体材料。许多适用于外语微技能训练的小颗粒度练习样例，如语音辨析（连读弱读、简化同化、失去爆破）、细节要旨、听解会意等听力训练，意群停顿、语音语调、语速节奏、表情朗读等听读口头训练，以及句型操练、情景对话、口语翻译、原语影视等视听综合训练，教师均可自选、自编、自创、自录，到如今甚至可以利用智能语音技术或生成式人工智能自动生成多模态语言材料。这与原先动辄需要专业的录音、录像设备，并由专门的电教人员制作大不相同。当然，随之而来的教师技术素养问题也日渐凸显，而原先的语言实验教学只需要教师熟练设备操作。

就记录音视频内容的载体而言，从原来的唱片、录音磁带、电影胶片、录像带、光盘，一直到有声书、点读书、随身听、智能手机等产品，便携的设备与强大的功能使学生的多模态语言练习可以不必依赖实验室环境；而无线网络全覆盖和笔记本电脑的普及使移动学习和泛在学习成为常态，线上线下的混合式学习方式也渐成气候。然而，即便是数字技术发达的当下，作为完备的语言实验室系统，我们仍建议在实验室集控中心保留一部分完好的"过时"设备，以保证在任何条件下对史料音像文件进行访问和转换加工的能力（保证实验室对人、资料、技术的向下兼容性），这对语言实验室教学研究也是有益的。

各型语言实验室是供学生访问音频或视听材料的外语学习专用空间，在高校外语教学，尤其是外语专业教学的语言技能训练中发挥了重大作用。现在，早期的模拟技术语言实验室已经退出了历史舞台，其后的多媒体语言实验室也在很大程度上被自助式语言学习中心所取代。许多学校更倾向于建设对各科教学普适性更强的多媒体教室，有条件的学校已经开始部署更先进的智慧教室。有学者甚至认为，智慧教室就是语言实验室的高级版本（黄荣怀等 2012）。但是笔者认为，智慧教室可能是多媒体教室、网络教室的进化升级版本，并不是语言实验室的升级版本。因为，许多语言实验室专有技术的应用并没有在智慧教室中悉数实现。以下是一个好的语言实验室应具备的特点：

（1）**声学质量优势**：这是语言实验室的第一项指标，在半隔断机位、佩戴耳机的状态下，无延时、高保真（一般网络环境难以实现）的语音质量为课堂所有学生提供了平等的机会，无论他们坐在教室的哪个位置，都可以"等距离"地听到老师的声音，他们说的话也可以被老师听到。在 AVC 型（Audio-Visual Comparative LL，即视听对比型）或多媒体语言实验室中，可以伴随教师画面，社交距离会更近。由于声音传输的直接性和多模态呈现的同步性，输入的可理解性更高，听错或沟通失误将减少。因此，有望将视频会议功能模块融入其中，实现任意条件下的全模态虚拟人际交互：一对一、一对多、多对多。

（2）**个性空间优势**：语言实验室一度被批评为机械、封闭的班级制授课的工业化教育产品。实际使用过程中，许多教师也习惯于利用操控便利实施广播式教学。其实这都是对实验室功能的弃用（disuse）和误用（misuse）。实际上，语言实验室是最适宜营造个人学习空间的形式。无论是传统的语言实验室，还是数字化、网络化多媒体语言实验室，其配置方案都是为营造个人学习空间考虑的，如相互隔断的座位、免干扰的耳机麦克风、可独享的全双工师生对讲通道。机位视听设备提供单词、短语、句子层面的重听、复听、录音比对等一键功能。特别是升级为数字技术后，几乎所有系统都能提供变速不变调的听力模式，设置极其方便。有些教育技术研创公司还贴心地提供了视听材料的文本点读、字幕开关、点划翻译等功能，加载智能语音技术的实验室还可听到任意口音的双语、多语发音（语音克隆、自动翻译）。每个学生都可以按照自己设定的水平和喜好聆听教材以获得舒适感。不同语言水平或学习偏好的学生均有充分的学习选择，学生可以按照适合自己能力的步调学习教材。学生还可以访问数字存储的程序、练习和测试，这些程序可以按照自己的节奏在他们认为合适的时间完成。语言实验室是个人学习空间与班级授课的最佳结合，教师的作用是组织精准适配、高密度、高强度的视听实操训练活动，而不是把实验室当作讲座教室。但是，在智慧教室一类的开放性公共场合，任何个别化行为都显得突兀。

（3）**注意力优势**：学生一旦进入实验室静谧的环境，戴上耳机，就会有一种被压抑的兴奋感，注意力很快集中到个人空间。半封闭的环境和学习可控性强化了学生对主题的关注。座位隔断、头戴耳机避免了邻座干扰，因此学生更容易专注于给定的学习信号和角色分配，自觉参与结对或小组互动。丰富的节目源或接入外网的语言学习系统允许学生单独聆听节目、记录学习行为，每个学生的注意力都集中在正在学习的节目材料上，最终增加了学生的注意力，从而更好地记住所学内容。教师利用主控台可随机监听、参与会话和讨论、指导学生倾听和分析课程内容，又不影响其他人活动。由于声音信号的非定向性，智能语音技术一般不宜在教室这样的开放性空间使用。所以，基于语言训练的活动在不设置隔断机位的多媒体教室、智慧教室就很难进行，容易变得喧闹。

（4）**课堂操控优势**：语言实验室提供了便捷、智能、公开或私密的课堂操控，实现了对班级的分组（讨论）、配对（会话）和个别交谈（辅导）式教学。这些小组可以在不同的互动水平上收听不同主题的节目，并进行讨论，从而提升了学生和教师之间的互动有效性。有的实验室系统倾向于让学生匿名，可以随机配对、自由分组，鼓励学生自由交谈，克服外语交谈时的胆怯和害羞。此外，教师可以在不打扰课堂的情况下，与个别学生或小组私下交谈。耳机/麦克风为学生提供了心理隐私，减少了在正常课堂环境中所感受到的抑制，有利于提高他们的口语表达能力。学生在机位可播放自己的录音，比对预先录制好的母语材料进行自我评估，从而培养了学生的元认知能力。

（5）**时间与效率优势**：语言实验室可以轻松实现广播（教学界面）、点播（资源界面）、示播（学生界面）教学，授课、自习、点评功能可以切换自如；相较于在普通教室教师还可以更有效地监督、辅导学生（如个别交谈、介入小组讨论）。而在普通教室里，当老师与一个学生交流或解释个别问题时，不得不中断其他活动，甚至学生都停止讲话。在语言实验室里，其他学生可不受影响地继续学习。因此，课堂交互活动的时间利用效率大大提高，学生学习效率比普通的课堂学习要高得多。

（6）**教师角色变换**：很多教师没有意识到，在语言实验室环境下，教师是通过耳麦与学生进行"等距离"交谈，其心理距离更近。在实验室中，教师的角色是多变的：是课堂活动的设计者、组织者、推动者，又是活动过程的参与者、辅导者、评估者。教师要保证每个学生参与并有所收获，要了解个别学生的困难，并及时给予鼓励帮助。主控台功能使其不必离开讲台能直接耳语聆听，教师可以更专注于学生的回答。若是教师控制台足够智能，教师就有更多的时间监督课堂活动，照顾每个学生，这在普通教室是很难实现的。在语言实验室里，教师可以通过按下鼠标键连线许多学生，以便与他们交谈。语言实验室提供了不同于常规课堂的多元环境，教师角色可适时变换，学生可以保持更长时间的活跃。视觉刺激和音频材料的选择性使用增加了学生的注意力广度。语言实验室带来了教学过程的多样性，而不是单一、枯燥的以教师为中心的课堂讲解。遗憾的是许多外语教师在使用语言实验方面的专业训练是极度缺乏的。

所以，语言实验室视听说教学的核心是尽可能为学生营造个性化学习空间、排除不必要的噪音干扰、利用每个人的课堂实操时间、提供即时学习反馈并解决个别问题，这与教室里的阅读（无声）、听讲（单向）、进度（一致）环境是不一样的。现有的智慧教室方案几乎没有一例考虑到了语言听说训练环境的实际声学要求，也没有考虑语音室为何要静默管理、佩戴耳机，更没有思考师生交互通道的选择具有的教学价值和课时效益。有的语言实验室在向智慧教室转型时，一股脑抛弃了语言实验室设置的合理要素。不少学校外语学院在实验室数字化建设过程中也较少考虑实验室选型的课程适配要求，忽视设备更新换代的批次和梯度规划，批量上马高规格、同质化、通用性多媒体实验室，甚至是智慧教室。这对外语教学的视听说训练实践是无益的，同时也会造成设备的结构性闲置浪费。

其实，语言实验室和多媒体教室的规划构型可以兼容互补，尽量实现广谱适应、一室多用。因为现在的硬件功能十分强大，基本上可以支持任何形式的语言技能训练。课型区别很大程度上取决于软件模块的调用和教学组织，而非硬件设备。但是，从语言活动空间的物理要求来讲，还是应该有开放式和非开放式（至少是半开放式）的区别。比如，用于听说训练、强化训练、自主练习的语言实验室，需要有座位隔断、佩戴耳麦。这是由语言训练的声学要求决定的，因为无论是自定步调的听力练习，还是与 AI 助理的聊天对话，抑或是自选话题的模拟口译等，都需要一定范围的静默管理，否则无法做到不互相干扰，智能语音设备也需要相对严格的静音环境。

开放式的智慧教室和多媒体教室也适用于阅读课、写作课、翻译课等其他非语音实操性课堂，但可采用活动式座椅，根据不同的课堂活动变换活动空间（见图 3.11）。其中考试座位模式也可用作自主听力口语练习。无线宽带技术的进步最终会淘汰固定座位的排线布置，教室环境支持学生自带设备（Bring Your Own Device，简称 BYOD[1]）并通过课堂登录实现数据互通；混合式学习亦成常态，而不必专设教室，课堂环境回归更自然舒适的人际交往。不少现有的

---

1 Bring Your Own Device（BYOD）是一种新的设备方案，即学生自带设备进入全模态、全覆盖智能学习环境。

实验室研发思路技术痕迹太重，大都着力于先进设备的操作集成，人本化设计着墨不多。

图 3.11　一室多用的教室安排示意图 [1]

3.2.2　外语写作与自动批改

外语写作能力的表现，一直都被认为是外语语言能力的标志性指标而受到重视。但是囿于人力、精力、效力的不足，作文的批改和辅导一直是个性化教学的障碍。然而，在我国外语写作教学实践中，将计算机技术用于批改、辅助英语写作的历史相对较短。早期的写作辅助主要是利用文字处理器提供的编辑功能，如拼写和语法纠错、文体风格检查等，后来增加了同义词（近义词）、反义词列表。进入互联网 2.0 时代，开始出现在线词典、应用文模板等，有的教师曾经把谷歌当作一个大型语料库来使用，利用字符串和检索语法来检测词语搭配、行文表达是否地道。国内专门为英语写作教学、自动评分而开发的软件直到 21 世纪初才开始出现，较早出现的有杨永林（2005）的学术写作专家

1　参见 https://www.youtube.com/watch?v=_GSyMCEZeng 检索日期：2024 年 4 月 22 日。

系统和梁茂成于 2005 年创建的针对中国学习者的英语作文自动评分系统。

通常认为，学生经常阅读和写作会拥有更广泛的知识和更大的词汇量，所以词汇自然与更高的作文分数相关，学生读写的材料越多，接触到的词汇就越多，对如何在写作中正确使用这些词汇的理解也就越透彻。其次，文章的篇幅越长，可能容纳的句子越多，句子的复杂度和多样性、连贯性要求越高，因此也就意味着遣词造句、构思谋篇的技巧和能力越高。再次，文字能力越强，学生对语言规范性标准的掌握就越好，如正确的拼写、适当的标点等语言使用技巧。于是，文本表层的语言性特征就"顺理成章"地成了作文自动评分系统重要的观测要素。这些要素构成了自动作文评分的特征框架，即关于什么是优秀写作的合理假设。

然而，在确定好文章真正涉及的标准时，论文评分可能会出现不一致的情况[1]。埃利斯·佩奇（Ellis Page）的"项目论文评分器"（Project Essay Grade，简称 PEG）的开发从一开始就基于这样一个前提（Page 1966），即与优秀写作相关的内在质量的诸要素是无法用计算机直接测量的，自动作文评分器无法对所评文章中的证据或内容做出判断。因此，最合逻辑的方法是从作文文本中提取一些能够间接反映作文质量的文本表层特征项（surface features）。换句话说，文章的风格、意蕴、流畅性等内在特征无法测量，机器评分只能用单词长度、句子长度和文章长度等可测量因素来近似地模拟对词汇、句子、篇章复杂度和高阶性的判断；用可识别的标志性话语（如连词、过渡词）推测文章的连贯性、逻辑性、条理性；用语料库统计词语的搭配、使用频率等推断作文语词用法的地道程度，或者通过更多地使用与数据集中高分文章相似的词汇来赋分，等等。所以，无论是自然语言处理、线性回归统计，还是机器深度学习、潜伏语义分析、AI 智能算法等，自动评分迄今为止还只能是语言表层特征的算法处理和模拟推断，远远达不到**理解内容**的程度，因此，也就不可能存在真正的媲美人工的自动评分系统。但这并不意味着智能技术就无法在作文评分领域有所作

1　参见 https://openoregon.pressbooks.pub/robograders/chapter/chapter-1/ 检索日期：2024年 4 月 22 日。

为，因为人工评分虽然靠谱，但一直存在工作量繁重、效率低下和反馈周期较长的弊端，这正是作文评分引入智能技术的合理性前提。

3.2.2.1　自动评分系统的工作机制

自动作文评分器（automatic essay grading，简称 AEG）被编程为"阅读"某些类型的单词，这些单词能够表示文章的内容和结构。AEG 在能够有效评分的文章的类型上可能有限，但它和自动语音识别（automatic speech recognition，简称 ASR）的口语评测类似，同样不能理解文字的意义，故而不能真正评估文章的优劣。自动作文评分器旨在反映或预测专家将分配给文章或延伸响应的分数，该预测的基础是对语言表层特征多大程度上能够反映文章内在质量的假设。AEG 系统背后的软件编程已经过培训来查找测试集数据和当前评估的响应之间的相似性。特质分析的基础是好的写作应该看起来像好的写作。

自动作文评分器擅长使用特定参数和定义的词汇选择来评估写作。但由于语言使用的开放性，叙事形式的文章很难被 AEG 评估。使用自动作文评分器可能会局限于事实或信息类修辞风格的文章上。Strauss 引用美国英语教师委员会（National Council of Teachers of English，简称 NCTE）的立场声明，表明"计算机无法测量文章的准确性、推理能力、证据的充分性、良好的判断力、道德立场、令人信服的论点、有意义的组织、清晰度和准确性 [1]"。类似的任务连 GPT-4 都很难做到，有不少评分软件声称可以覆盖所有类型的文章，甚至包括学位论文，这是不负责任的炒作。再好的评分系统，目前仍只能处理文章表层的语言性特征。采用自动评分系统时，教师还是要十分了解其原理和规则，了解其优点和缺陷，这样才能在必要处、合适时进行人工介入。

从围绕项目论文评分器（project essay grading，简称 PEG）的原始研究中了解到，与优秀写作相关的内在价值无法衡量，因此，评分系统只能定义并量化近似内在品质的语言特征。"机器人评分员"喜欢话语标记，即通过显示时

1　参见瓦莱丽·斯特劳斯（Valerie Strauss）发表于 2013 年的文章 "Can computers really grade essay tests?"

间、因果、对照、比较、限定等帮助文本流动的单词。话语标记语是帮助连接句子和观点的单词，它们基本上是过渡词或连词，如"然而""同样""直到""因此""显然""总之"等。这些话语标记语符合 AEG 正在寻找的功能要素。对于机器人评分来说，功能词不仅显示了逻辑关系，而且还增加了句子长度，增加了句子的复杂性，其结果等于更高的分数，而简短、精炼、富有寓意的文笔往往不受评分器欢迎。请看下例：

What makes a lady different from a diplomat?

It is not always the case that the words "yes" and "no" are understood as intended by a lady or a diplomat. There are many ways to interpret these two words, depending upon the circumstances and the context in which they are used. Here is an example from Charles M. de Talleyrand: When a diplomat says "yes", he means "maybe". When a diplomat says "maybe", he means "no". When a diplomat says "no", he is no diplomat! But when a lady says "no", she means "maybe". When a lady says "maybe", she means "yes". When a lady says "yes", she is no lady!(Jakobson 1972)

This example seems a bit gender biased, but pragmatically speaking, it illustrates in a humorous way that we can hardly expect to get others unless we are aware of who we are, where we attend, and what we expect from each other.

这段文字不算文笔优美，但其中的例子颇具幽默，其余文字由笔者添加。该例用浅显、直白的文字，幽默、含蓄地说明了职业和社会身份对会话含义带来的不同期待，极具调侃、诙谐意味。遗憾的是自动评分系统非但无法读懂内容，反而对文字的挑剔滴水不漏。笔者分别用 Grammarly、ProWritingAid、有道写作和批改网进行批改检验。有意思的是两款国外评分器虽然都指出了"单一词汇的重复使用问题"，但却均给出了较高评分。而有道写作和批改网却同时给出了不及格和异常作文的评语。疑似国内两款应用有作文字数要求，调整为 100 字之后，有道写作和批改网才给出了及格分，但两款国外软件仍保留了高分。经改写为上述语段后，有道和批改网得分迅速升高（虽然仍低于 Grammarly 和 ProWritingAid ），其间的差异可能是因为国产评分软件赋分的权重在于高级词汇、复杂句型、连接词使用等，按要求做形式修改即可提高得分（高健民 2021；张国强、何芳 2022）；而 Grammarly 评分侧重语法准确、文字流畅、表达清晰、言简意赅，并不苛求行文的复杂度和词汇应用是否高级。值得一提的是，ProWritingAid 一如既往地给出了详尽的评阅报告，尤其在行文风格上近乎到了苛刻的出版标准。当然，这几款软件锁定的用户群不一样，ProWritingAid 针对母语写作爱好者，Grammarly 面向大众文稿撰写者，而国内两款应用则主要服务于中国学生的英语习作。

从以上例子可以看出，自动作文评分系统的技术特征决定了其评分的主要依据是语言形式（虽然国内外标准侧重不同），而非作文内容。较长的单词将具有较高的分值；使用频率较低，被认为更独特的同义词也具有较高的价值。但英语母语者并不偏爱长句、从句、复杂句或高级词，他们对词汇、句式、表达方式的多样性、精细性有更多的要求，这造成了不同 AEG 系统算法差异的复杂性（包括文化差异、语际差异、价值差异）以及不同技术方式的"量子纠缠"。

自动作文评分系统的技术逻辑必然导致学生写作行为的适应性改变，这可能有悖于写作训练的初衷。AEG 的赋分机制之一是寻找与测试或样本文章相匹配的单词，这些单词为评分奠定了基础；或者，基于语料库的评分系统会根据作文与母语语料的接近程度赋分。总之，AEG 经过训练可以寻找高分文章，然后根据其与样本集的相似性为待评分文章赋值。文章的长度是另一个重要组成部分。如果给系统一个建议的篇长，例如 300~500 个单词，这对系统会是一条重要的信息。未能达到建议的最小字数可能会导致 AEG 无法在其尝试匹配的样本集中找到作文，因为短文缺少 AEG 寻找的特征。从现有研究中得出的编程背后的假设表明，低于设定字数的短文将等同于低质量的写作。另一方面，超出建议的长度可能不会给作者带来额外的价值，因为文章已经被指定了长度值，并且假设不需要更多的单词。而人工评分基本不会因为多了或少了一两个单词字数而影响赋分。

3.2.2.2 自动批改系统的利害相权

在许多技术应用领域，尤其是教育教学和评估，基本价值和效率之间存在着天然的对立关系，就如作文批改评分的难处恰恰在于批改效率的低下和反馈质量的高要求这一对矛盾。自动评分的好处是，它提供了一种方法，通过提高效率来完成更多有价值的事情。

计算机辅助写作主要通过作文自动评阅和纠错反馈来实现。外语老师都相信，写好作文、提高写作水平的最佳方式就是多写，并在写作中获得建设性反馈。这种反馈是改进的基础，无论是对某篇具体的文章，还是对未来的写作任务，都是如此。然而，人工评分的短板是反馈周期太长，而一个可以向学生提供部分或全部写作反馈的自动化系统，恰好可以帮助提高这一过程的效率。学生获得的写作反馈频率越高、周期越短，就越能提高自己的写作能力。但是，也有专家指出"这种说法是错误的，因为即时反馈后立即进行额外的学习尝试，实际上与我们所了解的写作过程正相反。好的写作几乎总是反思和修改的产物。反馈必须经过处理，然后才能实施。写作不是电子游戏[1]"。而且，教师反馈的方式和策略与 AEG 的系统反馈很不一样。前者基于解读和评判，因此是一种有意义的回应，尽管经常延时；后者基于算法和数据比对，提示语常常枯燥无味，但好在详尽且即时。所以，两者各有短长。

在考虑自动评分如何将价值和效率之间的平衡转移到更多的价值上时，研究者对定义什么是价值，以及什么是效率兴趣斐然。在考虑什么是有价值时，讨论多数集中在人工评分的长短以及自动化系统的优势与局限，这通常被称为构造表示，分数或反馈很好地代表了构念效度的合理性；在考虑效率时，工具性效能则被视为重要因素，包括提供分数的成本、提供分数的及时性和获得分数所需的工作量。这造成了在评估和尊重价值和效率时许多不同的观点。

真正有经验的写作教师都会强调作文的寓教、思辨、表达和说理功能。这些都反映在作者、主题和读者的"修辞情境"中（Jeffrey & Zickel 2018），如图 3.12

---

1 参见约翰·沃纳（John Warner）发表于 2013 年的文章 "22 thoughts on automated grading of student writing"。

所示，即写什么、怎么写、为什么写。让老师们难以接受的是在自动评分系统中，这个三角关系变成了"作者""主题"和"算法"。写作的目的不再是读者，而是为了满足算法的"潜在要求"，这样才能得到好的分数。作为教师大都明白，与学生建立关系的理想途径之一是阅读他们的作品并给予回应。自动评分系统将老师从繁重的作文批阅中解放出来的同时，但也实质性地屏蔽了师生之间的深度交流。技术的赋能不应止步（或着力）于此，我们可以期待的更多。

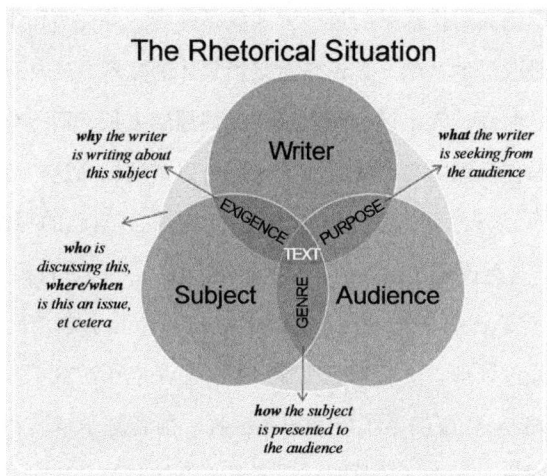

图 3.12　修辞情境的视觉模型（Jeffrey & Zickel 2018：29）

外语作文教学，除了进行语文训练，其意义还在于持久的教育影响。"学生对自己的写作、识别和描述其成长的方式以及其他人（人类读者）如何解读他们的作品有着深入的了解。该过程鼓励反思和目标设定，从而在评估经验之外进一步学习。[1]"教师是学生作文的主要读者和"倾诉对象"，基于 AI 的自动评分技术在某种程度上消解了作文带来的师生交流的人文价值。

3.2.2.3　自动评分系统的应用价值

当自动评分器是作文的最终评估者时，文章风格和结构可能具有不同的含义。所谓的写作技巧可能需要额外的指导，以便像"机器人"一样思考，即通

1　参见 NCTE 发表于 2013 年的"NCTE position statement on machine scoring"。

常意义上的作文套路或"高分秘笈"。传统上，学生在个人层面上学习写作，而机器人评分员无法处理个体表达的细微差别，甚至可能会因词汇选择而"批评"作者。写作时间越长，得分越高，而片段作文会降低得分，即使它们在文体上并无不当。在准备为自动作文评分器写作时，单词选择也可能具有不同的含义和赋值。现有自动评分系统主要通过词汇层面的统计分析判定作文的分数等级，这会使学生对英文写作的理解产生误导，这在应试教学中尤其明显。

寄希望于不断地修改能提高写作水平，从练习的角度看，兴许是一种不错的思路。但从评分的角度看，反而会造成不公：同样质量的一次性成文和数次修改的终稿得分，不应该是一样的，更不能是倒挂的。那种鼓励通过不断修改得高分的"机制"并不充分合理，尤其这种修改是在机器的"提示"甚至"代劳"下完成的。然而从掌握学习理论的视角看，只要不是"高风险"考试，这种超出常人的努力得来的结果也并没有不当之处。学校教育不但要提倡因材施教，也应鼓励殊途同归。笨鸟先飞应予以认可。

正如来自写作样本以及教师和学生访谈的数据所表明的那样，教师使用自动批改系统似乎也会影响学生的语言准确性以及他们识别和纠正自己错误的能力（葛诗利、陈潇潇 2009）。然而，由于这类研究缺乏控制变量（如教师提供反馈）和对照组，因此很难将研究结果仅归因于自动评分系统的纠错反馈（Written Corrective Feedback，简称 WCF）（白丽芳、王建 2019），特别是考虑到重复写作本身可能足以降低错误率的可能性。然而，已知的是，学生能够处理自动评分系统的反馈，在一定程度上确实显示出语言进步（何旭良 2013）。但是，由于纠错反馈的有效性取决于学生管理反馈的能力（Hartshorn *et al.* 2010），学生也需要充分培训来积极处理自动评分系统的反馈。

自动评分系统最大的问题是它无法识别"真相"。它暗示写作者不要浪费时间担心所述事实是否准确，因为只要将信息融入一个结构良好的句子中，几乎所有的事实都会有用。极端一点的例子，如果你将"椒盐"解释为"带点甜的盐"或是"有点咸的糖"，自动评分系统并不会识别出来。它只是根据语言表面特征，在预先制定的多个逻辑里面分析数据来返回结果。洞悉这一原理，就破解了高分攻略，只不过这只是"文字"质量的标准，却未见得是"文章"质量的标准。如何在谋篇立意、修辞手法和文理逻辑等方面有所精进，还须教师多提点。

通过增加培训和与教师的互动，自动评分系统有更好的机会产生有意义的反馈，这是动态纠错反馈的一个特征，能让学生有更多的机会了解错误发生的原因以及如何进行纠正和增强认知发展。仅依赖于自动评分系统程序记录的标准错误计数，可能无法提供书写准确性变化的全面情况。因此，未来的研究可以使用多种准确度测量，并研究如何利用自动评分系统的纠错反馈和教师点评的适时介入，以促进学生的认知和元语言发展及其与自主学习的联系。已有研究结果表明，教师的作用可能是学生有效使用自动评分系统的一个组成部分（葛诗利、陈潇潇 2009），但未探明教师的哪些策略和风格在提高学生使用自动评分系统写作方面最为成功（如自主实践，针对反馈的反馈；范文评价，提高鉴赏水平；重复权重评价，机器分＋人工分 [分别匿名评价] 等）。目前研究的数据大多基于某届、某批、某次使用某个系统的学生，研究兴趣也放在机器阅改的替代性应用上（比较人机批改的信度和效度）。因此，教师和学生可能没有意识到自动评分系统的全部潜力，或者没有将它与他们的写作教学法有效地结合起来。

3.2.2.4　自动评分系统的信度和效度

评价一组论文得分的准确性的标准方法是测量两个独立的评分之间的一致性，包括两个评分是同时由两名评委给出的，或一个是由自动评分器给出的，另一个是人工给出的。然而，这一标准不是客观的或绝对的，因为人类判断有合理的意见分歧。作文评分的专业性充其量只是某一角度的参考性视角，我们最好将其简单地解释为一种估计，即所讨论的分数将如何预测更多的人类意见（Lamoreaux 2019）。在写作评价领域，多数人并不看好机器评分的可靠性，尤其是资深的教师和写作者。因为写作是人类最具个性和创意的思维表达。有学者甚至认为自动作文评分系统（AEG）损害了写作的社会性（Lamoreaux 2019）。

其实，我们没有太多的理由怀疑自动评分器的评价信度，无论是其本身的评价一致性，还是其与人类评价的相关一致性。因为，自动评分的技术特征就是让其在评估某些因素时比人工评分更加一致，更少些随机因素。而机器也总能不负众望地确保其测量的因素是我们想要强调的因素。其间的关键只在于我们所要提取的评价要素是否可形式化、是否可计算、是否具有合理复杂度（要避免指数爆炸）（葛诗利、陈潇潇 2009）。只要满足这些条件，评价信度就一定能得到保证。

所以，严格限定标准化、形式化、算法化的机器评阅系统，其评价的信度必定是有所保证的。因为，机器没有情感因素，更少产生随机误差。但机器评分与人类评分指标的一致性框架既是评价信度的前提，也可能是一个评价陷阱。它不应该被当作是衡量评分有效性的唯一指标，"因为其仅能反映出系统自动评分的稳定程度，并不能反映其全面评估考生写作水平的能力"（Bennett & Zhang 2015：144）。教育测量学的原理表明，以一致性为指标的评价信度不一定能准确反映评价的有效性。信度低，效度固然不可能高；但信度高，效度未必就高。反之，效度低，信度可能有高有低；但效度高，信度才必然会高。决定写作评价可靠性的是提取用来分析的评价要素，包含语言层面的、语义层面的、语用层面的。

追求自动评分与人工评分的信度，其实是一种悖论。弱人工智能的前提下，无论是语料库统计、神经网络运算，还是机器深度学习，都是计算而不是思考。在规定性条件下的人机对比，其实并非是真正的人机对比，而是人的标准化与机器的类人化的对比（看哪一方对标准执行的更好——机器只能模拟标准化的人）。一篇真正打动人心的作文未必符合评分标准的套路。而在高度规范、严格标准的高利害考试评分中，比如高考，被标准规定了的人工评分员也会努力地照章办事，不越雷池一步。但是即便如此，也难以保持作文评阅的一致性，因为除了评分员的偏好，还有疲劳、厌烦等随机因素。所以，只要提取的评价要素合理，机器评分一定比人工评分更可靠且更高效。但是，当机器评分与人工评分高度一致时，不要急于为机器的"智慧"叫好，而应更加审慎地检测"人"何以和机器如此一致？因为机器的一致性是可以理解的，人的一致性则是反常的。人与机器的一致性很有可能是由于两者执行标准的一致性所造成的，而绝无可能是机器达到了人的理解程度。但凡两者不一致时，更大的可能是人回归人的本身；而高度一致时，反倒可能是人成了更加标准化的"机器"。人为设定、按标准培训后的人工评分员与自动评分系统是有可能最大限度地实现某种"人机"趋同性的。计算机可以像人类一样得分的结论是人类被训练成像计算机一样得分的结果[1]。

"最大限度地提高训练集作文人工评分的信度"（梁茂成、文秋芳 2007：21）一直是达成自动评分系统"人机"吻合的技术目标和操作手段。诚然，这并非是坏事，尤其是面对命题作文、规定性写作等大规模应试作文的批阅可能是有益的，但对于作文之所以为作文的个性化表达未必是幸事。换言之，前者是效率与品质之间的利害相权，而后者则是人工智能技术应用中努力精进的目标。但无论如何，自动评分的高信度确实不能保证作文评分的"有效性"，即真正评价学生的文字能力和写作水平。这在英语作文教学实践中应该引起注意，作文考试与写作实践不是一回事。依赖自动评分这种形式的验证可能会导致学生专注于获得高评分，甚至不加思考地"依葫芦画瓢"，向机器学习、破解评分密码。例如，简单地使用更罕见的"触发"词或特定主题的词，或者按机器的提示不断修改以获取高分。

在美国（自动批改软件的发源地），人们对作文自动批改的抵制呼声很高。美国全国英语教师委员会在对计算机自动论文批改的立场声明中指出："对学生写作评估的研究始终表明，高风险写作测试会改变正常的写作条件，剥夺学生思考、阅读、与他人交谈、面对真实受众、发展想法以及随时间修改生成文本的机会。这些测试的结果往往会影响教师的生计、学校的命运或学生的教育机会。[2]"他们进而认为，狭隘的、人为的测试形式开始颠覆对课堂上写作发展的其他目的的关注（如思维训练和自由表达）。最终，考试侵蚀了优秀写作教学

1　参见 NCTE 发表于 2013 年的 "NCTE position statement on machine scoring"。

2　同脚注 1。

的基础，导致学生无法满足继续教育和未来职业的需求。

平心而论，论文评分准确性还有其他可能的标准，例如将分数与其他知识衡量标准相关联，或与更多的专家评委进一步达成一致。为了验证，专家们更倾向于处理连续自动评分系统的分数与人类评分员使用的分数之间的相关性。所以，笔者认为，对技术应用的支持与批评往往各执一词，但就自动作文评分而言，最好不要批评机器不能做什么，而要看它能为我们做些什么，以及做得怎么样。迄今为止，最先进的自动评分系统仍然是学习"理想的人类评分专家"的结果。机器是"学习如何通过'阅读'先前已评分的示例来对每个问题或提示信息进行评分的，它的智慧主要来自接触到许多由专家打分者打分的论文回复示例"（Rudner *et al.* 2006）。

计算机为论文打分的概念可能用词不当，因为计算机本身并不会给一篇文章打分，它只是反映了专家"教给"它的东西，并利用获取的信息在新的情况下做出反馈。直白一点说，机器评分只是反映了"机器学习"的水平。评判自动评分系统首先要看邀请的评分专家怎么样，所确定的评分标准及执行情况怎么样，所选定的评分论文覆盖面、代表性、质量怎么样，所提取的内容要素和语言特征是否充分合理，然后才是机器的算法、算力、学习能力和技术可及性。如果跳过所有这一切，去笼统地讨论自动评分的可行性利弊，甚至拿理想的专家标准与还处在初级阶段的人工智能相比，这既不科学也不合理，对辛勤耕耘于该领域的科学家更是不公允的。且不说我们没有那么多理想的专家评分员，就是理想的专家评分员也很难一直处于理想状态。而这恰恰是计算机技术和人工智能之所长。当然，确实存在一些粗制滥造、借势炒作的商用 AEG，也有跟风或不加辨别就使用的教师和学习者。所以，作为外语教师，只有充分了解了自动评分系统的原理和功能利弊，才能恰如其分地使之助力学生作文的评阅工作。

3.2.2.5　自动作文批改应用的建议

对于写作能否用机器评估是一个争议不断的话题。但如果我们将英文写作进行精准的操作性定义的话，我们也许就能很好地利用机器评估系统。比如，处在什么阶段的写作（初级书面表达和中、高级写作训练），以什么为目的而进行的写作（语言训练、观点讨论、意见表达），限定在什么范围内的写作（简短问答、命题作文），以及是否规定字数、题材体裁和多大规模的写作（如高风险考试），等等。作为一种通用的评分方法，自动作文评分目前似乎已经发展到能够可靠地应用于一些低风险评估（例如作文的教学评估、笔头作业的即时评估等），也可以在监管条件下作为高风险测试的第二个评分者（如托福、雅思等大规模英语水平测试）。

我们可以将自动评分看作是自动作文评分器（AEG）每次都以相同的方式"阅读"作文，其一致性就像一个视频游戏的规则。学生觉得他们可以通过学习对 AEG 重要的"规则"（如同游戏规则）来"升级"。对于一些学生来说，知道 AEG 将如何"阅读"可以消除写作中的不确定性。学生可以向 AEG 系统提交作文、获得分数和纠错反馈；按规则修改后，再查看是否可以提高分数，只要据此不断修改，就能不断提高分数。教师评分则不同，他们并不总是以相同的方式评估写作，他们对"好"作文的理解并非一成不变，有时甚至会受习作创意的影响而额外赋分。没有语言错误的作文不一定是好作文，而有错误的作文也可能不那么糟。有时作文中的观点和想法颇具特点，教师扣分时可能会手下留情；当然也有因学生的不当言辞而导致教师扣分，哪怕作文的文字水平并不低。而 AEG 不会，它就像铁面无私的法官，遵循规则且一以贯之。自动作文评分系统已能够将学生写的作文与作为编程基础的样本作文进行比较。

由于计算机技术和人工智能技术的进步，自动评分手段也在与时俱进。从一开始的基于语言特征的作文评分，即通过人工设计和提取相关特征来表征作文，并使用分类、回归或排序方式对作文进行评测，到基于深度学习的作文评分，即不需要人工设计和提取特征，能够自动学习复杂的作文表征，再到基于预训练语言模型的作文评测等。评测的方法也越来越成熟，从基于表层特征的 Project Essay Grade（PEG）到基于隐含语义分析的 Intelligent Essay Assessor（IEA），以及基于语料库和多元线性回归模型的 Electronic Essay Rater

（**E-rater**），还有基于自然语言处理和深度学习的 **IntelliMetric**，以及新近推出的基于人工智能的自然语言处理模型 **ChatGPT**，等等。国内有基于自然语言处理和深度学习的 **iWrite**，基于语料库统计比对的批改网，还有基于多领域语料库和神经网络翻译的有道写作等。

对于中国学生的英语作文而言，无论就其水平，还是所涉话题，都仅仅是有限范围的书面表达。在此范围内的"机器阅读"或自动评分是完全可以实现的。至于美国英语教师委员会（NCTE）所指的"判断与优秀写作最相关的要素，如逻辑清晰准确、具有与特定主题相关的想法、创新风格、对受众的有效吸引力，不同的组织形式、说服类型、证据质量，幽默或讽刺，以及重复的有效使用等[1]"，大多现有的自动评分系统既没有将此作为评测点的要素构成，也无法在技术上悉数加以实现（即实现读懂思想、理解意义）。英语教师需要明白，作为语言训练的写作练习的批改，自动评分系统是很好的智能帮手；但作为写作之所以为写作的练习（如论文写作、演讲稿、书信、博客、日记），还得靠教师亲自批改，尽管 GenAI 生成的作文的文字水平已经不比一般大学生写得差了。

日常教学中的作文智能评价及诊断，是当前中国英语写作教学的迫切需要之一。网上有许多优秀的写作评改应用平台，甚至还有许多可以加载的写作插件和基于 AI 的智能助手 Microsoft Copilot，英语学习者均可加以利用。但是，对于学校环境下的英语学习评测，我们应当谨慎使用作文的智能批改。一方面，有些智能批改工具是针对个体习作设计的，并不适用于作为教育测评的写作测验；另一方面，智能批改的作用主要是自动纠错反馈，可用来解决教师针对性教学干预的可操作性和时间成本问题，并不涵盖写作教学的所有方面。诚如梁茂成教授所言，AI 作文辅助和智能批改手段，一定要有二语习得理论、语言测试理论等的学科支撑，才能真正服务于写作教学与研究。

总体而言，深入了解 AEG、尝试在教学中有目的地使用和反思性实践，对

1　参见 NCTE 发表于 2013 年的"NCTE position statement on machine scoring"。

英语教学是十分有益的。我们现在看到自动作文评分器的方式与我们使用手机寻求帮助或指导的方式几乎相同。虽然自动作文评分器并不适用于所有类型的写作，学生的创造力也永远不会通过编程来衡量，但是，并非所有的写作都必须与创造力相关，尤其是英语作为外语学习的写作练习。本章的讨论旨在引发思考，即如何恰当使用 AEG 帮助学生在英语书面表达中取得更大进步。深入了解、科学使用 AEG 系统，至少能以"机器阅读"的方式帮助我们训练学生深度思考语言形式，尤其是词汇手段为何对主题、结构、语篇如此"重要"，为何"遣词造句"成为概念、意义和因果关系的关键节点，以及教师应该在何时、何处以点评的方式介入与学生的思想交流和意义对话。曾经的全员网课可以看作是一个历史时刻，它以略显"粗暴"的方式将课堂卷入了虚拟空间，其间教师和学生的信息素养和数字韧性显得尤为重要。随着学校和教育场所变得更加智能化，远程学习、在线 / 在地的混合式学习将成为新常态，理解和利用人工智能将成为一项关键技能。自动评分系统对赋能英语写作研究型教学的作用越来越明显[1]。

3.2.2.6　主流在线自动评分系统资源介绍

英语作文自动批改系统与 Grammar Checker 一类的商业化文书软件其实并非同源。后者的历史远超过前者，但时至今日，两者在教育应用上有殊途同归的趋势。

与 AEG 系统不一样，文字处理器、可读性检测、文本分析软件、语法纠错、编辑润色等数字文书技术起初并不是为了语言（外语）学习而发明的，而是发轫于传统文书应用的数字化转移。万维网的普及、信息技术的发展加速了全球互联互通、创新发展，英语无可争议地成了互联网世界的通用语言。所有机构、企业，无论规模大小，都必须在通信中流畅使用英语。任何在线业务的生产力都直接受到其提供的信息质量的影响，多元文化工作环境中的语言障碍

1　参见《中国大学生英语写作能力报告》，外语教学与研究出版社与《中国电化教育》杂志社于 2020 年联合发布。

是大量在线英语文书工具问世的原因。

正是这个原因，恰当的英文写作显得至关重要，因为它是国际商业文化领域的首选沟通方式。这一方面催生了信息交互领域庞大的语言服务市场，另一方面，也直接导致了将英语作为第二语言（English as a Second Language，简称 ESL）学习的人口大幅度增长。所以，语法纠错（grammar checker）、文书润色（proofreading tools）和文章批改（essay checker and corrector）等等既是英文校正润色的普遍商业需求，也是用来进行语言性学习的方式，尤其是外语辅助写作的数字工具。经过多年的应用创新，迄今已出现了不少 AI 驱动的专门用于语法纠错、编辑润色、创意写作、智能批阅的在线写作助理软件（亦可作为插件加载于文字处理器）和文书服务平台，有的甚至还提供翻译功能（如Ginger、Wordtune）。在此背景下，国内主流教育技术产业囿于应付学生应试的作文批改平台的开发思路不免略显狭窄了。

基于语料库的云计算、大数据、人工智能等技术用于辅助写作和智能批改是近十来年的事，一开始并不为许多教师所接受。作文的语法纠错还好说，但作者的行文风格、内容性、思想性等非形式化要素是最具个性、最内隐、最富创造性的精神活动，机器如何确定评价标准、如何进行分析判断？所以，迄今为止，即便语言智能技术进步发展如斯，大多数英文编辑润色服务公司[1]仍保留了有大量专业文字工作者和各行业的母语专业人士参与的人工智能协同模式（又称"人在环路"）（Human-in-the-Loop[2]）以取信于客户，就连托福作文考试的评分过程仍有人工评分员参与。

目前，普及度最高、最负盛名的是 Grammarly、ProWritingAid、Virtual Writing Tutor、Scribendi 和 Wordtune 等写作助手软件。国内在此领域深耕多年的有 iWrite、批改网、WE Write、有道云等为代表的智能写作评分系统。

---

1 如 Enago（英论阁）、wordvice（霍华斯）、editsprings（艾德思）、editage（意得辑）、scribendi（斯克瑞本迪）等公司。

2 Human-in-the-loop（人在环路）是一种人工智能（AI）的工作方式，其中人类操作员参与到机器学习和数据处理的过程中，以提高算法的准确性和效率。

Grammarly 可能是一直以来线上使用最多的语法和句子检查器。它是一款基于云的文书助手，不仅可以检查拼写和语法错误，还可以提供风格和语境相关的改进建议，以提升写作清晰度和效果。此外，Grammarly 还有一个内置的同义词库，可以帮助习作者丰富词汇。Grammarly 还有一个剽窃检查器，有助于确保写作的原创性。Grammarly 于 2009 年开发[1]，2018 年推出了浏览器扩展测试版，同时针对谷歌文档进行了优化。2022 年，Grammarly 已经可以作为下载的程序与桌面应用程序一起使用，也可以作为浏览器扩展和智能手机键盘，或作为 Word 的插件。

作为一款用户甚众的优秀写作助手软件，Grammarly 也在尝试将 GPT 技术融入其产品中，并在 2023 年 4 月推出名为 GrammarlyGo 的新产品，该产品提供给所有 Grammarly Premium、Grammarly Business 和 Grammarly for Education 的订阅用户。Grammarly 高级版本除了可以检查文本语法外，还显示如何改进句子结构以使句子更易于理解的建议，并提示如何表现出友好、乐观、信息丰富、谨慎、不确定、正式等写作特点。作者可以根据主题内容的基调、正式程度和受众类型来设定写作目标。

ProWritingAid 是文书工具中的后起之秀，它是一个提供世界级语法和风格检查以及更深入报告的习作平台，可以说是专为加强写作而生的平台。ProWritingAid 是由语言和技术专家克里斯·班克斯（Chris Banks）于 2012 年创立，为帮助人们提高写作水平提供全面的解决方案，但服务对象主要是母语写作者和高水平非母语英语作者。

ProWritingAid 在程序中结合了语法检查、风格编辑和写作导师的优点。它能发现并纠正写作中的陈词滥调、重复、措辞模糊、冗余、被动语态、复杂句子和对副词的过度依赖等问题，提升文档流畅性、准确性和易读性，其改进写作的作用远远超出了简单的语法和拼写检查。使 ProWritingAid 与众不同

1　Grammarly 由亚历历克斯·舍甫琴科、马克斯·利特温和德米特罗·利德研发，于 2009 年 7 月在乌克兰基辅首次发布。公司总部位于美国旧金山，在基辅、纽约和温哥华设有办事处，该公司提供基于人工智能和自然语言处理的数字写作辅助工具。

的关键之一是它支持多种写作风格，从学术到创新，甚至剧本，用户可以改变写作风格，优化文章校准的统计数据，以帮助人工智能更好地分析。该程序的编辑软件自动建议数千种风格的改进，还包括上下文关联词库和文字浏览器，帮助用户在消除常见错误和不良写作习惯的同时，写出接近完美的文章。ProWritingAid 看起来更像是为英语母语作者准备的智能辅助写作工具，尤其是它提供了多达 25 项详细的错误分析报告。

Grammarly 和 ProWritingAid 两者都有内置的同义词库，这意味着不需要调用任何第三方应用窗口，双击文案编辑界面任何单词，即可列出同义词列表供参考。这两个程序都提供了不同程度的剽窃检查与它们的高级版本。两者相比之下，Grammarly 更像一位严厉的语法课老师，而 ProWritingAid 则更像一位专业的作家。如果对于语法还不够自信，需要侧重语法和词汇（比如学生），那Grammarly 或许是更好的选择；但如果已经跨过了语法这道坎，希望能够进一步提高写作水平，锻炼更成熟的文字风格，那 ProWritingAid 无疑是更适合的"写作助手"。当然，除了免费的网页版，Grammarly 和 ProWritingAid 更多的特色功能都在它们的付费版本中，付费后可无限制使用。

3.2.2.7　写作辅助软件的细分市场

AI 辅助写作软件可按类型（内部部署、基于云）、最终用户（个人、商业、其他）和地区（北美、欧洲、亚洲、拉丁美洲、中东和非洲）进行分类。耳熟能详的除了前文介绍的 Grammarly、ProWritingAid，还有 Ginger Software、Textio、AI-Writer、Frase、Jasper.ai、Anyword、Semrush、Pepper Content 等。写作辅助软件并没有因为 GenAI 的问世而萧条，相反，他们都将 GPT 技术应用于自己的软件，提供更精准的辅助写作服务。除了在语法纠错、单词拼写、词汇应用等通用功能方面，还针对不同用户、不同应用场景和应用目的，出现了许多细分市场，如：专为学术和技术写作而设计的 Trinka、服务于多语种写作的 Language Tool，既有适合高级学生使用的 WhiteSmoke，也有适合英语初级学者的 Linguix，还有适合高校论文撰写与修改的 PaperRater。对于不同的写作人群，还可以选用强悍的文本润色器 Scribens，或者善解人意的 Wordtune AI 写作伴侣；而对学生来讲，可以考虑的是剑桥大学开发的 Write & Improve（见表 3.2）。

表 3.2 外语学习不同阶段可选用的智能写作助理软件

软件名称	开发者	面向用户	技术	产品特点
Trinka	英论阁（Enago）	学术和技术写作(专业人士和学者）	人工智能驱动的英语语法检查器和语言增强写作助手，支持用户自定义写作	能够实时提供写作建议，依据上下文纠正拼写错误和高级语法错误。它还可以发现其他工具找不出来的棘手错误
Language Tool	Daniel Naber and Marcin Miłkowski	各语种语言学习者	支持谷歌 Doc、Word 以及桌面和在线编辑	支持 50 多种语言的文档语法检查器
WhiteSmoke	WhiteSmoke Inc.	英语为母语或非母语高级学习者	支持网络、桌面（ISO、Android）	一体化英语写作工具，采用自然语言处理技术来帮助改善写作风格和可读性
Linguix	Linguix Inc.（US）	英语初学者	基于 AI 的写作助手和语言技能提升应用程序，支持浏览器扩展、Office 插件等	多语言语法和拼写检查，基于 AI 的作文重写、内容分数、快捷方式、风格指南
PaperRater	PaperRater	各种规模的机构用户包括教育机构	基于 AI 的机构解决方案，结合了自然语言处理、机器学习、信息检索和数据挖掘	利用人工智能和数据科学来改进写作，在线实时分析，自动评分、提供报告；以独创性分数为特征的剽窃检测
Scribens	Scribens SAS	专业人士博客作者	支持在线应用，与 Office 套件无缝衔接	强悍的语法检测器之一，能纠正 250 多种常见拼写和语法错误

（待续）

（续表）

软件名称	开发者	面向用户	技术	产品特点
Wordtune	以色列 AI 初创公司 AI21 Labs	中高级英语学习者	具备优秀自然语言理解和生成能力的 AI 系统，支持在线编辑	AI 驱动的阅读和写作伴侣，理解上下文和含义，建议释义或替代写作语调，并根据上下文生成书面文本
Write & Improve	Cambridge	学校各年级英语学习者	通过基于算法的监督机器学习实现写作反馈，该算法从剑桥学习者语料库中获得训练数据	可创建、标记和管理写作练习，跟踪学习者的进步

国内在英文写作辅助和自动评分软件开发上相对较晚，但研发思路具有明显的国情特点。无论是针对学校外语教学的平台应用（如 iWrite、WE Write），还是广谱适用的在线作文练习系统（如有道词典、火龙果、易改等），抑或是试图涵盖两者的在线作文批改服务（如批改网）等，其长处是能针对中国学生常犯的错误特点，结合英语作文写作的教学实际，并提供完备的教学管理和师生互动功能。不足之处在于各类自动批改在线服务平台有明显的应试倾向，甚至直接对标各级各类英语考试，如批改网、有道词典等。iWrite、WE Write 等是面向大学英语写作教学的主流应用平台，尤其是外研社的 iWrite，它精准锁定高校学生用户，针对中国学生常犯的错误类型形成错误体系，利用语义挖掘、深度学习和大数据技术，从语言、内容、结构、规范四个维度，对学生英文作文进行综合评价，并将作文评分功能与英文写作教学深度融合：开放同伴互评模块以增强课堂参与、独创阅读续写模块以引导创意模仿、推出写作中心模块以改善学生习作体验、配套教师微信端以方便在线辅导管理等。所以，严格来讲，iWrite 已不只是英文作文自动评分工具，而是一款不错的英文作文辅助教学软件。WE Write 是上海外语教育出版社推出的英语写作服务平台，具

有任务发布、实时评分和纠错点评等功能。批改网并不针对具体课程的英语教学，而是定位于广谱适用、基于云计算的英语作文自动批改在线服务。通过计算学生作文和标准语料库文本之间的距离，即时生成学生作文的得分和语言及内容分析结果[1]。批改网有强大的教师管理、师生互动、信息跟踪功能，全面支持系统自动评分、教师纠批查阅、学生自我检测、同伴相互批改，并具有一定范围的查重功能。但是该平台的标准语料库与系统对标的诸多等级考试之间关系语焉不详，面面俱到的功能设置和详细的句段点评也显得有些琐碎，关注的细节主要局限于可统计的规范语言数据范围之内。界面友好度、易用性也不如有道词典、火龙果等 APP。而许多细枝末节的点评，学生只要多做几遍校正大多都可以自己发现并改正。

此外，与国外同类产品相比，我国自动评分系统的应用在设计思路上仍存在重批改评阅、轻写作辅助的功能性软肋：其一，用户群较为狭窄、产品线单一且层次较低，或定位于大学英语写作教学，或对应于等级考试作文应试，难以满足英语专业、论文写作、职场应用、网文博客等多样化、生活化、专业化高端写作需求；其二，功能过于简单，缺少文类风格设定、主题内容设定等自定义选择，容易造成评测扁平化、趋同化；其三，软件界面不够友好，不支持实时错误可视、即显即改，点评语千篇一律，智能程度不高；其四，应用集成度不够，无法与通用的文字处理器、网页编辑器等文字界面镶嵌使用等等。国内其他大多数英文作文助手或窄化为作文应试工具，如英语四 / 六级君、可可英语，或侧重作文词汇拓展，如考虫、拓词、乐词等。相对专业且适用于大学英语写作辅助的主要是 iWrite、WE Write、批改网等平台。

3.2.2.8 智能语言产品的正确应用

部分大学生的英文写作套路是先中文写作（自我粘贴），然后机器翻译（使用谷歌、百度），最后智能润色（使用 Grammarly、ProWritingAid 等），如果是专业论文的话，还可以找付费润色公司。仅从作文成品的角度来看，这也算是

1　参见《中国教育报》2013 年文章《智能技术帮你学语言》。

"殊途同归"了。但是我们看不到学生的英文写作能力体现在什么地方。经过机器修改的作文是学生的还是机器的？是部分属于学生的或部分属于机器的？自动润色是提高了学生的文字表达能力，还是仅仅提高了成品的文字质量，抑或是间接提高了学生的文字鉴赏能力？是否自动化、智能化程度越高（同义词推荐，句子、段落、结尾乃至整篇改写），反而越会戕害学生的构思、谋篇、遣词、造句的思维推敲能力？所有这些追问都揭露了一个真相：一键搞定的智能方案，往往是"傻瓜方案"（就如"傻瓜相机"一样，谁都可以拍出清晰、漂亮的照片——但却没有构思、创意、个性、艺术感）。所以，有效帮助学生写出好文章的软件，不一定是能教会学生写出好文章的软件。

严格来讲，作文辅导软件和自动批改软件不是同一类产品。前者在源头，且重视过程；后者在终点，贵在准确评测。两者的交叉点在纠错反馈（written corrective feedback，简称 WCF），其智能应用的核心价值在于"善解人意"的指点，而不是"越俎代庖"的替代，即要通过精准批阅、发现错误、提出建议，让学生自己修改、润色。自动批改要做到精准、广谱，写作辅导重在练习指导，文稿润色主要服务于作品发表。

我们希望自动评分系统能够像经验丰富的老师一样为学生评阅作文，而且更高效、更及时地给出纠错反馈（作文点评和修改建议）；一键式改写、续写、润色等"智慧"功能可能会适得其反。写作的思考过程不应由任何人工智能替代。好的做法是自动评分系统可以提供详细的评阅报告（如 ProWritingAid、Write & Improve）、词汇拓展工具、修辞手法建议、句式结构比较、文体风格选择等。代劳式的智能软件不能提高学生的写作能力。拿作文初稿和修改终稿对比（胡学文 2015；黄爱琼、张文霞 2018）来验证作文自动反馈效用的实验思路说服力不够。

在自动批改系统中，老师应该可以看到学生的初稿以及修改历程，同时系统应该能够分析、归纳并报告不同学生的错误类型和错误特征。这样，教师就能了解学生的实际水平和成长轨迹，并适时给予针对性帮助。AI 往往只能告诉你什么是错的，却不能告诉你什么是好的、优雅的，更不能告诉你产生错误的原因。现有的 AI 纠错反馈可能让学生养成肤浅的学习习惯，即在还没有真正理解错误产生原因的情况下纠正程序指出的错误。这是学生在使用自动评分系统时要加以注意的。

另外，请专业润色公司润色翻译专业论文用以发表、学术交流的做法，尤其是 AI 生成或参与创作论文的正当性是有争议的，哪怕研究工作、专业内容是自己完成的。因为，只要文本化工作（学术内容的书面表达）仍然是学术评价的组成部分，论文写作过程就不能由他人（包括 GenAI 工具）代劳。作为外语专业的本科生、研究生，就更是如此。想要练习英文写作，唯有多读多思多写，亦可借助文书批改软件及时发现错误，或让 GenAI 工具评阅反馈，但绝不是交由软件代写、改写、续写。借助人工智能代笔，到头来学不到真本事。这也是作文助手一类的智能软件在研发、应用实践中必须注意的。虽然，在我们当前的文化中，人人都被训练去寻找最快速、最简单的解决方案，而不是约束自己去做艰苦的工作，将一件作品打磨成最好的作品（Lee 2023），但无论是电子编辑还是人工编辑，都不可能成为任何手稿的全部或终极奇迹。

3.2.3　计算机辅助翻译教学

虽然计算机辅助翻译（Computer-Assisted Translation，简称 CAT）可以归入广义的外语教育技术研究领域，但计算机辅助翻译有其特定的含义，是一个相对独立的应用领域。而且，计算机辅助翻译和计算机辅助翻译教学有所区别，和利用计算机辅助翻译技术进行外语教学也不能混为一谈。所以，在进一步讨论计算机辅助翻译教学之前，需要厘清以下几对概念：

首先，机器翻译与计算机辅助翻译不是同一概念：机器翻译（Machine Translation，简称 MT）是使用计算机系统将文本或语音从一种自然语言自动翻译为另一种语言（Trujillo 2012；Omar & Gomaa 2020），即无须人工介入，运用机器实现人类自然语言的相互转化，也称自动翻译，典型的应用如谷歌翻译、DeepL、百度翻译、有道翻译以及基于 GPT 等 AI 语言模型的多语翻译等。计算机辅助翻译是指利用语料库与翻译记忆技术，实现翻译过程中的术语匹配、译名统一、高度相似的句子再现等，以提高翻译效率和准确性。翻译过程需要用到专门的 CAT 软件，如国外的 SDL Trados、Logoport、DéjàVu、Wordfast，国内的雅信 CAT、雪人 CAT、朗瑞 CAT 等等。广义的计算机辅助翻译指能够辅助译员进行翻译的所有计算机工具，包括文字处理软件、语法检查工具、在线多语词典以及互联网信息检索等。

有人说计算机辅助翻译是机器翻译的初级阶段，这种说法并不准确。相反，计算机辅助翻译由机器翻译发展而来，作为计算机辅助翻译核心的翻译记忆也可用于基于统计和实例的机器翻译领域。但是，无论从技术路线、工作方式，还是应用范围、实际效果，机器翻译和计算机辅助翻译都有很大差别，而最主要的区别在于机器翻译是无须人工介入的全自动翻译，而计算机辅助翻译是以翻译人员为主体，在翻译软件的辅助下完成翻译。而且，严格来讲，计算机辅助翻译作为一种翻译技术应用是需要进行系统学习的；而机器翻译是无须人工介入，也无从学习的，最多就是关于机器翻译知识的了解，如机器翻译的历史、技术原理、效果评价、应用范围等，但这显然与外语的翻译教学相隔甚远，属于机器翻译的"所以然"领域。

其次，计算机辅助翻译和计算机辅助翻译教学也并非同一个概念，这一点不难理解。但是，论及"计算机辅助翻译教学"这一概念时，却容易引起混淆。因为，它既指"计算机辅助翻译"这门课程的教学，如机辅翻译原理、翻译技术（术语库、记忆库、语料库）、软件实操、项目管理等，其中很大一部分是翻译软件应用的教学与实操；同时，该术语也指利用计算机信息技术来辅助翻译教学。简言之，前者是"计算机辅助翻译"的课程教学（钱多秀 2009），后者是"计算机辅助"的"翻译教学"。本节的讨论仅与后者有关，包括可用于翻译的计算机信息技术，以及机器翻译之于外语教学与学习的作用，也就是"机器翻译辅助语言学习"（machine translation-assisted language learning，简称 MTALL）。

很少有研究将机器翻译作为一种语言学习工具，所以，通常都把重点放在高级学习者的使用上，而不是初学者。然而，免费的机器翻译引擎（如谷歌翻译）和机器翻译相关的网络环境将自己定位于为准确地满足第二语言（L2）掌握程度有限的学习者的需求。课堂上的轶事证据（anecdotal evidence）表明，大学英语学习者常利用机器翻译帮助写作，而对教师"用英语思维"的建议置若罔闻。但是，一直以来的翻译式英文作文的语言学习价值似乎并没有引起中国英语老师的注意。Garcia & Pena（2011）为了解机器翻译是否有助于培养学习者的二语写作技能，进行了一些测试，要求参与者在一种情况下直接写二语，在另一种情况中直接写母语，同时在机器翻译的界面中预编辑母语和后编辑二语。对产出的分析发现，机器翻译有助于初学者进行更多的交流，尤其是当他们对语言的掌握程度较低时。学生对第二语言的掌握程度越低，借助机器翻译编写的单词数量与直接写入第二语言中的单词数量之间的差异就越大，这也有助于他们更好地沟通，当使用机器翻译中介进行写作时，语言质量更高。另一方面，通过查看屏幕记录，发现直接用第二语言写作需要更多的努力（如以停顿的次数来衡量），并且需要更多的参与任务（可以从编辑干预的次数来确认）。

近年来，随着大量学生将机器翻译用于学术研究，外语教师在课堂上再也不能忽视它了。尽管越来越多的研究报告了机器翻译的教学益处，但研究也表明，由于各种原因，外语教师仍然对使用机器翻译持怀疑态度。最重要的是，他们对机器翻译的质量和在外语学习中使用机器翻译的有效性的信任有限。Lee（2023）对这些问题进行了调查研究，该项研究检查了 2000 年至 2019 年间发表的与外语教育相关的 MT 研究。他采用了系统综述（初级）和荟萃分析（次级）作为稳健数据分析的研究方法。结果表明，近年来该领域的出版物数量有所增加，MT 质量显著提高。大多数研究还报道了在外语学习中使用机器翻译的积极影响，尤其是在写作方面。然而，这项研究还发现，学生对 MT 有着复杂的情绪，而且教师和学生之间的认知存在差异。

随着 AI 技术的突破性进展，机器翻译技术日趋实用。虽然以专业的眼光看，机器译文还存在不少瑕疵，在意义精准、意涵传达等方面，很多地方经不起推敲。但是，对一般性文本的翻译质量已经接近甚至达到初、中级人工翻译水平，尤其是翻译的速度与效率令人类译者难以望其项背。有关研究表明，机器翻译"在英汉翻译和汉英翻译上的整体质量均达到了及格及以上水平，基本能实现交际目的，但离良好及以上水平尚有差距"（李奉栖 2021：46）；结合计算机辅助翻译、机器翻译和译后编辑，翻译的效率与质量已今非昔比。无论是赞成，还是反对，机器翻译的成熟应用已经无法忽视（金璐钰等 2022），机器翻译在外语教学中的作用也开始显现。

人工翻译与机器翻译：就翻译教学而言，可针对各种题材、体裁的非小说文本进行译文比较。比较可在优秀译作、学生习作和机器翻译结果之间进行，比较的重点是准确度、流畅性和地道表达（所谓信、达、雅）；也可用文学作品，如小说、散文、诗歌等，同样可以在上述三者间比较，观察的重点是隐喻、幽默、蕴涵、成语、典故和极其口语化的独特表达等。这类比较除了具有翻译本身的教学价值，还可引入文化比较（可译性考察）、技术评判（如 GenAI 英汉语料数据质量与投喂的极不平衡，其他非通用语种语料数据量的差异更加巨大）等现实因素，拓宽学生知识视野。通过机器译文与人工译文的比对，可增强学生对语际差异的敏感性，如机器翻译强于程式化文本、信息性文本的快速翻译，错误率较少；但对文学性文本和非正式文本的多义、歧义、含义、隐义等修辞和文体风格的处理很难到位。而这些正是阅读理解和文字互译表达下工夫的地方。机器出错的地方，往往也是学生犯错的地方，因为望文生义、西式汉语、机械套用词典意义等也是没有掌握翻译技巧的学生译文的典型特征。

译者常以汉语的博大精深为由，强调英汉互译的困难，而实际情况往往并非全在于此。真正的困难来自译者两种语言水平之间的差异太大：多数外语学者的汉语水平、国学素养不够深厚；多数汉语学者的外语程度、外国文化底蕴相对浅薄。英语、法语甚至德语等外国语言同样博大精深、源远流长。民间甚至学界流传甚广的"汉语精妙、英语直白"的说法并无依据。

译后编辑与翻译教学：这是一种非常实际的准职业化培训。译后编辑（Machine Translation Post-Editing，简称 MTPE）是一个笼统的说法，因为"译后"的"译"可能所指不同。有学者"将传统意义的译后编辑称为'狭义的译后编辑'或者'机器翻译的译后编辑'，即直接通过机器翻译得到的译文进行译后编辑。对集成翻译环境输出的初始译文的译后编辑称为'广义的译后编辑'或者'集成翻译的译后编辑'"（崔启亮 2014：69）。学生可以切身体验 AI 机器翻译的速度与准确性是如何提高工作效率的。练习重点在于有目的地选择待译文本，如包含长难句、歧义句、复杂句的文本，以练习各种翻译技巧，抑或针对特定体裁风格的文本，检查译文风格的一致性，也包括纠正过译、欠译、错译、漏译，重新组织句式结构、润色表达方式、纠正格式规范等译后编辑的常规练习内容。翻译教学引入基于机器翻译的译后编辑练习是前职业训练的有效实践环节之一，同时也是外语学习者观察语际差异的绝佳窗口。

外语写作与机器翻译：机器翻译用来辅助写作练习也可以取得不错的效果（Chung & Ahn 2022）。Tsai（2019）报告了学生在写作中利用谷歌翻译作为CALL 工具的有效性研究，具体做法是在观看电影片段后，每组学生被要求即兴写一篇反思文章。学生首先用中文写就，然后用英语写一篇相应的文章，并将他们的中文提交给谷歌翻译。接着将翻译的英文文本与学生自己写的文本进行比较，最后参考谷歌翻译文本修改他们的自写英文文本。结果表明，与自写英文文本相比，谷歌翻译文本在提供更丰富的内容、使用更高级的词汇以及拼写和语法错误方面表现出明显更好的"写作"水准。经谷歌翻译修改的自写英文文本比未经修改的自写英文文本有了显著的改进，尤其是对于非英语专业的学生。这说明了同一思路谋篇的情况下，学生自己写的文本受制于词汇匮乏和英文表达能力的欠缺。

使用谷歌翻译作为复习工具的学生在书面语言和内容方面表现出比自我写作更好的二语表现，尤其是非英语专业的学生对谷歌翻译的使用表现出比英语专业学生更积极的态度（Tsai 2022）。作为一种教学工具，机器翻译可以在第二语言写作中发挥着重要作用（Lee 2020），机器翻译评估指标被认为是评估语言学习者翻译和解释的有效手段。因此，当学生使用机器翻译作为英语学术写作的辅助时，他们也同时发展了他们的翻译素养，比如对文化差异和语言差异的敏感性、对潜在算法偏见的警惕性，以及对不同机器翻译工具、不同翻译任务的认识等等（Han & Lu 2023）。

机器翻译用于双语比对阅读：机器翻译有助于学生阅读多种语言的专业文献、原版教材。在大学科学课程中，学生使用 MT 工具进行双语学习并不罕见

（Archila & de Mejia 2020），这相当于"专业英语"学习。对于许多中国学生，一旦遇到英语阅读困难时，很难摆脱将其译成母语的理解习惯，至少会在心里默默地做着翻译才能"踏实"理解。现在借助机器翻译，可十分方便地进行双语对比阅读。此外，对于外语专业学生而言，阅读过程中，翻译的创造性可能是提高学生阅读参与度的重要因素（Omar & Gomaa 2020）。优美的译文会让你忍不住想一睹原文风采，虽然可能会大失所望，但也会频频发现惊喜。这种对比会大大提高外语阅读的质量和品位。久而久之，读者也会跃跃欲试，或写或译，反复推敲，不无趣味。诚然，有学者认为此法会影响原文阅读速度，不利于阅读水平的提高，因此提倡读原著。其实不然，阅读方法本就许多，精读、泛读、快速阅读，都是读；阅读的目的也不会单一，消遣性阅读、鉴赏性阅读、批判性阅读、研究性阅读等，也都是读，不可一概而论。利用机器翻译对比阅读，是一种语言学习性阅读。只是不能养成依赖习惯，只读译文不读原文，那就得不偿失了。

机器翻译用作口译 / 口语练习：机器翻译技术得益于智能语音技术和 GenAI 技术，在跨语言语音对话的表现方面令人印象深刻。所以，可以用于口译训练和口语对练，设计得当的话，甚至可以用作同传翻译训练，这是自动翻译最受欢迎的 CALL 应用。

机器翻译技术，包括生成式人工智能的发展仍然面临一些挑战。首先，不同语言之间的文化差异和语言习惯的不同会对机器翻译的准确性产生影响。其次，机器翻译需要大量的训练数据，而不同语种的训练数据量可能会存在很大差异（尤其是非通用语种）。即便是从中文译成英文的语料，也远不如从英文译成中文的语料多。据 Statista[1] 2024 年统计数据表明，世界上超过 99% 的人

1　Statista 是一个全球数据和商业智能平台，拥有来自 170 个行业 22,500 个来源的 80,000 多个主题的广泛统计数据、报告和见解。Statista 于 2007 年在德国成立，在全球 13 个地点开展业务，雇佣约 1,100 名专业人员。
　数据参见 https://www.statista.com/statistics/262946/most-common-languages-on-the-internet/
　检索时间：2024 年 6 月 5 日。

日常沟通都要靠母语，但在互联网上，英文信息占了 52.1%，法语、俄语、德语、西班牙语各占 4.3% 到 5.5% 不等，中文（1.3%）等其他语言信息所占比例甚微，至于其中的精华信息，更是少之又少。当人们有条件将不同的语言翻译成他们的母语时，他们才能够接触未及的世界。然而，通过互联网学习的各种大语言模型，在训练不同语种数据时语料极不平衡，由此而生成的文本内容在表达方式、观点倾向、价值诉求等方面都会出现较大差异，从而导致偏见、不公，甚至敌意，这也是当下国际数据互通面临的障碍之一。当然，也正因为机器翻译靠的是算法和数据，如果有朝一日，生成式人工智能获取并学习了足够多的互译数据后，人类译者也许就不再占有优势了，笔者相信这一天不会遥遥无期。

3.2.4　语料库外语教学应用

语料库是一种大型的电子文本集，在语言教学中已经使用了几十年，是一种基于语料库数据的外语学习方法，也被称为数据驱动学习（data-driven learning，简称 DDL）。该方法由蒂姆·约翰斯（Tim Johns）提出，它的主要思想是学习者作为**研究者**，基于大量的语料库数据观察、归纳语言使用现象，自我发现词语搭配、语法规则及语用特征；教师作为引导者，为学习者提供学习资源，指引学习者探索、发现的学习过程，培养学习者自主学习的能力（Johns 1991）。然而，数据驱动学习的大部分内容是由 Mckay（1980）奠定的基础，其基本思想是出现在真实使用中的重复模式可以引导学习、归纳或演绎，以鼓励学习者注意语料库衍生的例子，然后是基于语料库的练习和产出活动。语料库语言学家相信，可靠的语言分析需要建立在新鲜的语料、自然的语言环境和最小的实验干扰之上（Sinclair 1992）。换句话说，为了语言分析而生造的教学例句和为了练习语言用法让学生翻译造句，可能是导致"洋泾浜英语"的来源。

作为一种新型的外语学习方法，数据驱动学习受到了国内外教育和研究者的广泛关注（O'Keeffe *et al.* 2007；Boulton 2009, 2010；Franken 2014；梁茂成 2009；桂诗春等 2010；何安平 2010；肖忠华、戴光荣 2010；屈典宁、邓军

2010；王家义 2012），研究主要集中在检索行为、学习效果和学习者态度等方面。研究表明，相对于传统教学方法，数据驱动学习能够发挥学习者的主观能动性，有效引导学生注意词语的搭配和语境，因此得到了大多数不同层次学习者的认可。

语料库最初是被作为语言学习者的研究工具来使用的，具有学习和纠错的潜在教学价值。遗憾的是自它引入语言学习研究领域以来，一直难以克服技术门槛高、易用性差的缺陷，甚至经常出现"用功能和数据淹没学习者的现象"。这种方法虽然越来越受到研究者的追捧，因为实证研究一直显示出它对学习的有效性。然而，语料库在实际的常态教学中仍然没有得到普及，尤其是在非语言专业的语言学习者中，或在非高等教育的教学环境中。

从基于语料库的语言教学研究和应用现状可以看出，语料库在帮助决定"教什么"（间接用法）方面所起的作用，远比在帮助决定"如何教"（直接用法）方面起的作用要重要得多（肖忠华、戴光荣 2010）。广义的语料库的教学应用，包括语料库语言学本身和数据驱动学习中广泛使用的语料库、工具和方法的开发，同时还包括针对特定目的的语言、频率列表和学习者语料库、纠错和对比分析的直接教学应用，针对教学大纲设计、教材开发、试题库建设、教学资源建设等间接教学应用，以及从词汇习得研究到更一般的语言学习理论的领域，等等。

语料库在语言教学中的**间接用法**大致有如下几个方面：大纲设计与教材开发、语言测试、教师发展以及工具参考书出版等（肖忠华、许家金 2008），这方面的成果颇丰，且被教育出版、教育技术机构广泛使用。语料库不仅为外语教学提供了丰富的真实语料，而且随着它的功能的不断完备，研究者可对其进行统计和分析，从而为外语内容编排、教学重点和教授顺序的选择提供科学依据。但这些方法和数据收集工具在设计上变得越来越严格和复杂，博士使用的复杂的数据收集工具更甚。

语料库在教学中的价值体现在学习者对语言知识的理解、把握的质量上，而非一定是语言学习的认知效率上。也就是说，它有助于解决语言学习中的

"所以然"问题，但对于语言技能的提高可能无效。语料库工具可以极大地提高教与学的科学性、针对性和可分析性，一改传统教学中把解释不了语言现象都归为"惯用法"的无奈，或自欺欺人地考证非此即彼的唯一性。诚如 Taylor（2012）声称："在输入、处理和输出方面，大脑中的语言知识可以被视为一个心理语料库。"（Boulton & Cobb 2017：350）一种语言的知识是多次接触不同项目的累积经验，在正常使用中，重复的模式相互加强。这解释了语言的概率性而非规则性，以及其固有的模糊性和混乱性。学习可以通过关注上下文中出现的范例来促进，这与基于使用的模型一致。"数据驱动学习反映了当前语言学理论，语言越来越被视为动态的、复杂的、概率的、交互式的、模式化的，而不是规则管理的，如当前基于使用的语言理论强调了这一点。"（Boulton & Cobb 2017：350）语料库工具的引入，可以解决语言教学中释例语料的真实性、语言表达的地道性和语言现象的可解释性，甚至匡正了许多传统语言教材中的不少教条。但是，它并不解决特定的语言学习效率问题。外语该怎么学，还得怎么学，如大量的阅读、写作和口语训练。

同传统外语教学相比，数据驱动的学习主要具有如下特征：语料的真实性、学习的探究性、方法的自主性。就学习本身而言，语料库的直接应用，可能更适合大学阶段的外语学习者，尤其是师范外语专业的学生。有学者认为，数据驱动学习缺乏实证支持（Boulton 2010），而且，研究设计和问题的多样性将使正式的荟萃分析几乎不可能实施（Cobb & Boulton 2015）。数据驱动学习的真正好处可能只能通过短期实验研究进行部分评估，而它是否具有学习效用需要对认知发展进行更多的纵向研究。

语料库应用有助于教师的研究型教学。语言习得发生在学习者的心理中，不能直接观察，必须从心理学的角度进行研究。然而，如果学习者的表现数据受到这种心理过程的影响和约束，它至少为语言习得过程提供了间接、可观察和经验性的证据。通过学习者语料库，可以分析学习者的表现数据，以推断二语习得难以接近的心理过程。学习者语料库也可以用作检验使用心理语言学方法产生的假设的经验基础，并使原先基于少数学习者的有限数据得出的发现能够推广。此外，学习者语料库扩大了二语习得研究的范围，例如，如今的中介语研究将学习者表现数据视为一个类别，而不是传统错误分析中的去文本化错误（Granger 1998）。

其实，仅从母语语料库中获得的频率信息不足以为外语课程和材料设计提供充分信息。相反，"在频率、难度和教学相关性之间取得平衡很重要。这正是学习者语料库研究发挥作用的地方，它有助于衡量每一个因素的重要性"（Meunier 2002：123）。在课堂上使用学习者数据，比较学习者和母语者的数据以及分析学习者语言中的错误等练习将有助于学生注意到他们的中介语和正在学习的语言之间的差距。

Pérez-Paredes *et al.*（2011）等严格跟踪学习者如何使用语料库。他们报告了语料库和其他在线搜索的结合产生了最成功的结果，进一步强调了语料库和互联网搜索的可比性，并表明索引设计者可以从搜索引擎中学到很多。Conroy（2010）也对互联网语言学习进行了实证研究，考察了语料库索引与谷歌高级搜索的一致性，假设两者涉及相似的技术。学习者案例研究发现，他们在纠错中越来越多地使用谷歌，这意味着可访问性、熟悉性和易用性至关重要，"谷歌驱动的语言学习"前景光明。随着 AI 大语言模型与搜索引擎的融合，语料库必将隐去其专门的技术形态而走向大众用户。

语料库之于外语学习的几个问题：

首先是如何放下身段、降低技术门槛问题。在外语教学的所有技术应用中，语料库是技术样态最直接、最原始、最少改进的技术应用之一，其教学可予性极其隐晦，至少在用户界面上绝对如此。一直以来，语料库的推广应用是通过提高教师掌握语料库知识和技能水平的技术培训来实现的，而不是改进语料库技术、降低用户使用门槛。语料库作为教学工具，应该在操作应用、用户界面等方面切实提高易用性，尤其在可理解性、可解释性、可自定义性等方面应该有实质性改善，让技术变得一目了然。工具使用的效率在于好用、易用、有用且成本低廉（包括智力成本），而不是让使用者都成为工具专家。这是所有技术应用和人机接口设计都必须遵循的逻辑，SKELL（Sketch Engine for

Language Learning）[1]的思路和做法是值得借鉴的。

其次是如何解决通用语料库的专门应用问题。语料库有通用和专用之分，传统的技术思路是建立专门用途语料库，或自建小型语料库来解决特殊行业或专门领域的应用问题。但作为外语教育应用，这样的做法既不经济，也不合理，甚至不甚科学，且与大数据时代 AI 应用发展的路向不一致。能否在大型通用语料库的基础上，开发语料库应用工具，实现专门用途模块的自组织、自定义，也许是语料库用户界面设计和底层数据架构的改进方向，用户就可以很方便地在大型语料库中调用专门用途模块（类似 GPT 的垂类应用）。这样，教师可根据语言学习目标，调用与之相关的内容；根据学习者语言水平，调整语料的复杂程度和可读性指标；针对语言的多样性，定义语料的语言形式和风格，包括口语、书面语、正式语言和非正式语言等；根据教学或研究的特定要求，查询获取语料的来源是否可靠，等等。也许，针对特定的语料库自定义垂类 GPT 模型是一个应用方向。

再次是语料库的间接使用和直接使用问题（McEnery & Xiao 2011）。语料库的间接使用相对成熟，如语言研究、语言测试、教材编写、词典编纂等。但由于上述问题的存在，语料库的直接使用，或者说语料库在日常教学活动中的常态化应用，仍有不小的技术门槛。何安平从语言教学理念、语言教学资源、语言教学手段三个方面，剖析了语料库应用的"教学加工"问题，即"将大型语料库的语料、频数结果乃至语料库技术转化为实现语言教学目标的资源以及教学手段的加工过程"（何安平 2010：48）。但从技术赋能的工具应用的角度讲，这些加工的技术问题不应该成为语料库直接使用的障碍。

其实，以上这三个问题可归结为一个问题，即如何释放语料库技术的教学可予性。因为，语料库内容通常"规模大、话题和语域种类繁多"，"体例与传统的教材体例相距甚远"，标注体系也常常令人费解，因此"不能与语言教学

1　SKELL（Sketch Engine for Language Learning）是一个简单的工具，供学生和教师检查一个特定短语或单词是否或如何被真正的英语使用者使用，是 Sketch Engine 旗下的学习者语料库。

要求直接接轨"（何安平 2010：47）。解决思路之一是将可予性付诸人机接口设计的改进，开发处理语料的实用性软件工具，实现语言教学与语言研究的接轨；思路之二是将语料库技术界面隐于无形（即接入学习 APP 和教学平台），在阅读、写作、听说、翻译等文本界面上点击任何单词，都可以出现语料库例句（含对应的音视频）、词语搭配、同义关联、语料频数、类型等信息，并可实现对任意文本的查询、检索、统计、分析等用户功能。互联网搜索引擎、GPT 自然语言问答在本质上看都是对超大型多模态语料的应用。以笔者的观点来看，任何技术都没有理由固守其初始模式，教育技术研究应该在各种技术的场景应用上多下工夫，语料库技术也不例外。

第四章 外语教育技术的资源建设

4.1 外语教学资源建设的多重视角

4.1.1 教学资源概念的多重性

教学资源是指"为教学活动的有效开展提供的教学素材和各种可资利用的条件，通常包括教材、案例、影视、图片、课件等，也包括教师资源、教具学具、基础设施等。广义的教学资源可以指在教学过程中教学者所利用的一切要素，包括支撑教学的、为教学服务的人、财、物、信息等，甚至涉及教育政策和教育环境等内容[1]"。本章不拟从广义的角度讨论外语教学的资源与环境建设，但是，却也无法将其限定在课程的内容性资源的狭义范围内，因为，信息技术环境下的教学资源与传统的教学资源相比，其内涵与外延都有很大的拓展和变化。

按学校的系统要素分类，教学资源有内容、设备、人员、管理等；按教学方式分类，有教学、导学、助学、自学等不同用途的资源；按内容载媒性质分类，有文本、图表、图形、照片、语音、视频、动画等形态各异的资源；按知识内容的组织方式分类，有课件、积件、软件、平台、微课、慕课等类型的资源；按资源的显在方式分类，有显性的资源，如材料、设备、人员等物化资源，也有隐性的资源，如政策、观念、知识和智力储备等。所有这一切，最后都表现为服务于课程授导的知识内容、获取方式和评估手段。

以课程本位的角度看，课程大纲、教学计划、教案课件、作业习题、案例讲座、参考书等是主要的课程教学资源；以教师本位的角度看，课本教材、教学参考资料、音视频语料、教学课件、外语题库、试卷库、专业文献等是主要

---

1 改写自百度百科"教学资源"词条。

的课程资源；但以学生本位的角度看，教材、课件、习题、试题、答案、学习指南、工具书、课外学习材料是必要的课程资源。

不同的课程观，也会带来对"何为资源"的不同理解。传统课程观持理性主义、唯智主义、结构主义，所以将知识视为资源，注重对学生的知识授受；现代课程观的哲学基础是人本主义、功能主义、认知主义，所以，除知识性资源以外，将认知因素也视为资源，注重人的智力开发；而后现代主义课程观秉承开放性、非线性、复杂性、生命性等理念，所以将方法、观念、情感等因素均视为教学资源，注重教学的创生与学习体验。

随着教育改革和科技进步的加速，数字教学资源的概念内涵从单一媒体观、资源环境观一直到生态资源观，不断地丰富、深化、拓展。人们对资源本质的认识发生了深刻的变化，认为除了媒体资源外，人和社会，以及媒体、人、社会三者的相互关系和相互作用也是重要的资源。教育传播系统是一种生态系统，资源的生命周期是一个逐渐发展并成熟的过程，资源的作用是支持教育生态系统中的能量流动、物质循环、信息传递和价值增值，生态资源观把对教学和学习方式的支持看作是通过人、媒体、环境的互动施加影响的过程，同时也是教育生态不断优化的过程（王陆 2007）。大数据、云技术和人工智能时代的到来，数据、算力和算法又成为不可忽略的重要资源。学校教育教学过程中产生的数据，成了改进教学过程、提高教学质量的原生性资源，同时也是评估教学和学习绩效的关键性依据。在教育数字化转型的进程中，多元而全面的资源观念，对教学资源建设的规划、投入、建设、评估以及管理使用具有奠基性的重大意义。

4.1.2 信息资源 vs 信息化资源

信息资源属于内容性资源。但在信息技术语境下，内容、载体与技术日益不可分割，所以人们将信息的格式类型、资源内容、载体技术均归入信息资源，即所有通过数字媒介服务于外语教学的资源类型均可归入内容性资源。陈坚林（2012）也将信息资源分为硬件资源与软件资源两大类，这也体现了资源

"信息化"的思想。但是，我们还是有必要将信息内容本身与实现内容传递的介质与技术分清楚。互联网信息与互联网检索技术两者虽然缺一不可，少了哪样都找不到所需资源，但是，两者毕竟不是一回事，不能混为一谈。我们可以用"信息化资源"一词来探讨信息资源的类型与可予性特征。信息化资源除了信息资源本身以外，还包括信息的栖居之所和可通达条件。

信息资源具有如下特征：复合性、智能性、资源性、有限性以及分布的非均衡性。信息资源具有复合性的特点，是因为信息资源不仅仅是信息内容本身，也不仅仅是人员和设施等要素，而是信息和与信息相关要素的集合。信息资源的智能性，就是说信息资源是一种智力资源，如各种软件工具、AI算法以及背后的研发人员等。信息资源的有限性意味着，相对于决策者应当绝对正确和应有预见的理性要求，以及决策者周边环境的动态性来说，有价值的信息资源总是不充分的。信息分布的非衡性是指各个学校、个人或组织所拥有的信息是不相等的，具体表现为信息资源分布的个体差异、群体差异、地域差异等，即通常意义上的数字鸿沟。

此外，信息资源还具有多元性、丰富性和动态性等特点。信息资源的多元性指的是信息资源的数据来源、传播方式、载体类型、使用习惯以及管理体制等方面的差异性，但在信息技术的整合下却神奇地以一致的"窗口界面"方式呈现给用户，这对用户的认识智慧和文化包容性是一个巨大的挑战。信息资源的丰富性是指信息资源的形式和内容多样且数量巨大，几乎没有上限，对这些信息进行有效的管理和使用需要先进的智能搜索工具和评估甄别手段，丰富性的利好与信息检索技能相匹配。信息资源的动态性指的是信息资源随着时间的推移和不断被使用而不断地被激活、更新和调整，其价值受时效性影响。受推荐算法影响，长期不被访问的小众资源会失去活力，甚至淹没在"数字海洋"之中，但高频显见的资源也并非一定具有期待的价值。

4.1.3　内容性资源 vs 观念性资源

人们对资源的内容性特征一般都不会产生歧义。讲到资源，主要就是内容，其物化形态主要有图书资料、报刊杂志、电影胶片、磁带光盘、磁盘阵列等。计算机网络技术进入云时代后，所有的内容性资源都以比特为单位存储在云端，并以电脑屏幕可显示的各种格式还其"本来面目"，即文本、图像、语音、影像等。所有这些资源，在本质上，仅仅存在于数字资源的技术层面上。数字技术语境下的内容性资源具有鲜明的技术生态特征，表现为对信息载体、数字环境、技术支持的依赖性。

教学资源中的观念性资源指的是除内容、设备、环境条件等实体资源以外的柔性资源，也可称作"认知资源"，包括怎样看待教育教学、教师职能、学生、学习、知识等的理念与操作性态度。具体到教育技术应用，包括对技术的认知和理解程度，对技术介入的态度和接受程度，对技术创新的热情和参与程度等。观念性资源的匮缺和错位，会直接影响实体性资源的配置方向和使用效果。然而一直以来，我们虽然意识到教育者技术观念的重要性，包括教育者对信息化教学改革的态度的重要性，但却从未从资源供给和配置的角度探究"观念"在外语教学资源建设中的地位，从而在建设什么样的资源、如何建设资源、怎样使用资源等问题上不能做到心中有数，造成拿来主义、低水平重复建设、大手笔盲目投资、结构性闲置浪费、适用性差而束之高阁等现象，不一而足。很多高校外语教师常常对校内图书馆数字资源视而不见，反而从网上直接检索教学资料。这一方面可能是由于校内馆藏资源建设偏重学术性、科研性，实用适配的教学类资源不多；也可能是由于没有通用的本地检索工具，不能实现跨库无缝检索，从各个数据库"翻箱倒柜"逐一翻查十分不便，不如直接上网搜索（尽管资源品质在多数情况下难以保证）。所以，学校资源建设不能只注重"有"，更要注重"用"，要做到能方便地用、普适地用。唯有如此，资源才能"有用"。而从教师个体来看，哪怕不方便，克服困难也应该找可靠、可用、适用的资源，这些就是资源应用的观念问题。很多时候，数智时代的人们往往坐拥宝藏而不自知，除了部分是技术原因，更主要是观念障碍。

4.2　数字资源的样态与可及性问题

传统外语教学资源的生产与使用是分开的，教师只提供知识作品（教材编写、专著撰写、影视脚本等），但不参与成品生产（教科书出版、软件开发、影视节目录制），而使用资源通常也是技术无涉的，如课本、教参、教学录音、录像（按开关暂停键就行）等，至于教学电影，是由专门技术人员在放映室放映，无须任课教师操作。

但是，数字时代的外语教学资源越来越与技术环境不可分离，主要体现在：（1）资源的生成与分发应用日益融为一体，即"设计、现做的"资源和"现成、使用的"资源之间的界限不断消弭。任何现成的资源都有可能被按需编辑重组（图文资料、影视片段等），任何设计、现做的资源都可能被分发共享，成为他人现成的资源。（2）资源的加工与使用过程日趋一体化，几乎不存在不经编辑加工的课堂演示，如 PowerPoint、微课、短视频。（3）资源的技术依赖性越来越大，加工需要智能设备（计算机、平板电脑、摄像机和编辑软件等），存储需要技术介质（早期的软盘、硬盘、压缩包、优盘、光盘，现在的网盘、云盘、云端平台），传输递受需要网络设施和显示设备，等等。资源的应用必须依赖技术环境，万一停电、断网或遇到技术故障、病毒攻击，很可能一切都停摆。这是传统课堂教学不可能发生的情况。

当然，停电、断网等极端情况一般较少，但是由于设备或技术架构的品质和稳定性引起的问题却会层出不穷。如公共电脑（实验室、多媒体教室）的配置普遍低于个人使用的电脑，系统更新不及时或不更新（或出于安全考虑重启后恢复默认配置），由此而造成非常普遍的系统兼容性差的问题。面对不断迭代更新的技术资源环境，以往最多只和教材文本、课文录音和图书馆"打交道"的外语教师，就会时不时地面临许多技术难题。所以，为保证数字资源的可及性，必须在资源建设中考虑以下几方面的问题：

（1）**资源通达的物理条件**：保障信息资源通达的物理条件指的是信息资源存储、传输的基础设施，表现形式为设备完好、充足的网络带宽和数据流量。

校园网出口管理的智能化可以有效节约带宽资源，降低带宽资金投入；外网资源内网缓存能提高热点资源的下载速度，改善学生在线体验；多个学校通过缓存加速交换机[1]的对接，可以建立缓存资源的联盟，使用户下载体验更好。这些优化网络通达环境的技术因素并不为一线外语教师了解，但却是资源建设中的奠基性环节和稳定运行的维护日常。很多老师并不知晓，学生游戏和上网追剧会挤占大部分校园带宽；网课一对多广播尚可，多对多互动马上就会卡顿，甚至崩溃。这些都与通达条件和带宽管理有关。

（2）**资源通达的规制性条件**：互联网开放、共享的技术特点为人们提供了无处不在的资源供给，但面对海量庞杂的资源数据和实际上不为人知的隐形规制，如受安全因素、商业因素、内容审查等因素而采用底层算法的影响（过滤掉的不只是内容，也是路径），人们并不总能得偿所愿地获取所需资源，想要找到适合教学目的和学生水平的优质资源更难。信息资源的检索技术是智慧通达的一道坎，搜索引擎推荐算法在方便用户的同时也常常将人"带入歧途"，人为设定的校内资源访问限制也造成了校外师生的资源可及性问题。所以，就如同传统图书馆的图书分类检索系统一样，网络世界也需要解决访问身份限制、熟知类似检索系统和检索技术，否则就会使检索者处处碰壁。

（3）**资源内容的组织化程度**：不是所有的知识性内容都适合用来作为外语教学资源。教学资源的组织化性状（可检索性、资源的加工深度、知识图谱、有效知识单元），如语料库、音视频资料库、教学素材与教案库、试题库、原声影视库、微课慕课、专家讲座、语音图书、数字图书等等，都有关于优化、组织的问题。但是，一般高校图书馆均重视学术性资源（即专业数据库购置）的建设，忽视教学资源的建设。数字教学资源多散见于各专业院系的教学平台，且自组织程度不高、拓展性能不佳、共享机制不明。对于校本生成型教学资源，大多没有系统归类入库。馆藏的专业学术数字资源均来自不同的学术机

---

1 该类交换机能够针对流媒体、HTTP 下载及 P2P 下载数据进行优化，自动判断本网络中的热点资源，实现热点资源本地化读取，为用户提供了如同内网般的速度体验，节省了大量的出口带宽资源。

构，且由于一般大学图书馆都没有开发分类、跨库的通用搜索引擎，用户仍须按类别在不同的馆藏数据库内翻查检索目标信息。这虽不能说是大海捞针，但仍然是极为费时费力的。由于数据库结构、不同资源平台的接口等技术原因，无缝检索仍然是奢望。

（4）**校本资源的校际共享机制**：多年以来的教育信息化改革，全国各高校积累了大量的校本优质教学资源。但由于受限于高校内部管理机制，以及数字知识产权保护政策尚未真正落地等原因，校际教学资源的共享机制，如课程共享、学分互认、资源开放等始终未能落到实处。中国高校外语慕课联盟（UMOOCs）在这方面勇于探索、勤于实践，走出了高校教学资源共享的坚定的一步。但教学资源远不止慕课一隅，除了在线课程一类的成品资源，教师的原创性、过程性知识产品，如教案、课件、微课、试题等，都是可资共享的数字资源，关键是如何尊重并保护教师的知识产权、落实数字出版的相关规定。这样才能充分挖掘用户生成资源的价值（如麻省理工学院的开放式课件 [Open Courseware]），能真正体现数字网络的共享性与开放性。

（5）**资源存储与数据通达模式**：资源的存储和数据通达问题，不仅与技术本身有关，更与技术赖以运行的社会机制和制度保障有关。由于资源服务的范围、种类、专门性、泛在性、自主性、安全性等原因，教学资源的可及性可分为外网互联与内网捷达。前者需要保证网络的带宽、速率、稳定性以及内容过滤和流量管理，目前大多是一些部署教学系统、课程系统、学习系统一类的平台运行模式；后者则是学校自建的数据中心，也可作为外网数据的蓄水库或净水池，当然也包括校本创生的课程资源和教学素材。其实，这两种模式也可看作是内联网和互联网模式，从资源服务的角度讲，类似私有云和公有云以及两者的融通（混合云）。私有云虽然初期投入大、运维复杂，但强在定制灵活、运行安全性高、可自主运维，是高校数字化建设的必需品；公有云虽然无须操心运维，上手快、初期投入少，但缺点在于不可定制、不可自主运维，易受外网的不可控因素影响，且后期运营支出费用并不低。私有云和公有云在用户访问体验上并无差别。

本地存储式的资源供给模式（包括镜像站）在互联网不发达的地区有其优势。因为，特定内容、特殊模态的教学资源是日常教学的常态化应用。任何不确定性都会影响教学进程。这是一种技术依赖性，也是数字化教学与基于课本的传统教学的最大的不同之处。这就好比当生存资源的获取不能自主控制，且不具有持续、稳定、便捷、安全的保障时，就会出现本地存储需求。比如，自来水普及之前，家家户户都有水缸；煤气通达后，柴火、煤球等燃料才退出了厨房；取暖、照明的电气化也替代了煤油、蜡烛的储备需要。但是所有这些都必须保障供给才行，一旦停水、停气、停电或人为设障，必须提前通知，否则会造成极大的生活困顿。

数字教学资源的供给是同一个道理。眼下而言，数字教学资源供给的保障性远不如生活资源系统成熟、强韧。庞大的网络系统并不向任何个体用户承诺数据供给保障性。所以，一方面，由于网络的速度、带宽和云端存储的海量捷达，本地用户似乎已经不需要大量存储，网上检索的速度快于本地翻查；但另一方面，网上的任何信息节点的任何技术细节，都有可能导致拥堵、卡顿、撤销、被删除或消失的可能（至少存在不确定性，例如许多小众优质资源网站由于时间、经费、人员变动等原因会关停或转让）。网络运营商只保证线路畅通，不承诺数据可达。这就是终端设备供应商将存储越做越大的原因之一：除了动态数据文件的尺寸太大以外，确实存在着随机访问的不确定因素。大存储空间则可供下载（或缓存）后本地浏览。所以，信息数据的多模态化、具身体验的实时化、人机交互的智能化必然带来算力、带宽、速率和缓存需求的剧增。这就不得不引发教育资源信息化建设中是否要考虑"家里的水缸"问题，或者是信息不畅时的"预警"和"补救"机制问题（即缓存），这是每一个信息用户需要面对的实际问题。眼下我们碰到视频卡顿，都会说"网不好"。而实际情况可能远比"网不好"要复杂得多。现有的网络环境和运行机制，还不足于让每家每户，尤其是机构用户，都无所顾忌地抛弃"家中的水缸"，虽然，这一天迟早会到来。

要保证学校环境下信息化教学的可持续发展，稳定、可靠、安全、便捷的资源保障是必需的。而且，除了资源的通达，学校教育资源还必须保证资源供给的优质化、组织化、专业化。就如同自来水厂的水来自江河湖海，但它必须经过沉淀、过滤、消毒、净化之后，才更适宜饮用。随着互联网、云技术和人工智能的飞速发展，资源的云端化是总体趋势，检索的智能化亦为期不远，本地存储模式终将淡出数智社会（存储不会消失，只是出于安全由云端自动存储，而非用户分散处理）。而且，分散的恐慌式、预案式存储也会导致"储而不用"的资源浪费和资源结构的无序化、碎片化。比较实际的做法可能是本地模式与网络模式的结合、私有云与公有云的混合部署，即"混合云"服务模式。

4.3　教材形态的技术进化及其意义

教材是教师的知识结晶，是课堂教学的蓝本，也是日常教学的核心教学资源。在传统教育体系下，说是"舍本无教、舍本无学"也不为过。离开了课本，就没有学校课堂；离开了课堂，就没有了学校教育。即便是到了数字时代，学校教育仍离不开教材，只是教材的形态发生了变化，教材建设的内涵得以丰富和拓展。

教育技术的课堂介入首先体现在教材上，从纸质印刷、电子音像、数字多媒体、网络流媒体，教材的技术形态发生了巨大的变化。新兴的数字化教材以其信息表现的多元性、集成性、可控性，信息内容的开放性、共享性，以及通达手段的交互性、非线性，从根本上改变了"教材"的传统形态，也改变了教材内容的组织方式、传播方式、读写交互方式和教学处理方式。这种变化对外语课堂教学的观念、原则、过程、方法、手段，以及对教材本身的设计、编写和制作都带来了巨大的挑战。但是，在新技术潮流的冲击下，人们也出现了观念上的偏误，具体表现为对新信息媒体的盲目追求和对传统媒体的扬弃失度。本节通过对不同媒介形式的外语教材进行物化形态的对比分析，探讨其利弊差异及意义所在。

根据尼尔森·波辛（Nelson Bossing）的观点，教材组织有三种方式，一是逻辑方式（logical organization），其要点是着重学科知识的逻辑体系，或认知学习的逻辑顺序，由浅入深、由易及难，如结构派、认知派等外语教材；二是心理方式（psychological organization），其要点是以学生为本位，注重学习兴趣与需要，不以难易顺序为铁定原则，如功能派、交际派等外语教材；三是折中式或教育式（eclectic pedagogical organization），其要点是兼顾学科与学习者两方面的需求，如按语言知识的难易编排结构，按兴趣、需要选择课文内容、设计练习和课堂活动等（Bossing 1955）。但是，这三种方式从根本上讲，均是以教学的"内容"，即"信息"本身为对象进行线性化组织编排的，它们的载体均为物化的纸质文本。数字信息环境下，教材文本不再拘泥于单一的物理形态，它成了可编辑、可追溯、动态交互、共情体验的信息载体。编者在语篇结构、修辞手法、遣词造句、文脉思路等"文本导读"的基础上，还可以提供基于文本内、文本间、文本外的超文本、超媒体非线性"内容导航"。学生可在教师的引导下，借由信息化手段构建各自的互文体验。

4.3.1　印刷纸质教材

印刷范式的课本教材由于其使用方便，不受时间、空间及设备要求的限制等特点，一直作为教学信息传播的主要媒介沿用至今，并使得大规模公共教育成为可能。当代外语教学使用的语言教材虽然部分配有语音资料（自有录音技术以来），但主要还是以纸质课本为主。印刷教材招致批评的原因主要是三点：（1）纸质教材的物理形态具有线性、等级性特征，在承载、表述非线性世界知识方面有很大局限性；（2）用文字传递的语言信息不够形象直观，无法表征语音信息；（3）内容组织的线性结构很大程度上有悖于人类知识经验的构成和认知再现的心理事实。从其传递的内容本身上看，纸质教材还有以下缺陷：

（1）**内容的预制性**：教材编制所依据的教学大纲、教材所反映的学术内容、对学生水平的估计、材料来源的选择等理据因素，都是事先确定的。它们是否合理、科学、恰当、充分，主要取决于成书前编者的学识，以及所遵循的外语教学理论和原则。教材的可用性、效用性往往取决于编者单方面的周全、缜密，而且总是成形于课堂实践之前，缺少教学主体的参与。

（2）**知识的静态性**：印刷教材的内容常常落后于世界知识和学科教学理论的动态发展，且不能与具体的教学实际和教学对象相适应，也常与不同的教学观点和方法相悖；同时，语言教材常常强调本学科逻辑体系的完整与方法体系的对应，与其他学科关联融通不够，与本学科不同理论和方法的兼容并蓄不够，甚至人为隔离，造成内容体系的封闭性。

（3）**结构的固态性**：纸质媒介的课本，其内容体系、结构编排及其教材所达到的水平，均具有固化、刚性的特征，一旦成书，无可更改。虽然教材历来都有修订一说，但是，从读者到作者的反馈周期太长，渠道也不通畅。修订幅度主要还是取决于作者、编者的责任心、学术水准和对学科发展的理解与把握，而不是实际使用者的多样性要求。

所以，印刷范式的外语教材信息类型单一（文本）、呈现方式单一（视觉）、传播方向单一（作者→读者）；语言信息的表现缺少直观性、丰富性、交互性；教师容易用照本宣科的方式传递知识，面向的是默认为同一认知水平和技能层次的班级群体（扁平结构）；印刷范式的线性特征还使教材内容的组织编排只能以语言事实本身为依据，而不是以语言认知的非线性心理事实为依据。这使得课堂语言学习的顺序与实际交际应用过程的非线性、离散性特征难以合拍。

正是外语纸质教材的种种局限，才使得传统的外语教学活动对教师的依赖显得极其重要又顺理成章。所以，教师使用"成品"课本教材时都要进行教学化处理（教材教法），或根据需要在"讲义""教案"中加以补充。从某种意义上讲，课本教材的缺陷为教师和学生提供了潜在的创造与想象空间，只是并非每个教师都会能动地利用这一点，更多情况下，教师会被教材束缚头脑和手脚。

4.3.2　视听电子教材

视听电子教材是弥补纸质外语教材模态单一的常规手段，通常以传统的电教媒体为信息承载物，如教学幻灯片、教学录像片、教学电影片、配套录音磁带等。这些教材以其直观、生动的表现力广泛运用于外语视、听、说教学和广播电视教学，改变了外语文字教材信息的单质性，解决了文字教材无法表征语音、视像的问题，丰富了语言、语用信息的表现形式。但是，传统电子教材的物化形态及其使用手段也有其难以克服的不足之处。

第一，由于存储在磁带、录像带上的视听信息是时序符号，电子教材同样具有印刷教材的线性化特征，不能实现信息的随机通达。对于特定语句、语段的复听和视频片段的重播只能采取线性搜索或帧浏览的方式，操作十分不便。

第二，传统的电子教材难以实现对多种信息的同步集成（如录音、文字、图片等）。虽然影视制作的字幕技术可以使语言信息与影像同步呈现，但由于制作的专业性、技术性和设备、材料等要求，在日常教学活动中，一般教师难以自己动手，按自己的教学意图对语言、影像资料的内容进行编辑整合。大多数情况下，只能被动地使用现成的固件。

第三，传统电子教材的设备依赖性强，信息载体的集成性差，如磁带、录像带、电影胶片、幻灯片等都需要分别制作，而且需要相互独立的设备单元支持，如收录机、照相机、录像机、投影仪、幻灯机、摄影机，甚至还要影像编辑工具。复杂的操作和技术要求造成了电教技术人员和专业教学人员两套人马，这既不利于教学准备，也不利于课堂应用。

第四，传统电子教材具有类似广播媒体的同一性、单向性、非选性特征，强化了课堂教学的标准、同步、强制、集中等特点，排斥受体参与，某种程度上强化了"教"在授受关系中的主导地位，这与信息化社会的个性化教育思想显得格格不入。

4.3.3　超媒体数字教材

超媒体外语数字教材是指具有非线性结构、可实现对多种形态的信息随机通达的多媒体数字教材，其物化形态早期通常为磁盘或光盘等存储介质，后来多以媒体格式文件或小程序的形式栖身于云端平台和移动终端。如今大多数教材的软件均以超媒体形式出现。笔者不使用"多媒体"，而使用"超媒体"这一概念，主要基于两点考虑：

第一，"多媒体"这一概念过于宽泛，它除了指计算机中的文本、图像、声音和视频等数字信息外，也可以包括录音、录像、电影、幻灯片等多种传统的信息媒体。第二，当我们定义"多媒体"的时候，立足点是信息的表现形态、加工方式和存储传输手段，而当我们讨论教材的组织结构时，"超媒体"的非线性特征更加适合描述教材内容的结构形态。

早期的多媒体产品也是像一本书一样线性地组织起来的，它们虽然实现了表现媒体的多样化、集成化（表现形式如文字、图形、照片，甚至是配音、动态视频片段等），但是，从组织结构和操作方式上来看，大多仍以线性方式编排（前进、后退、翻页），人们称其为"电子翻页"。很多英语教学软件都是以这种方式制作的，这里没有超环境。

超媒体是在超文本的基础上进一步拓展的结果，最初起源于范内瓦·布什[1]（Vannevar Bush）（Rajaraman & Bush 1945），并由 Nelson（1965）加以发展。超媒体系统包含有超文本系统中的非线性信息链和多媒体系统中的连续和离散媒体。它的节点是文本、图像、声音和视频的某种结合，形成非线性网状结构。这种环境突破了纸张印刷品教材严格的序列形式，多路径的性质使得学习者能够快捷、随机地获取所需信息。"这是一种地地道道的以有机体的形式呈现信息的方式，体现了我们的内心处理、组织和补救性搜寻信息的模式。"（Nelson 1993）超媒体创造了有机的信息空间，与印刷模式、电子模式的线性格式不同，它以多重的路径提供了一个非线性的语义网络，因此也提供了多重的信息经验。这是超媒体交互教材与传统的印刷课本和电子声像教材的本质性区别。在教学使用中，超媒体交互教材还有以下两个特点：

超媒体系统具有可选性，提供了更多的读者选择。虽然超媒体外语教材本身也按一定的内容体系和教学原则提供了某种知识框架，但是它的超链接特性可以使不同的学生按自己的喜好和步调选择学习路径和所需内容。由于不同使

1　范内瓦·布什（Vannevar Bush）（1890—1974 年）通常被认为是超文本的鼻祖，他早在 1945 年就提出了一个我们现在称之为"超文本"的系统。然而，这个名为 Memex（内存扩展程序）的系统从未实现，只在其论文中进行了理论描述。

用者的选择与控制方式的随机差异，教材无论在内容上、结构上，还是使用方式上都会更加多样化。

超媒体教材具有集成性，它以数字方式集合了文字、图形、音频、视频等各种媒体的教学信息，并实现了语言信息的多模态同步（视觉信息与听觉信息的同步：文本、语音、字幕、动画、视频），实现了以往传统教材、教具全部的教学可视化功能。而且，超媒体教材的集成性不仅指多媒体的信息集成和表现集成，还包含了多媒体系统的设备集成，这不仅大大方便了教师的课堂操作，还使得"1+1>2"的系统效应显得十分明显。

超媒体教材解决了印刷课本信息表现的单质性、信息传播的单向性以及信息组织的线性序列问题，同时又克服了电子教材信息的离散性和设备操作的复杂性，实现了教学信息与设备操作的高度集成。但是，超媒体交互教材也有以下几点不足需要加以注意：（1）只能实现人机交互，不能进行人际交互，不利于创造真实的外语交际氛围；（2）非开放性（成品固件）超媒体教材同样无法增删修改，不利于适应动态多变的教学情况；（3）缺乏指导者的自主性，"超媒体"学习具有很大的盲目性，设计不当的"超链接"具有潜隐的误导性；（4）单机版超媒体环境的超链接设计总是有限的、特定的、人为的，这种"活"的预制性较之于课本"死"的确定性，只是扩大了限定的范围，并不能真正促进师生交流与教师在教学活动中的主观能动性和创造性。过分依赖媒体手段的"丰富性""先进性"而牺牲教师的创意和追求，其效果就难免要打折扣。

4.3.4 网络化超媒体教材

网络化超媒体教材指可供网络环境中使用的数字教材，可以将其视为超媒体教材的网络版本。有两种基本形式：（1）可在网络环境中运行的教材应用软件（即辅助学习软件）；（2）基于网络平台的在线课程（微课、慕课、私播课）。前者在早期一般在局域网（local area network，简称 LAN）或内联网（intranet）支持下运行于实验室或固定终端，互联网 2.0 之后才从内联网模式改为互联网云端交付模式。后者则是整合了内容与课授的交付模式，主要运行于交付机构的课程平台，通过 PC 终端网页浏览器访问，但对移动设备或智能终端的访问支持不够友好。不过，如今的网络教材已不再是只是数字内容的网络交付，如电子书（PDF 格式）。它们逐渐与内容的学习支持和课授方式相整合，具有明确的学习目标和评测要求。除提供主体学习材料、练习测试，还配以组织有序的多媒体教学资源，如包括 MP3 语音库、视频点播、在线讲座或其他教学幻灯片等。它们除了具有超媒体的特性外，还具备实时共享、动态交互、自主开放等网络特性。

网络化超媒体外语教材具有以下优点：（1）以建构主义学习理论为基础，实现教学内容组织方式的重构；（2）以学习需求分析、学习对象分析、学习过程分析为前提，体现学习者中心的流程控制设计思想；（3）以多模态技术、网络技术为依托，实现教与学的在线辅助功能；（4）充分利用了网络英语教育资源，实现内容与学习过程的整合（资源教材化→教材课程化→课程学习化）；（5）数字化网络教材的共享、开放、交互等特点使其可以反复、无耗、自主、再生地使用，具有极大的教育教学的经济性。

网络超媒体教材也有其局限性：（1）网络自由、开放、非控制的本质属性与教材应有的目的性、计划性、阶段性、控制性相悖，同时也与现行的教学管理体制与理念存在一定冲突，理想管控有难度；（2）网络环境强调以学生为中心、自主学习、协作学习，但对施教行为的支持不多，教材网络化需要进一步解决"助学不助教"和师生交互的有效性问题；（3）网络教材的编制需要学科专家、教学专家、计算机专家、媒体专家等多方人员的合作，推广使用也有赖于更多掌握教育技术的学科教师，这在师资条件不具备的情况下操作难度较大；（4）网络化教材运行的技术依赖性强，不如印刷教材易于使用，难以及时排除非教学性系统故障。

4.3.5　书器类智能云教材

这是一种集教材内容、学习交互、课授呈现、绩效跟踪于一体的工具类智慧书器。其形态介于学习应用软件与自主学习平台之间，因此，是一种课堂层面的轻量级应用。它通常无须部署，通过个人电脑或智能终端访问书器网址，并与云端服务器保持数据同步。书器可纳管各种类型的教材，支持各类数字教材导入，并以教材文本为师生交互界面，实现课授演示、自主阅读、辅导答疑的同屏互动。该书器支持页面文本任意位置的多模态标注，教师可根据需要添加文字、语音注释、PowerPoint 页面、多媒体资料，并可与学生实时交互；学生在同一界面可自主阅读、针对疑难之处提问，仿佛师生同读一本书。教师和学生均可自定义交互的频次和深度，选择是否实时或延时同步数据，以适合自己的方式获取同学的问题和教师的解答。书器自带多模态平行语料库，具有丰富的用户功能，如多模态颗粒化检索（任意长度的音视频截取和一键合成，方便教师备课选材）、教学材料导入、教学文档归类、教学演示任意缩放、教 /学数据可视化分析等。此外，书器还内嵌 SKELL（Sketch Engine for Language Learning）语料库接口、GPT 应用接口，尽可能为师生的教 /学"阅读"提供丰富的资源环境和工具支持，是为智慧书器 [1]。

随着生成式人工智能的场景应用逐步落地，按需生成教学内容的梦想最终会成为现实。高校现有的教学内容供用方式一定会发生变化。但是这与教材的规定性要求和既定的教材分发模式会形成冲突，并带来内容规划与监管风险的问题。智慧书器的思路是将内容的分发权留给出版商，同时对内容的使用（教、学、辅、测）提供最好的技术支持。

4.3.6　教材形态差异的教学意义

从以上介绍可以看出，不同媒体介质的教材具有不同的表意功能和各具特点的教学效用，同时也存在着自身固有的缺陷。它们在外语教学改革的历史长河中，是传承、互补与扬弃的关系。

教材（教学内容）作为教学系统的构成要素，其内容组织形式是影响师生教与学认知活动过程的一个方面，但是其物化形态，即承载教材信息内容的媒

1　目前国内已有智慧书器登录平台（eBookware）。

体的物理性状，同样也制约着教师的教学行为、学生的接收方式以及教材的使用效果。不同的媒体介质适用于承载和表现特定目的和内容的教材形态，它们分别以不同的途径、方式作用于教学过程。书本适用于阅读，音像适用于视听，多媒体适用于听、说、读、写综合训练，网络则更适用于自主学习、协同学习。信息化教学环境下的教材编制除了要考虑教材内容的组织方式和认知功能外，还要考虑实现教材功能的技术途径和方法。不同性状媒体的教材需要相应的设备和技术支持，同时也对施教者与学习者提出相应的技术素养要求。

从教材媒体的物态性状与教学主体的关系上来看，数字化、网络化教学媒体带来的本质意义上的变化是教育话语权的转移：由事先确定（出版成书、音像制品）变为现场择定（教学软件的自定义、网络课件的多选性）；由单方确定（编者编书、教者教书）变为协商决定（师生共同参与选择）；由刚性结构（课本、影视节目）变为活性建构（超文本、超媒体连接、自定义组合）。在信息技术条件下，工业化时代与个体分离的教育话语权（具有标准、同步、集中、批量生产的特征）开始回到施教者和受教者手中（多元、个性、协商）。教师乃至学生都可以对教什么、学什么、怎样教和怎样学有更多的选择权，并可以实际地利用信息技术的便利参与操作，尤其有利于教师创意设计和学生自主学习。这从根本上改变了对知识本质的传统认识和授受模式，建构主义学习和素质教育实践也才有了现实的可能。

综上所述，各种物化形态的教材均有其优点和不足，它们应互为补充，而不是相互排斥或简单替代。可以预见，新形态教材的发展将不可避免地与课程设计、教学设计、授受模式、阅读模式以及教师与学生的人性化要求更多地结合在一起，最终形成鲜活的数智资源生态。但是，教材作为一个完整的数智化内容生态，无论在理论上，还是在实践上，目前都面临挑战。如何打破传统教材建设的"本本观"，利用智能化信息手段，将外语类教材变成一个智能、多元、自适应、自定义的活性资源生态系统，而不只是配套助学软件一类的终极产品。这需要内容提供方、技术集成方、教研实践者等多方面协作创新。

能否利用人工智能技术，开发通用的教材资源平台，使教师可以通过网络使用出版社配发的课程资源数据库，根据教学大纲要求、按自己的教学设计调用所需教学内容，充分发挥教师之所以为教师的创造才能，编制出更具特色、更人性化、更适合于教学对象和特定教学情景的适配性教材，这是目前亟须研究的课题。所幸，在数智技术发达的今天，这种愿望已经不是奢望，它已经具备了技术实现的可能性。以出版社积淀雄厚且品质优良的资源数据为基础，生成式人工智能技术的落地应用指日可待。教研室甚至教师个体都可以定义自己的专属 GPT 模型，生成适配的教学内容和学习材料。关键问题是如何解决由此带来的知识产权保护和知识分享之间的巨大矛盾和商业风险。

第五章　外语教育技术与课程模式

5.1　传统课堂的技术介入与动因

如果我们能够跳出"就技术而技术"的研究套路，深入考察技术对教育教学诸环节的影响程度，就会发现技术应用并不总是实质性地改变课程结构和流程，也不会自然而然地催生新的教学模式，更不会触及教育教学的结构性基础，有的甚至还强化了传统教学模式的弊端。教师常常自觉或不自觉地将技术用于自己熟悉的套路中。如此这般，再多的技术也不会真正改变课堂教学的底色。

事实上，不断翻新的教育技术应用与课程教学模式的变革并没有一一对应的关系，甚至外语教学的技术应用也没有因为技术进步的速度而同步刷新。外语教育教学仍然按其自身的逻辑在运行，技术的迭代更新对其影响的程度和方面是参差不齐的。一套技术应用是否成功被引入，并相应改变了教与学的常态模式，其影响因素是多方面的。首先是处于决策层的体制性因素，包括政策引导、专业规划、评估机制、管理创新等，主要影响经费投入和技术架构；其次是机构性因素，处于规划建设层，包括规划水平、设备选型、运行维护、教学支持等，这些会影响技术环境的建设水平；最后是个体性因素，属于执行操作层，包括教学人员的精力投入、应用水平、学术志趣、技术信念等，它们会直接影响技术介入的实际教学效用。

一般情况下，教学的技术介入指的是课堂教学的技术介入。学校环境下的学习从本质上讲，都是课堂和课程教学的延伸。教师与学生、群体与个体、课内与课外、在线与离线，所有教与学的技术介入都可称为教学的技术介入。这一方面体现了技术介入教学的全员性、全程性，另一方面也体现了技术介入的泛在性和穿透性。

外语教学的技术介入具有与其他学科共有的普遍性，也有本学科教学的特殊性。普遍性上，例如视听影像技术之于内容表征，网络技术之于内容递授，平台技术之于学习管理，互联网技术之于资源检索，大数据、云计算之于学习评价与测量等，我们称之为通用技术的教学应用。特殊性上，例如语音技术、语料库技术、机器翻译技术、智能批改技术等，我们可称之为学科专属技术。然而，问题的复杂性在于学科专属技术的应用离不开通用技术的支持，通用技术的学科应用必然会产生学科特有的方式。所以，外语教育技术应用的研究应基于本学科教学的特点和视角来看待技术介入的功能、作用与效果；同样，也要基于同样的视角来考察技术介入的动因，以及对教学各要素间相互关系的影响。

5.1.1　语言性与文化性

外语教学的首要特点是语言性学习和文化性习得。语言性学习的设计是外语教学设计的关键，因为单一的文本阅读和机械的语言操练极易导致枯燥的学习体验；外语教学的文化性特点也要求我们尽量将常识经验、生活体验融入语言学习活动，从而提高语言学习的实践性和交互性。传统课堂上，教师通过实物、录音、图示、幻灯片，甚至是拟声模仿、动作表演等具身手段创设语境，其目的不外乎是尽可能营造语言学习环境，改善语言输入的真实性、丰富性，从而提高目标语言的可理解性。

但是我们注意到，演示技术的进步并没有考虑到不同领域的专门需求和知识类型的表征特性。在外语教学演示中，更值得关注的是语言性内容的表征设计，如多媒体与语言性信息的关系（图像与文字、画面与声音、影像与字幕等）、多种模态信息的组合优化、文本信息的组织结构与链动交互等。因为外语教学演示不应只具有信息传递功能，还应具有引导语言性学习的功能。

现有数字化呈现的编辑技术仍然没有专门为语言性教学提供简易的多模态组合功能，教师还不能便捷地对不同模态的内容按教学意图自由编糅整合，比如外语教学十分需要的字幕生成（双语乃至多语）、音画同步设定、选择性字幕呈现、关键词字幕提取等。即便是简单的字幕添加，仍然需要专门的视频编辑软件。再如，用蒙太奇手法合成多样化语境的脚本视频对情景化学习特别有用，尤其是在学习那些对中国学生而言不熟悉但在地道英语中高频出现的表达方式时。但这需要颗粒度极小的音视频检索技术、任意长度的截取下载技术，以及一键合成技术，否则，海量的视频搜索和复杂的音视频制作少有人乐意尝试。其实，现阶段的数媒技术和 AI 水平已经完全可以实现这些功能，只是该技术领域的设计人员很少了解类似的教学应用场景，或者开发的性价比较低。

如今，语言性信息表征的技术，如文本处理、文字点读、划词翻译、多媒体注释、超文本链接等均已成功介入外语学习领域，但语言文字与影视音频的整合并没有在外语教学领域发展出可供教师操作的简易技术，这极大地增加了外语教育技术应用的学习与操作成本。然而，平心而论，虽然内容呈现方面的技术介入不能尽如人意，但总体上还是改变了仅凭口耳相传、徒手比画的教学模式，数字化演示逐渐成为外语课堂面授的常态。

5.1.2　实践性与交互性

把握外语课堂的语言性与文化性特征，有助于解决外语教学课堂演示设计的恰切性、丰富性问题，但如何针对外语学习的实践性、交互性特点，在教学中引入技术手段来组织外语课堂的实践与交互，才是教师的操作性痛点。高校外语教师习惯于讲座式授课，往往把所有的课程都上成了"阅读课"，或者只是变换一下阅读方式，如文本解读、赏析性阅读、批判性阅读等。无论是讲解课文内容、分析篇章结构、列举语言点应用，还是推敲语言修辞、挖掘思想内涵、传导文化意义，基本上都以教师单方面讲解为主。课堂交互也主要是通过有限的师生问答来完成的。多数教师潜意识中默认，面对面的交流无须技术介入也可进行。

然而，在现实的外语课堂中，交互的空间和时间是十分有限的，尤其是在集体面授学习的情况下。由于语言交互的时序性特点，任何一次交互都只能是一对一地进行，其余人都只是旁听者，这就决定了语言实践机会的不均等和不充分。为了提高课堂参与度，传统教学也发展出许多课堂控制技术，如任意点名（cold calling）、有准备发言（warm calling）、小组讨论（group discussion）、两两对话（pair working）等等。但不管怎样，由于集体课堂的时空局限，语言教学的实践性交互活动始终难以充分施展。

现代信息技术、智能语音技术、数字媒体技术和人工智能等技术可以在传统课堂技术的基础上，为外语教学提供更多的实践交互机会，主要体现在以下三个方面：

（1）**人际交互支持**：社交媒体的学习性介入，如视频会议、视频通信等同步、异步的多模态交互，或 ClassPoint[1]、弹幕技术、投屏技术等，都有助于实现点对点、点对面、面对面的屏播、示播、对话和小组讨论。AI 驱动的智慧环境极大地促进了学生的课堂参与和群际互动。

（2）**人机交互支持**：在实验室环境下，人工智能的学习性介入，如自适应学习、内容智能推荐、自测反馈、自动批改等，可以最大限度地实现交互性学习的针对性和自主性。基于 AI 工具的人机交互，可大大提高知识学习的深度与广度。

（3）**虚拟交互支持**：智能语音技术的介入，如学习助理、对练伙伴、虚拟现实等，也可以相当程度上缓解外语教学不同阶段的语言性实践需求，如口语陪练、口译实践等。基于 AI 工具的交互性实践不仅限于口头训练，还可广泛应用于任务型、项目型等协作教学活动中，如共享文档、协同编辑、机辅写作，甚至包括阅读中的多媒体注释、交互式标注和互文体验等。

当然，教学中技术手段的介入并不会自动助力师生间的有效交互。基于技术的交往可能性有赖于实体课堂的表现能级。但现实情况是，在一般课堂学习

---

1 ClassPoint 是一款嵌入微软 PowerPoint 中的插件式课堂互动工具，将现有幻灯片变成交互式课程。它支持多种互动功能，如学生投票、即时问答、白板协作等，旨在帮助教师更方便地进行交互性演示，而无须在不同的应用程序之间切换，从而提高课堂效率。

中，尤其是在语言实践活动中，教师碰到最多的问题反而是学习者在课堂上的沉默问题，一种几乎是中国高校课堂的默认课堂文化。所以我们不难想象，一个在线下课堂中没有言语互动的班级，几乎没有可能会在线上的虚拟课堂中发生有效的语言交互。线下课堂的沉默在线上的虚拟课堂中同样会出现，只是以不同的形式出现而已，如闭麦、关掉摄像头、"潜水"、匿名登录等，这反而比在线下课堂中更容易回避交流。

因此，技术只是为交互提供了不同的方式，却不能保证交互的必然发生。要实现有效的课堂交互，仍然需要依赖教师的沟通技巧和活动设计。例如，熟练的教师都会利用言语即时性（verbal immediacy）来捕捉学生的动机并保持他们的学习热情（Hsu 2010），这些做法通常包括幽默、点名、提供个人例子、分享经验和激励学生与教师建立联系（Witt *et al.* 2010）。教师的口头即时性行为暗示了交互信息，"这些信息表现出同情、开放、友好、奖励、赞誉、包容、诙谐、个人信息，最重要的是，让学习者有了参与交流的意愿。"（Ballester 2015：10）当然，教师的即时性行为也包括非言语行为和副语言行为，如眼神、表情、肢体语言或语气口吻等。在线课堂缺少了物理互动的可能，如人际距离的变化、必要的肢体触碰等，但即时性言语行为可以不受影响。不过，如果学生闭麦、息屏等"动机性沉默"行为成为常态，那就会造成教师对师生互动"无计可施"的现象。这时，技术就会成为一堵墙，而不是一座桥。这是许多教师在网课实践中体验到的"不能承受之痛"。

外语教师其实已经做出了巨大努力，让学习者参与英语作为外语的课堂活动，并以此提高课堂的教学有效性，但许多学习者再次保持沉默，对参加课堂不感兴趣。语言教学研究中的大量文献令人信服地证明了学习者的沉默是如何影响第二语言习得的（Wu 2019；Hanh 2020；Zhou & Chen 2020，转引自 Juma *et al.* 2022）。对于善于交流、积极鼓励互动的教师来说，信息媒体技术是虚拟课堂交互的助推器；但对于不善于交流、又不会组织课堂活动的教师来说，技术反而会成为学生躲避交流的最佳保护伞。

此外，新手外语教师大多不能用自然谈吐的方式授课。许多人刚开始甚至还需要像背台词一样地背教案，或者对着教案照本宣科，播放 PowerPoint 时也只会机械地朗读页面，很少会用到言语即时性（verbal immediacy）或非语言即时性（non-verbal immediacy）行为调节师生互动、控制课堂节奏。在屏播形式的网课教学中，缺少镜头训练的教师极易出现对着屏幕读稿的授课行为，这对于需要交互的外语学习而言，是极其致命的弊端。

5.1.3　技术性与人本性

在外语信息化课堂教学中，教师常常不能很好地把握技术介入的时机和分寸，如讲授过程中的幻灯片翻页、演示过程中的音视频播放、讨论过程中的介入与反馈等等。技术应用中如何体现人文性？技术性和人文性能否相容不悖？外语教育技术应用的人文性有何特点？

其实，视觉呵护设计、注意力引导设计、认知负荷设计、现场交互设计、即时反馈设计、因禀赋而异的差别性设计等等，都不仅仅是针对学习的认知设计，还是技术应用中的人文体现。但是，很多人对此认识并不充分，但凡采用技术，必然将功能效率放在首位。然而，教学的人文性需要我们把学生的实践体验融入其中。比如，点名签到从纸质签到发展到刷卡、扫码、指纹、刷脸和虹膜识别，校园考勤签到技术逐渐走向信息化、智能化和生物化，甚至运用生物识别结合无线通信技术（Wi-Fi）测距或地理位置等，以实现零代签、零成本和无感签到。但签到技术的目的不只在于提高考勤效率和方便管理，更在于绑定学习行为、方便数据汇总以及培养学生的自律品质。出勤本身大可不必作为绩效依据（测量意义不大，因为出勤未必出力，未必专注学习），但课堂表现与学习行为（performance）绑定，就使到场记录有了评价意义，学生应该懂得为自己的行为后果买单。但问题在于：如果教师不能组织有效的课堂活动，或学生参与度极低，系统无法记录到有效的行为数据（这是传统课堂的常态），那考勤的意义和目的何在？

又比如，弹幕技术由于其信号呈现的离散性和即时、共现的特点，较之于发言提问或发帖提问，可以短时间内收集学生就当前材料的提问并用于教学反馈。所以，弹幕技术常被用于调剂课堂气氛、鼓励参与、增强互适、提高时效等目的。但如果教师多一些人文创意，善于运用启发式问题、挑战性难题、论争性辩题、思考性话题来激活思维、启迪智慧，而不只图课堂效果或及时反馈，弹幕就有了人文意涵和施教价值。或者更进一步来看，如能在弹幕中引入GPT 的汇总、评价甚至辩论，那弹幕环节或可成为最受学生欢迎的课堂创意活动。教师此时可以旁观，善解人意地协导，并不失时机地加入来增加辩论氛围，以保持思想火花的"碰撞力度"。

其实，技术应用的所有环节均可融入人本性思考与人性化操作，如教学演示环节的互动预设（学生设问点、兴趣点、反馈点）、微课、微视频的交互性设计（设身处地面对非正式学习、私下学习、个体学习的心理环境，提供求助、反馈渠道）、学习评估的算法应用与教师干预（基于数据又不迷信数据，数据解释的审慎性）等等。甚至，教师有必要了解学生课外（包括校园、宿舍、家庭等）的网络环境、设备类型、软件系统、使用习惯等，以便更好地置备数字化学习材料，提供通达途径。总之，尊重并努力实现技术语境下外语教学的语言性、文化性、实践性、交互性，就是技术性与人本性的融合与体现。

5.2　网络化外语教学与外语慕课

外语教育技术的课堂介入潜移默化地改变了教学授导的内容表征方式、师生互动方式，但还尚未真正改变学校课程模式的底层逻辑，即师生二元的授受关系、知识递授的互让方式以及识记为主的绩效评价模式。

始于 2002 年的麻省理工学院开放课件项目（Massachusetts Institute of Technology OpenCourseWare，简称 MIT OCW）通过免费在线共享教育资源的方式，率先揭开了高等教育的神秘面纱，开辟了在线学习的先河。随后的视频公开课、TED 讲座、播客、短视频微课，一直到各种类型的慕课、私播课，搅乱了象牙塔内的宁静。学生自带设备（BYOD）、移动学习（基于移动设备）、泛在学习（基于无线可达）、网络化学习（基于学习平台）到如今的智慧学习（基于人工智能），外语和大学其他科目的学习一样，得益于技术进步。但是，真正触动课程教学模式变革的还是 2012 年的 MOOC "爆发"。因为它代表了一种全新的课程模式，只要你有一台电脑、一根网线，你在世界任何角落，都可以免费聆听名校、名师的精彩讲学。仅此一点，就足以使 MOOC 载入教育史册。

MOOC 在国内被叫作 "慕课"，它的全称 "大规模在线开放课程"（massive open online course）反而少有人提起。MOOC 自 2012 年在美国兴起后就在全球范围内引起了人们的关注和炒作。它 "不仅引发了越来越广泛、深入的论辩，而且吸纳了越来越多的资源和智慧，引发了从大学细胞结构到高等教育各层次决策、管理模式的全方位裂变"（桑新民 2014：5）。MOOC 在媒体上被誉为民主化教育，为所有人提供免费学习或负担得起的教育，特别是顶级大学的教育。MOOC 的兴起的确遇到一些问题，但截至 2013 年，大部分媒体报道都是正面的。人们普遍认为，MOOC 提供了大规模的国际教育机会。但与此同时，人们也开始想了解从 MOOC 这一教育财富中受益的参与者到底是谁。Christensen *et al.*（2013）对宾夕法尼亚大学（University of Pennsylvania）在 Coursera[1] 平台上开设的 32 门 MOOC 课程的学生进行了研究，得出的结论是 MOOC 学生往往是年轻的、受过良好教育的且已经就业的，他们主要来自发达国家。Christensen *et al.*（2013）解释说，学生参加 MOOC 的主要原因是他们想在当前工作中获得进步和满足他们自己的好奇心。Rodriguez（2013）的报告与此一致，参与 MOOC 的学生大多受过良好教育，至少达到了硕士或博士研究生水平，并且已就业。DeBoer *et al.*（2013）对单个 MOOC 课程的调查也得出结论，尽管学生来自不同的地理背景，但大多数学生都具有研究生或本科生身份。在连接主义 MOOC（connectivist MOOC，简称 c-MOOC）和扩展型 MOOC（extended MOOC，简称 x-MOOC）参与者的比较研究中，DeBoer *et al.*（2013）也证实了这一点。世界卫生组织将个人挑战和就业／工作晋升机会

1　Coursera 是一个提供在线课程的平台，由斯坦福大学创办于 2012 年。它与全球 200 多所顶尖大学和公司合作，提供各种领域的课程，包括计算机科学、商业、数据科学、艺术和人文科学等。

列为参与 MOOC 的两个主要原因。

虽然 MOOC 可能被视为开放教育的创新，但随着炒作的潮头退去，冷静的思考和严肃的批评开始出现。例如，教育技术领域的重量级专家、伦敦大学学院教育学院（UCL Institute of Education）资深教授黛安娜·劳里劳德（Diana Laurillard）认为，MOOC 未能实现所承诺的开放和转型的理想[1]。她列数了 MOOC 五大神话的破灭：（1）开放教育的破灭。MOOC 扩大了访问范围，但为学习者提供的互动和适应性支持有限；MOOC 主要适合高层次大学和学习者的利益，而不是扩大参与度。（2）学生中心的破灭。大规模的标准化课程无法满足不同的学习者需求，这些课程缺乏个人支持和反馈，限制了高层次技能的发展。MOOC 服务于教育工作者而非学生的利益。（3）转变教学的破灭。大多数 MOOC 只是复制视频讲座和阅读，并进行同行和自动评估。它们未能有效利用技术进行协作、应用和主动学习，而这正是当今所需的教学方式。（4）改进学习的破灭。虽然学习者享受 MOOC 的灵活性和低成本，但几乎没有证据表明它们能提高学习的深度或持久性，对弱势学生来说尤其如此。辍学率高和完成率低是很常见的。（5）带来一场革命的破灭。尽管围绕慕课的炒作扰乱了高等教育，但大多数院校都只是将其作为传统课程的补充。慕课并没有改变既定的教育模式，也没有降低系统层面的成本，有意义的改变是艰难而缓慢的。劳里劳德认为，我们必须超越神话，利用在线教育的机会，真正实现更广泛的、高质量的、灵活的和有吸引力的学习。如果有意愿将学生体验置于机构利益或炒作之上，MOOC 的潜力仍可以通过教学和商业模式创新来实现[2]。

值得一提的是斯蒂芬·哈格德（Stephen Haggard）的观点，他认为，"慕课蜜月期"已经结束，并不是因为慕课失败了，而是因为大规模开放和改善高

1　参见黛安娜·劳里劳德（Diana Laurillard）于 2014 年发表在《高等教育纪事》（*The Chronicle of Higher Education*）的文章 "Five myths about MOOCs"。

2　30 多年来，黛安娜·劳里劳德一直是学习技术和教育领域有影响力的学者。她的工作为有效的教学设计提供了理论框架，也为如何将新的工具和模式融入教育系统提供了务实的见解。在围绕开放和远程教育以及高等教育数字化转型的讨论中，她被广泛认为是领导者。

等教育的复杂现实显而易见，缺乏单一的解方。他表示："未来的挑战围绕着教学、学习、技术支持、商业模式、资格认证和一系列其他因素，最重要的是开放、实验和耐心的哲学态度。"哈格德对 MOOC 提供了一个存疑但深思熟虑的视角。哈格德承认失败的炒作，但看到了持续的进步潜力：慕课提供商和研究人员应专注于解决围绕学习、公平和可持续变化的深层次问题，而不是"革命"。事实证明，他在 2013 年的见解很有先见之明，与劳里劳德的观点几乎是不谋而合。

越来越多的人对 MOOC 持怀疑或观望的态度。麻省理工学院的 Reich & Ruipérez-Valiente（2019）对 2012 至 2018 年麻省理工学院和哈佛大学（Harvard University）在 edX[1] 上教授的所有课程的数据进行了分析，从数据上支持了很多人的怀疑。数据涵盖 30,261 门不同课程的 565 次课程迭代，563 万名学习者的 1,267 万次课程注册。在这篇观点文章中，Reich & Ruipérez-Valiente（2019）认为，MOOC 提供商已经从开放教育的理想"转向"更注重技能和证书的商业模式。他们分析了转向背后的趋势，并呼吁供应商在可持续商业模式与获取、公平和公共服务原则之间取得平衡。诚如美国印第安纳大学柯蒂斯·邦克（Curtis Bonk）教授评点："现阶段的 MOOC 更像是陈列着琳琅满目书籍的大型图书馆，也许目前它只能被称为大规模开放在线内容（massive open online content）或大规模在线图书（massive open book）。在投身建设 MOOC 的人中，大约有 80% 或 90% 的人只是建立了大规模的在线开放内容，仅有约 10% 的人真正地建立了系统、完整、连贯的大规模在线开放课程。现阶段的 MOOC 要实现从"内容"到"课程"的目标其实还有很长一段路要走。"（詹泽慧等 2019）

而严格地讲，我国的外语类慕课也并不完全符合语言类慕课（massive open online courses focused on languages，简称 LMOOC）的定义，很多课程只是外语类专业的课程，或者是用外语讲授的课程，而不是语言类课程。因为这

---

1 edX 是一个由麻省理工学院和哈佛大学于 2012 年联合创办的非营利性在线课程学习平台，提供来自全球顶尖大学和机构的各种课程。

些课程并不是在教授一门外语，而是教授某一种外语（如英语）专业的相关课程，如文化、文学、语言学等等。这些课程并不是语言课程，虽然套上了外语慕课的"马甲"，但它们并不具备语言类慕课的特点，仍属于一般文理课程的范畴。当然，语言类慕课如听、说、读、写、译等课程的情况也不乐观，除了课授教师的自主意识外，慕课开发的技术路线、课程流程与非语言类课程差别不大。

在考虑慕课在学习第二语言／外语方面的理论适用性之前，可能需要考虑以下几个方面：首先，语言学习不仅是基于知识的，而且主要是基于技能的。因为它涉及将一系列复杂的接受能力、产出能力和互动性言语（和非言语）功能性能力付诸实践。这些能力在交际行为整体成功中的作用，通常被认为比正式或组织因素更为突出（Halliday 1993；Whong 2011）。其次，假设语言学习的目标是语言使用，那么语言类慕课就应该包括大量的语言练习。在所有变量都相等的情况下，学习（一种语言）最好的人拥有积极主动的态度和专注的被激活的头脑，而不仅仅是记忆和机械复制的头脑。最后，人们通常认为，在婴儿期之后，一个人会逐渐失去一些天生的语言习得能力，并获得更多基于规则的认知特征（Meltzoff 2002）。因此，语言学习者可能会从众所周知的显性学习模式中受益，这种模式部分基于面对面／文本／视觉解释，并附有说明性示例，其次是有趣的、创造性的实践形式。目前的语言类慕课对这些方面的支持并不充分。

5.2.1 网络教学与在线外语学习

在慕课一类的在线课程流行之前，网络化外语教学其实可以理解为 CALL 应用的网络模式。网络技术，尤其是以互联网为基础的物联网、无线网技术的发展为学校外语教学的递受方式增添了无穷的想象空间。从千里之外的瞬移到近在咫尺的抓取，再也不受物理空间和实体介质的禁锢，网络化的知识内容不但脱离了书本，也脱离了磁带、唱片、软盘、硬盘等个体的固态载体。传统教学模式的网络技术应用，主要限于局域网实验室模式。2007 年以后，智能终端，如智能手机、平板电脑、上网本等出现后，移动化、泛在化自主学习开始逐渐普及、引起关注。

（1）**局域网、计算机机房、多媒体实验室**：网络化教学的基本条件是局域网计算机房，语言实验室也可以看作是网络技术应用，只是它们的协议标准（NetBEUI）与互联网协议标准（TCP/IP）不一样。有人认为，互联网 2.0 时代后，基于局域网的语言实验室已经淘汰。其实，这是对网络技术的误解，或是对校园环境下互联网教学应用的一知半解。网络模式的交互式课授、视听说实训、游戏化互动、无纸化考试，或者智慧课堂的终端互联，都需要局域网。这类实验室有大量本地资源的支持（如镜像网站、音视频语料库、试题库、教案库、视频讲座、校本微课、私播课等），效果远比互联网远程访问好。优质本地资源的访问不但节省了大量出口带宽资源，仅从网络资源建设的生态角度看，校本实验教学资源建设是互联网学术资源创生的重要源泉。但是，这方面的规划与组织没有受到足够重视，尤其是教师生成的校本资源大都散落在基层教学组织或教师手中。

（2）**因特网，联通外网的实验室**：自主学习、研究性学习、探索式任务学习、远程资源的获取等是需要互联网环境的。但是，成建制、常态应用的并发流量在早期还难以实现零误差运行。所以，在校生网络课堂模式当时还不是主流应用。而如今的语言实验室、多媒体教室、智慧教室均与互联网联通，校园网环境下的移动学习、泛在学习、混合式学习都依赖网络环境，无线网络（Wi-Fi 和公共网络信号）也不例外。外语教学的网络化环境虽然不尽理想，但也已相当普及，能基本实现资源通达、课授交互、视频实播、个性点播等应用。只是由于带宽和流量限制，同步直播课堂的实时交互、异步点播课堂（直播回放、录播课程的分时交互）的并发流量仍会造成延时或卡顿。

（3）**基于在线课程平台的网络化学习**：语言类慕课是专为外语或第二语言教学而开设的基于网络的在线课程，理论上可以使全球任何地点的学习者在任何时间无限制地访问和参与（Castrillo 2014）。LMOOC 在大学教育、终身学习和一般在线培训等方面都引起了人们广泛的兴趣和期待。与其他类型的学术性慕课相比，语言类慕课的受众更加扁平化、社会化，学习的主要动机是为了初步掌握一门外语的基础知识和基本技能。但是，国内现有英语慕课的假想受众主要是在校大学生。推出的课程类型与学校现有教学计划的课程相仿，并没有着意考虑社会学生的学习需求。对 LMOOC 的理论和方法问题进行深入分析，就会发现目前的 LMOOC 在发展语言交际能力的潜力方面还缺少实证证据。与其他类型的在线语言课程一样，整合多学科研究项目的结果和与 LMOOC 相关的教学经验，同时兼顾校园群体和校外社会群体的学习需求，对于该领域稳步发展，并应对当今在竞争激烈的多语言国际社会中的工作和生活需求至关重要。

现代大学提供的大规模开放在线外语课程的使用问题，其总体有效性，以及在允许学习者在不同学科的学习中形成与全日制学习相同水平，或形成可比水平的能力方面还存在很大的限制。除了课程运行模式、作业考试、学分认证等管理因素以外，LMOOC 的在线学习在课程本身的教学模式、内容学习、练习实践、交流互动等环节，包括传达信息的教学方面和与学业成绩相关的学生个性特征等方面都存在着诸多问题。

Vorobyeva（2018）对 LMOOC 在语言习得中的实施，并就与语言习得相关的现象进行了实证研究，数据表明，LMOOC 的现状仍然不足以为大多数学生提供高质量的语言习得环境，也不足以在学习新语言和培养学生的独立学习能力方面开发更好的 MOOC 工具。笔者认为，LMOOC 在培养接受性语言技能（阅读、听力）方面比在培养富有成效的输出性语言技能（口语、写作）方面更有用，因为后者需要更个性化的反馈和练习。但无论是出于什么原因，LMOOC 与其他 MOOC 科目一样，它的参与率和完成率都较低。在既往研究中也有针对 LMOOC 的学习动机和课程设计的研究（Beaven *et al.* 2014），研究发现对学习者完成 LMOOC 的动机产生负面影响的主要因素是他们的时间有限。LMOOC 的学习者通常是成年学习者，他们有各种各样的责任和义务，这使得他们很难在学习中兼顾自己的责任。这与我国的外语类慕课有所不同，我国这类慕课主要面向体制内的在校学生，目的是提供混合式学习和课程互补。

这些慕课通常作为优质课程或稀缺课程提供，以满足学生的特定学习需求。当然，这种差别也同样存在于其他慕课的社会学习者和在校生学习者之间。

另一种批评是，LMOOC 仍然承袭了以内容为中心的 MOOC 中常见的学习方式，包括视频、线性学习序列和基于模块的课程组织。大多数 LMOOCs 遵循 xMOOCs（extended massive open online courses）的实践模式，以学科性、内容性为主，具有固定的教学大纲和明确的课程顺序（Jitpaisarnwattana *et al.* 2019），与 CALL 研究者所倡导的交互性、建构性学习原则背道而驰（Mackness *et al.* 2013）。如果使用各种技术工具（如视频会议软件），学习者便可以灵活地与同伴建立网络，以完成各种技术中介的任务，并取得 LMOOC 的学习成效（Chong & Reinders 2020）。在这些研究者看来，连接主义慕课对第二语言 / 外语学习更有效，并且更符合语言教学方法，如交际语言教学（Richards 2006）。更有学者甚至评论，"ESL 完全是特定的 MOOC 和一般性自学不能做的事情"。

LMOOC 设计的共同特征主要是：（1）一套强大的语言学习交流工具；（2）包含语言和文化内容的短视频；（3）适用于异质群体的评估工具（Martín-Monje & Borthwick 2021）。除此以外，LMOOC 还必须尽量遵循交互性原则、实践性原则、自适应原则。这些原则是语言学习的基础，在此基础上，可以有效地设计开放式在线课程，以促进潜在的大规模和高度异质性学习群体的语言交际能力的发展，而这些群体的唯一共同目标是学习特定语言。各国现有的语言类慕课为 LMOOC 研究提供了一个"拼图式"的视角，不仅涉及课程提供者的地域和机构来源，而且涉及他们各自学术背景的异质性，并为未来的发展揭示了可能路向。

笔者赞同 Donald Clark 的观点：用在校课程学习的评价方式评价在线学习的 MOOC，本身就是不恰当的 [1]。当学生提前支付了大学课程的费用，并在金钱、精力、在校生活等方面进行了巨大投资时，完成课程可能是有意义的；但在开放、免费和在线课程中，没有这样的承诺、风险和投资。所以，应该采用

---

1 参见唐纳德·克拉克（Donald Clark）发表于 2016 年的文章 "MOOCs: Course completion is the wrong measure of course success"。

不同的方法来衡量 MOOC 的影响，不应是基于完成情况，而是基于有意义的学习。因为，我们必须承认，不同的受众想要从 MOOC 中获得不同的东西。传统的大学课程学习就像是一趟必须走完的直通旅程，但 MOOC 或 LMOOC 都不是单一的长途航班，而是更像火车旅行，有些人想到达旅程的终点，但大多数人在途中上下车（Chong & Reinders 2020）。

5.2.2 外语类慕课的特点与应用

（1）**学科特殊性**：与一般学科的慕课不同，LMOOC 专门关注语言学习的实践性活动，并为这些活动提供教学支持，而一般性 MOOC 涵盖了广泛的学术和非学术学科。LMOOC 的开发需要具备与大多数 MOOC 不同的语言教育专业知识和实践性技能，并需要具备支持这些目标的技术知识和能力。

（2）**教学复杂性**：语言学习是一种复杂的认知技能，需要大量的实践和互动。设计有效的 LMOOC 在教学上比大多数 MOOC 更具挑战性。课程开发需要结合语言处理技能、文化知识以及输出和反馈的机会。慕课学习是个体独立学习，反馈和纠错至关重要。虽然技术可以提供发音、语法或理解的自动反馈，但人工反馈和纠错在教学上更有价值，接受人类的反馈会大大增强 LMOOC 的学习体验。不过，这些只有在基于 LMOOC 的混合式学习或校本 SPOC（即小规模限制性在线课程）的情况下才能实现。对于面广量大的社会学习者很难实现人工反馈。

（3）**受众多元性**：与大多数 MOOC 学习者相比，LMOOC 的参与者可能有不同的动机和目标，语言基础也参差不齐。这对课程设计和教师教学都极具挑战性。例如，有些人想学习一门外语用于旅行、工作，或用于个人成长，而不仅仅是用于探索一个感兴趣的话题。学习者既包括新手，也包括那些正在提高现有技能的职场人，或者是那些出于其他目的重拾外语技能的人（如考证、考级、考学、移民、求职、留学等）。那种把听课受众假想为大学课堂学生的授课思路，可能既不切实际，也留不住社会学生，或者只能吸引部分学习资源不充足的外语专业在校生，他们渴望更优质的教学资源。所以，LMOOC 课程设计需要在模块化、层次化的基础上进行灵活性、选择性处理。

（4）**社会性互动**：语言学习是一种社会和文化体验。学习者从与他人交流想法、合作完成任务以及与英语母语者的交流中受益。这有助于培养语言技能和跨文化能力。与同伴和教师之间的社交互动和协作能为 LMOOC 学习者提供认知和情感方面的好处，有机会与他人在有意义的环境中使用所学语言可以提高流利度和自信。理论上说，简单的论坛或串联伙伴关系可以实现这一点，但由于时间参差、参与动机不一、缺少讨论组织等原因，实际效果不太理想。LMOOC 需要通过讨论、视频聊天、协作和串联学习等工具，将同伴学习和跨文化交流机会结合起来。但由于运行机制和师资人手问题，在实际操作中很难做到常态的教师参与。生成式人工智能（GPT+ 语音克隆和头像化身）的介入有望缓解 LMOOC 缺少社会性互动这一结构性难题。

（5）**附加技术要求**：LMOOC 需要更先进的技术基础设施和视听技术能力。LMOOC 需要发音练习、言语评估、论坛讨论和学习者之间的视频交流工具。带宽和质量必须支持音频和视频材料，上述的社会性互动问题也有赖于智能助教、聊天机器人的支持。国内现有的 LMOOC 普遍采用通用慕课平台的技术架构，在这些方面均有欠缺。

（6）**需求与潜力**：在线语言教育具有巨大的市场需求和商业潜力。LMOOC 有望成为认证语言课程的途径或作为一种独立的产品，尤其是一些非通用语种。无论是作为高等教育内部的共享资源，还是作为社会性学习的稀缺资源，都有巨大且长久的利基空间。国外的博树（Busuu）、多邻国（Duolingo）和巴贝尔（Babbel）等一些平台已经广泛使用 MOOC 方式进行语言教学。

总之，虽然 LMOOC 和其他学科 MOOC 有一些相似的特征，但在主题、教学法、参与者、技术要求、社会元素和商业潜力等方面存在显著差异。"语言学习的最终目标是在不同的背景和情境中，与不同类型的对话者熟练地进行可理解、可共情和有效的言语表达"（Council of Europe 2001：57-58），而不是掌握用于应付考试的语言文化知识。LMOOC 需要专门为大规模语言学习的复杂需求量身定制教学设计、技术支持和课程规划。目前，LMOOC 大都作为大学外语课堂的补充资源，或用于学校环境下的混合式教学，或作为高校外语专业或公共外语的选修课资源。但是无论作何用途，LMOOC 作为国民外语教育的数字化课程学习资源，其本身的结构性改进仍是题中之义。

5.2.3　外语类慕课的问题与思考

5.2.3.1　慕课的发展趋势问题

在过去十年中，外语类慕课（LMOOC）的数量呈指数式增长。国内各大慕课平台的 LMOOC 也持续上线。2008 年，外研在线推出了专门服务于外语学习的慕课平台 UNIPUS，该平台集成了国内主要外语院校的优秀课程，尤其是非通用语种课程，成为外语教学慕课应用的主要阵地之一。LMOOC 也成为 CALL 的一个新兴和专题研究领域，尤其是针对语言学习者的感知和体验。然而，对 LMOOC 特征的分析并没有引起太多关注。我们认为，对 LMOOC 设计特征的系统调查至关重要，特别是鉴于 CALL 专家和语言教育学者一直以来对 LMOOC 设计与语言教学理论和方法之间不兼容的批评。

Chong *et al.*（2022）采用了 Hall（2013）的网络教学框架，通过分析 edX 和 Coursera 上一百个 LMOOC 的教学和评估特征，一定程度上弥补了 MOOC 研究的空白。该研究的结果表明，LMOOC 有三个优势：（1）大多数 LMOOC 是入门级的，适合初学者；（2）由于格式和功能的一致性，大多数都很容易导航；（3）大多数采用了系列多模态教学材料。该研究还发现了 LMOOC 的三个局限：教师与学习者、学习者与学习者之间的互动不够，以学习者为中心的形成性评估的机会很少，以及 LMOOC 的设计具有规定的学习顺序，没有解决个体学习者的适应性问题。慕课研究面临着研究的转型和新的发展趋势，而中国的慕课也有着自己的国情特点和需要解决的问题。

（1）**慕课应用的转型研究**：麻省理工学院的 Reich & Ruipérez-Valiente（2019）在《科学》（*Science*）杂志上发表了一篇题为 "The MOOC Pivot" 的文章，试图解释为什么 MOOC 在很大程度上未能实现其所谓的全球教育变革使命。在线课程的顶级提供商，包括 Coursera，以及麻省理工学院与哈佛大学共同创立的在线学习项目 edX，都转而将重点放在帮助大学在线学习这一更传统的角色上。"慕课不会改变高等教育，也可能不会完全消失。相反，它们将为现有教育系统中的特定利基市场提供新的支持，主要支持受过教育的学习者。MOOCs 的六年传奇为教育政策制定者提供了一个警示，无论是人工智能、虚拟现实，还是一些意想不到的新进入者，都将面临接踵而至的教育技术创新。"（Lederman 2019：6）慕课掀起的高等教育改革的"旋风"，兜兜转转，又回到了学校这一教育主阵地。

（2）**慕课研究的发展趋势**：Sallam *et al.*（2022）对 2012 至 2018 年期间世界范围内发表的与 LMOOC 相关的论文进行了系统综述，包括论文类型、开展研究的国家和致力于该领域研究的机构，以及 LMOOC 研究人员感兴趣的主要趋势和主题。结果发现，大多数出版物是外语教育界以外发表的会议论文，CALL 期刊中仍然缺乏与 LMOOC 相关的文章。LMOOC 研究数量最多的国家是西班牙，目前该领域最活跃的研究机构是西班牙的国立远程教育大学（Universidad Nacional de Educación a Distancia）。最受欢迎的研究类别集中于 LMOOC 参与者或提供者以及案例研究。通过对已发表文献的系统回顾，该综述指出，LMOOC 研究的趋势包括：（1）LMOOC 及其特征的概念化；（2）试图找到超越 xMOOC 或 cMOOC 二分法的最适合的语言教学模式；（3）LMOOC 对特殊用途目的语言课程（Language for Specific Purposes，简称 LSP）的适用性；（4）关注学习者全过程学习动机和体验；（5）反思教师的新角色；（6）教学设计及其如何影响参与者学习或引起可能的磨蚀；（7）LMOOC 中社会学习的重要性，等等。显然，LMOOC 仍然是一个需要进一步认真研究的新兴领域。

尽管对 LMOOC 的研究正在增长，但大多数出版物都在学术会议的论文集中，很少有研究发表在国际参考期刊上（Sallam *et al.* 2022）。大多数研究都集中在 LMOOC 参与者的经历和看法上。例如，Luo & Ye（2021）在针对中国学习者的定性研究中，从学习者的角度评估在线语言课程质量的标准，旨在探讨什么是高质量的 LMOOC。

（3）**慕课问题的国情特点**：我国高等教育体制具有强大的动员力和制度

优势，继 2012 年美国慕课元年之后至今的十年内，我国慕课无论是专业门类、课程数量还是学习人数均跃居世界第一，经过十年探索与实践，正在为更多人打开知识的大门[1]，各类在线开放课程联盟不断涌现，形成了具有中国特色的慕课教育教学生态体系（徐晓飞 2023），并以其优质、共享、跨越时空的特点，为构建网络化、数字化、个性化、终身化的教育体系发挥作用（王帅国等 2023）。

但我们在引进慕课优势、发展自身特色的过程中，并没有完善地解决慕课本身固有的标准化、流程化等结构性问题。这些问题在强调个性发展的西方教育文化中遭到了强烈的反弹，并最终导致高校慕课发展的多元化，开始转向微型、定制、适配、互动的社会面向和校企合作模式。相反，慕课形式的标准化、广谱化与中华文化中追求统一、规范、一致的特质反而有着某种内在的契合，在自上而下的动员下，我国慕课的发展仍以规模、标准、优质分享的路向为主，但对慕课固有的内容预制性、流程标准化等结构性问题关注度不够。LMOOC 的开发在类似的惯性中并没有保持自身的特点，未能产生独特的慕课形态。源于技术架构的慕课问题可能大同小异，但慕课受众的问题，以及对这些问题的反应与解释却有着明显的国情特点和文化色彩。

中国学生不太习惯质疑教授的教学，也不习惯积极参与批判性讨论。外语老师的操作重点大都在语言的形式与技能上，然后才兼顾内容观点、文化品鉴、价值批判；又或者在处理后者的基础上，仍然回到语言知识的细节上来。总体上说，教学处理过于琐碎、面面俱到，线上授课模式与线下课堂模式（现存组织结构和教学过程）并无二致，慕课视频的拍摄与视频公开课差别不大。流程设置与界面设计以技术性操作的便捷为要，但并没有为人际互动和思维训练留下多少空间。

"中国 EFL 课堂的以教为驱动的传统，甚至一直持续到现代教育技术时代，它既左右着英语 LMOOC 的设计，也潜在地影响了学习者对现有英语 LMOOC

---

1 参见《人民日报》文章《慕课打开教育数字化新空间》。

的体验与看法。"(Ding & Shen 2021: 14)调查数据反映学生普遍重视（并认可）教学内容的演示和教师讲解，而忽视教学互动，甚至没有意识到缺少互动有什么不正常。一直以来，"将新技术引入中国英语课堂只会导致'技术化的传统课堂'"，而并没有影响"课堂生态或教师和学生既定的行为模式"（Zhong & Shen 2002）。如今，我们仍然可以在这些 LMOOC 中观察到相同的既定模式。学生大多希望通过观看视频（即通过观看教师在视频中的讲解和示范）来获得知识或技能，然后通过练习加以巩固。LMOOC 仍然是这种典型的师徒式学习方式的网络翻版。当我们指责 LMOOC 缺乏类似线下课堂的互动实践设计时，其实，我们在线下课堂、智慧课堂、语言实验室教学中也并没有解决教学中的"满堂灌"的问题。互动实践往往停留在观念之中。与国际上的慕课相比，我国慕课同样存在教学交互的问题（贺卫国等 2022）、以学习者为中心进行弹性设计的问题（郑永和等 2023），以及如何从学习者的视角评价慕课和认识慕课学习体验等问题（张文丽等 2022；罗伯茨、肖俊洪 2019）。

5.2.3.2 慕课的教学设计问题

世界主流慕课平台建设的初衷都是试图改变知识递受的学校模式，同时改革现有的课堂教学。然而，前者是成功的，但后者却少有成功，或者说仍在走向成功的路上。

比如，慕课教学流程设计中的嵌入式测试题是 xMOOC 的标准配置，但是，其目的是检查学习进度、提供学习线索、测试掌握程度，还是只为记录学习反应？其交互价值到底是什么？深入思考者不多，充分利用这些交互节点的人更少。又比如，一镜到底的"talking head[1]"讲授形式与课堂实录型电视教学片的差别到底是什么？再比如，没有锚点、难以聚焦、"爬楼"无数、循迹困难的讨论形式是否是有效学习交互？很多实际的学习策略问题、教学设计

---

1 talking head（会说话的头部视频）是一种出镜视频格式，通常是一个人直接对着镜头说话，在大多数情况下以个人面部特写为特色，也可以从胸部以上特写。MOOC 视频常用此方式录制，因其方便、灵活、无需特殊场地环境。

问题、技术实现问题都被慕课革命的宏大叙事和美好愿景的许诺和鼓噪声淹没了。

LMOOC 教学与技术处理的微观层面，可以探讨的问题就更多了。如镜头前的交流与直面学生的交流有何区别？如何保留实景课堂互动的有效元素？如何利用镜头语言或 AR 技术构建沉浸式、代入式交互体验？混合式教学中的 LMOOC 课程结构、内容策展方式与课授教学计划怎样衔接？实践性课程和知识性课程是否适合现有慕课平台的统一技术规范？课程的多样性与平台的规定性之间的矛盾如何解决？又比如，同为视频呈现，不同课型如何体现？如知识性、思辨性内容的演讲，动态过程、复杂结构、交互关系的演示，技能、技巧、现场实操的演练等等。深入思考后就会发现，这些甚至与慕课基本无关，而是教学本身就需要改革的问题。

从慕课的形态与运行逻辑来看，其内容的预制性与结构性固化特征、流程的胁迫性与非线性学习的矛盾、与课堂讲授毫无二致的教学模式等等，都是实际存在的问题。从更深层次上讲，慕课不像是一门课程，因为它缺乏经验丰富的教师为学习者每一步都提供支持的脚手架（scaffolding）（Bruner 1983）。慕课的许多问题，其实是源于实体课堂的，如教师的教学理念与方法、课堂互动的行为习惯等，甚至慕课本身的技术架构和流程设置也是仿拟传统课堂的。所以，出现的种种问题最好还是要从教学本身去找。因为，若是课程原来就"水"，上线后包装再好仍然是"水课"；若是课程原本就好，即便是直接原样照搬，仍然是好课，且大受欢迎。所以开发慕课，首先要解决好源头问题，然后才是针对技术的优势与局限，尽量保持原有课程的优质元素，让好的更好。比如实践性课程的课堂互动问题，如前文所述，在线课堂互动的技术支持其实并不少，只是我们出于种种原因难以有效利用而已。所以，技术的局限可通过技术的改良和进步来解决，课程的问题应该由课程和教学设计来解决。

5.2.3.3　慕课的共享观念问题

关于优质资源的思维定式：其一，一般认为一流高校、一流师资、一流课程可称为优质资源。其实这种看法未必全面。一流高校的师资和课程并非都是一流的，非一流高校也有一流的教师和一流的课程。其二，知识本身并无一流、二流之说，知识的组织与授导的方式才有高低之分，一流高校的传统与底蕴显然强于非一流高校。其三，一流高校无法覆盖所有知识领域，非一流高校也必然存在许多特色、稀缺的知识领域乃至学科专业，因此，课程以专业而非以高校为单位甄别优劣更为合理。是以，稀缺资源、特色资源也是优质资源的评判标准之一。

著名大学和知名文科学院的学者也许不会感受到慕课带来的冲击或损失，相反，只要可能，关于任何主题的"权威慕课"都渴望被接受为一种统一的便利，或公认的优质资源。这种权威性可能来自学术传统、大学排名或行业、政府背书。但"如果我们把一致性视为一种收益——数百万学生从同一权威那里汲取了熟悉的学说——那么我们该如何看待随之而来的多样性损失呢？"（Bromwich 2015：15）好的教育不应该只有一所名校，好的教学也不止一位大师、一种方法和一种风格。多元多样也许恰恰是慕课具有生命活力的原因，统一、同一则必然走向消亡。

资源共享方式与学术多元发展：以慕课为典型的在线课程的推广应用，除了具有补充教育资源匮缺、构建多元教育机制、促进高等教育机会公平等宏观功能的面向之外，其建设目标与实践过程也应该有利于学校教学模式的深化改革、学术生态的多元发展和校本师资的健康成长。以优质课程共享的方式替代校本课程建设的思路并非长远之策。任何一门课程的在线形式，只是该课程内容的外显展示部分和学习流程仿拟。好的方面是尽显精华，不好的方面是"炮制包装"。但是它肯定不能包含该课程的全部建设过程，如教师成长、教学相长、教学互动、教研探讨，以及保证该课程卓有成效的绩效管理机制和校园文化等等。这一过程，是学校之所以为学校、教学之所以为教学、课程之所以为课程所不可忽略的。而最不能忽视的是在这一课程授导过程中教师和学生的共同成长。

5.2.3.4 慕课的学习适配问题

LMOOC、MOOC、SPOC，抑或所有形式的在线课程，其底层逻辑应该是建立在参与者有效自主学习的基础之上的。因为在线学习是和正规课堂学习完全不同的非正式学习（informal learning）。也许，慕课发起的初衷是让更多的人享有接受正规高等教育的公平机会，所以，慕课有课程大纲、目标要求、考试、证书甚至文凭，它们似乎是高等教育的组成部分，甚至一度被期待能颠覆高等教育体系。显然，从课程提供方或慕课授课教师的角度来看，慕课应当属于正规学习。但是从参与者的角度看，慕课学习固然是有求知目的、有意义的自愿学习，但绝大多数并非冲着文凭而来，也不愿意循规蹈矩地按进度学习，他们更愿意以旁听身份自由自在地学，因此，属于非正式学习行为，因为它是"发生在课堂以外的、非正式环境中的学习"（Wellington 1990）。仅以传统的大学教育标准来评价慕课的成败得失，难免会出现教与学之间的互适性失配问题（见图 5.1）。

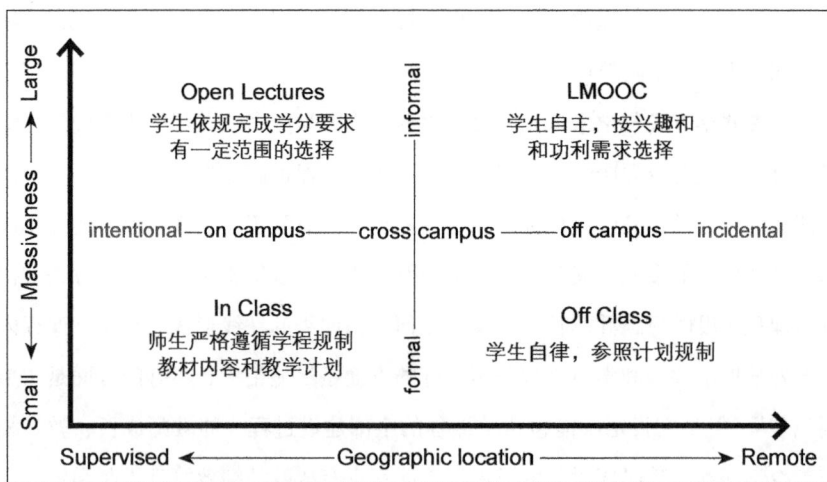

图 5.1 学习行为与学习空间的关系

大多数 LMOOC 的标准化、结构化设计无法充分支持动机、参与度和完成度至关重要的非正式学习活动。LMOOC 高辍学率的一些关键原因可能与缺乏非正式学习元素有关：

（1）有限的学习者能动性和自我指导。高度规定的课程设计几乎没有给学习者留下探索个人兴趣主题或以自己风格学习的空间。这会降低内在动机和持久性。

（2）缺乏必要的社交互动。很少有慕课能充分利用同伴学习的竞争动力和支持作用。互动交流、学习协作和问题求解的机会十分有限，导致学习者感到孤独甚至放弃学习（辍学）。

（3）缺乏真实和积极的学习。并非以问题为中心，仅依赖视频讲座和简短测验，使语言慕课难以激活学习者参与知识探究和语言实践的积极性，并且缺乏有意义的反思和表达空间，如观点沟通、批判性内容分析或讨论学习感悟，这限制了学习的深度。

（4）实际学习结果不显见。学习者不能学以致用，或者看不到明确的学习效果，难以持之以恒。事实上，只有与个人目标或现实任务相关的学习活动才能提供坚持的动力。

（5）平台响应性低（普遍问题）。学习者很少有机会提供反馈、选择内容和活动或请求支持，这意味着 LMOOC 往往无法满足不同学习者的需求。不良体验让学习者感到缺少人情味。

（6）作业量劝阻表。落后于 LMOOC 时间表的学习者很快就会被内容量淹没并放弃，尤其是在他们缺乏自我调节的情况下。因此，学习者需要灵活性和针对性支持，而不是简单的作业量完成情况统计。

总之，LMOOC 在很大程度上依赖于标准化的课程设计，这些课程设计将效率和"一刀切"的教学模式置于学习者代理、社会互动和积极意义创造之上。所以，能够为非正式学习创造空间和提供支持，可能是改善学习体验、学习成果和降低慕课辍学率的关键。

关于自主学习（self-regulated learning，简称 SRL）在慕课中的重要性看起来不存在争议，但我们对该主题的了解还十分有限。Lee *et al.*（2019）对慕课中 SRL 的实证研究进行了系统综述，研究发现，自 2014 年以后，慕课中关于 SRL 的文献数量有所增加。内容分析结果表明，对于成功的学习者而言，SRL

能力是影响慕课学习的积极因素，包括动机调节策略，特别是自我效能、任务价值和目标设定。在行为和情境监管方面，SRL 表现为寻求帮助、时间管理和努力自律等特征。

传统的慕课平台（如 edX、Coursera）可能不是托管 LMOOC 的最理想渠道。虽然学习学科知识的学生可以从行为教学法中受益，但语言习得和语言教育研究清楚地表明，交际法更有利于学习其他语言（Richards 2006）。Chong *et al.*（2022）对 100 个 LMOOC 的分析显示，这些课程虽然信息丰富且易于导航，但在互动性和以学习者为中心的评估方面，还达不到预期的效果。他们的探索性建议是，通过在非正规的在线语言学习环境中引入社会元素来解决这些缺点。他们将 LMOOC 重新定义为在线学习社区而不是信息库，并建议将慕课平台与其他技术工具结合起来，以加强在线学习的连通性。设计者可以使用这些建议探索其他形式的 LMOOC，包括 SPOC。这些建议对利用在线课程进行混合式教学的教师十分有用。越来越多的外语教师乐意在教学中引入 LMOOC内容。

在我国，对于高校在校生，在线学习仍倾向于被看作是正规教学环境下的正规学习，只是改变了原有的媒介方式，增加了学习自主性。课程教学的改革思路是将学生非正式的在线学习纳入正规学习的监管体系，即通常所说的混合式教学，如电子科技大学的线上线下混合式模式 [1]、四川外国语大学的 STAPLL模式 [2] 等。这或许是 LMOOC 作为课程资源落地校本外语教学的应用思路。但是，这并没有解决 LMOOC 平台的标准化、结构化课程设计与参与者非正式学习方式之间的错配问题。脱离了基于正规学习的混合式教学模式，LMOOC 本身的教、学互适性问题仍然没有解决。自主学习的需求特点是由非正式学习的本质决定的，而不是拜技术所赐。技术应该用来解决在线课程的规定性和学习

1　参见电子科技大学胡杰辉、冯文坤、伍忠杰等获国家级教学成果二奖（2018 年）的"通用—通识—专用"三位一体、信息化混合式大学英语教育探索与实践。

2　参见四川外国语大学董洪川、马武林等获重庆市高等教育教学成果一等奖（2022 年）的大学英语混合式教学生态构建的实践与创新。

的自主性之间的互适性矛盾。如果这一问题得到有效解决，在校生就可以在实体课堂和在线课堂之间自由选择，而不是必须"混合"。LMOOC 社会参与者的保持度和成功率也会大大提高，高等教育公平机会的惠及面就会更加广泛，LMOOC 平台本身的生命活力也会更加旺盛、持久。

5.3 混合式教学的实践与常态化

5.3.1 混合式教学的缘起与理据

混合式学习（blended learning），也称为技术中介教学、网络增强教学或混合式教学，是一种将在线教学材料和在线互动机会与基于物理场所的课堂方法相结合的教育方法。由于这种方法高度依赖于技术应用和教学操作语境，因此很难有一个普遍的概念（Moskal *et al.* 2013），有学者甚至认为混合式学习就是一个多余的术语。既往报告指出，对混合学习的硬性定义缺乏共识，导致对其有效性的研究出现困难（Oliver & Trigwell 2005）。目前普遍接受的看法是将混合式学习广泛定义为在线学习和面对面授课的混合，其中在线部分有效地取代了一些面对面的接触时间，而不是补充（Graham *et al.* 2013）。围绕混合学习的许多循证研究都得出结论，与完全在线或完全面对面的学习体验相比，学生在混合学习体验中的成绩更高（Siemens *et al.* 2015）。

混合式学习是技术时代的热词，也是一种新颖的教学模式，虽然针对其定义一直纷争不断，但是它却从来没有像慕课那样大起大落，遭到"既褒又贬"的命运，反而广受欢迎。究其原因，不外乎是人们比较容易接受"维持性创新"，而不是"颠覆性创新"。

混合何以发生？当一种方法不能完美解决问题时，人们就会寻求新的解决方案，但是，当新方法一时难以替代，旧方法仍然有用时，就会产生互补式混合方案，比如混合动力的使用（如帆船＋蒸汽机，内燃机＋电机）。技术方法进步的动因源于旧技术的优势逐渐丧失，而混合技术的动因则是新技术的不尽完美。所以，无论新还是旧，了解技术之利弊才能有效混合。

每一次颠覆性技术出现时，相应领域的弄潮儿通常会首先尝试。但此时的技术还不够成熟，无法满足传统领域的所有需求，所以很难一步颠覆传统范式，于是"两全其美"的混合方案就会出现。这种"颠覆"到来之前的阶段性过渡，在技术发展的历史上不断被重复，无论是跨洋混合动力船"萨凡纳号"（Savannash），还是现如今的新能源混合动力汽车，抑或是"实体银行 + 个人手机银行"等混合支付系统，都是如此（霍恩、斯特克 2015）。

霍恩、斯特克（2015）用混合动力船、混合动力汽车和个人银行方式隐喻混合式学习模式。他们认为，在某种程度上，传统课堂的教育方式与帆船公司、丰田汽车、银行分理处存在相似之处。"当在线学习这种新形式出现时，在是否完全采用这种学习模式的问题上，传统教育者踌躇了，因为这种学习模式还不能满足主流学生和传统课堂的需求。"（霍恩、斯特克 2015：72）数字媒体技术、网络传输技术，尤其是互联网传播技术，较之于传统的课堂递受，有着太多的应用可能性，比如突破时空界限限制、容量形态限制，同时便捷无耗、多模态、低成本（忽略传播设备）等等，好处几乎是无限的。但是，仅限于此还不能替代传统课堂具身对话的交互性体验和社会化功能。

教育领域的专家常倾向于为某种教学模式创新寻求理论依据，如掌握学习理论、发现学习理论、动机理论、首要教学原理、深度学习理论和主动学习理论等，为混合式学习模式做学理背书。固然这些理论都相关，因为它们几乎适用于所有形式的教学。但它们未必是混合式教学模式特有的理据由来。翻转也罢，混合也罢，其实都可以看作是信息与通信技术（information and communications technology，简称 ICT）语境下，传统教学模式与技术应用之间的折中和有限创新，用业界的术语来说就是"维持性创新"（sustaining innovation）。混合式教学模式最多只是符合了现有条件下的教学实际和用户需求，并与那些教与学的理论能够适度契合而已。任何一种教学模式的创新都必然会面对许多新情况、新问题，需要我们运用理论方法归纳总结、推理验证。因此，理论永远是对实践的总结和提炼，而不是实践者亦步亦趋的行动指南和准绳。用哲学的话语来说，实践决定理论，实践是理论的来源，是理论发展的根本动力，是理论的最终目的，是检验真理的唯一标准。教育理论和学习理论属于解释性理论，并不能直接拿来作为教学设计的操作性范本。

在寻求混合式教学的理据时，更应关注的是探究在线学习方式能给传统教学带来什么变化，这种变化的利弊是什么？在线学习能解决传统教学的什么问题，又会引起什么样的新问题？传统外语教学的具体问题是什么？什么问题可解决，什么问题暂时还不可解决，其原因是什么？教育教学的问题有些是随时可解的，有些则是需要特定的环境和条件才可以解决的。当然有的问题是暂时无解的，如教育价值的相对性问题，人脑认知的黑箱问题，等等。但是，人类总是能在现有条件下做得比以前更好。混合理论正是面对种种无奈时的智慧选择，同时也是颠覆性创新到来之前的必经之路。

"一个组织无法成功地颠覆自身的原因在于，成功的组织往往只是习惯性优先考虑那些保证提高现有经济模式边际收益的创新"（霍恩、斯特克 2015：115），这也许就是混合式教学存在的合理性。

5.3.2　混合式教学的目的与方法

混合式教学模式是传统课堂学习与在线学习方式的混合，鉴于传统课堂教学模式本来的差异性，在实施混合式教学过程中需要解决的现有问题就不会相同，如技术介入的深度与广度、教师的教学理念、实施条件等，所以，混合式教学模式也必定会发展出不同的方法与路径。

混合式教学按其组织方式和技术介入的程度不同，从"课堂面授 + 技术应用"一直到"线上课程 + 线下考核"，大致可分为以下几类模式（Partridge *et al.* 2011）。不同的方式需要不同的技术作为支持手段：

（1）**面授操控模式**（face-to-face driver）：这是一种应用数字媒体技术为介导的课堂教学模式，也是传统课堂与计算机辅助学习相结合的早期应用。在所有的混合式学习模式中，这种面对面"操控"最接近典型的学校结构。技术介入的程度与在线材料引用的多寡，是由教师根据具体情况决定的，这意味着教学的针对性处理是可能的：特定班级的某些学生可以参加特定形式的混合学习，各取所需、各得其所。

（2）**轮换模式**（the rotation model）：学生按固定时间表在网上学习和面对面学习之间交替轮换。这是一种可以为差异化教学提供多种创造性的方法，如不同学习"站点"间的轮换（station rotation）、实验室轮换（lab rotation）、个别化轮换（individual rotation）等。学生可在课表安排下轮流体验不同任务、不同方式，或不同环境的线上、线下学习，该过程或教师指导（teacher-led），或自主选择，或同伴协作。轮换可拓展至平行班不同任课教师之间的轮换、实验室上机与小班面授轮换、课内面授与课外屏播或自主学习轮换（翻转课堂）等。高质量轮换计划的关键是通过目标设定建立学生的元认知，以及教师围绕学习目标与学生互动，并鼓励小组深入学习。

（3）**弹性模式**（the flex model）：这是一种在线课程学习和在堂答疑解惑的整合模式，该模式大多数教学都是在线提供的，并根据需要为学生提供面对面的支持。许多开发了校本 SPOC，或把校外 MOOC 作为选修课的学校都采用该模式。尽管教师会根据需要提供现场支持，但学习主要是自我指导。弹性模式因美国在线学习都采用 flex 平台而得名。我国不少高校基于在线课程的混合式教学实验就属于这类模式。类似模式也被称为 the enriched-virtual model（丰富的虚拟模式），所有课程都是在线的，并提供可选的面对面咨询辅导，以获得兴趣或额外支持。

（4）**实验室模式**（lab）：这是一种实验室集中网课模式，所有课程都是通过数字平台提供的，但学习须在同一个物理位置进行，通常是语言实验室。现在的多媒体教室、智慧教室只要网络环境许可，都可以采取这种模式。在实验室环境下，师生选择余地很大：既可集中面授，又可集中线授（通常利用视频讲座、微课、慕课材料等），还可以让学生在教师监督协导下自主在线完成作业互动。

（5）**自主混合模式**（the self-blending model）：自主混合模式指的是"课授+自选网课"拓展模式。学生按照自己的意愿选择在线课程来补充学习。为了使这种混合学习方法取得成功，学生必须具有高度的自我激励能力。对于想要参加额外的拓展课程，或者对传统课程目录中没有被涵盖的学科领域感兴趣的学生来说，自混合模式是理想的选择。

（6）**在线自主模式**（online driver）：这是一种"在线课程 + 定期检查"考核的混合模式。学生通过在线平台完成整个课程，所有课程和教学都通过数字平台提供，学生只要达到课程考核标准即可。在这种自学模式下，学生需要高度自律，并掌握较强的元认知策略和自我管理能力。

在过去 20 多年里，学习技术、互联网连接和在线教育接受度的进步推动了混合式学习模式的发展和普及。混合式教学目前还没有通用的模式，但有许多选项可以针对不同的环境以灵活、定制的方式将现场学习和虚拟学习相结合。混合式教学的目的既不是以不同的方式呈现相同的材料，也不是让以教师为中心的课程与数字内容课程相一致，而是以最合适的方式在学生需要的地方及时出现。个性化学习的前提是学生按照自己的节奏和路径完成内容，教师的角色从"讲台上的圣人"转变为"身边的向导"。

混合式学习还被应用于特定的教育不均衡状态，如混合同步学习模式可以解决教育落后地区的资源匮缺问题。师亚飞等（2021）综述了混合同步学习模式在我国的发展情况，并对其有效性进行了实证研究，认为该模式"是破解教育均衡问题的有效途径"（师亚飞等 2021：29）。这种模式整合了本地面授课堂和远程面授课堂的富媒体学习环境，在这一环境下，远程学生可以借助多媒体同步技术实时参与到本地课堂中学习。该模式主要为两大类："混合双班同步模式"和"混合虚实同步模式"，前者指利用网络多媒体技术对异地实体课堂进行同步教学，主要是一种教师共享、课程共享模式，如双校区教学、双班教学等，在我国采用较多，主要用于解决教育资源不均衡问题；后者指本地实体课堂与异地在线学生同步教学，这是一种类似 SPOC 的混合共享模式，在国外采用较多（Raes *et al.* 2020）。又如匹兹堡大学（University of Pittsburgh）的 HOOC 实验（Gordon Mitchell 2013，转引自 Pilli & Admiraal 2016），让慕课学习者与高校在读生进行协作性交互学习，在线学生可以听在校生的课堂讨论，在校生被要求注册在线课程，并辅导在线学生学习。这种本地课堂与在线学生的混合虚拟同步模式被认为是未来大学的主流学习模式（无论是注册学生还是社会学习者）。

Hirst（1974:172）认为，"一般来说，教育过程既包括'学习'，也包括'教学'。'学习'乃教育的逻辑必然，而'教学'不是，"Hirst进而指出："教育过程即学习过程，这种学习过程可能因教学而得到促进，理想的心理状态（包括知识和能力）由于学习而得到发展。"如果要说翻转课堂一类的混合式学习的真正本质，当属将教学的本质回归于以学为中心。钟启泉教授认为，翻转课堂的本质在于教学理念的翻转，在于教学流程、教学关系、教学效果的翻转（钟启泉 2016）。

5.3.3　混合式教学的问题与建议

混合式学习的定义之争，可以探讨，但不必拘囿。定义是为了对事物做出明确的价值描述，将讨论之事限定在明确的范围内，而不是为了寻求唯一的解释。所谓定义，用哲学话语来说就是对某一事物的本质特征或某个概念的内涵和外延所作的明确界定，是揭示概念内涵的逻辑方法，其要求是"明确"，而不是"正确"，其目的是有利于交流中的识别及认同。因此，定义不是定理，既没有完全一致的定义，更没有完全正确的定义。这就是为什么"文化"的定义多达两百多种（Kroeber & Kluckhohn 1952），"翻译"的定义也非常之多。

命名和定义总是相伴而生，如"微课""慕课""智慧教学""混合式学习"等等。值得注意的是定义是一种学术性表述，并非自主认知来源。过度拘泥于定义会扼杀人们知道但无法表述的事物。随着学习技术、信息技术、人工智能的不断发展，教与学的方式还会不断演化，混合式学习的方式一定会更加多元、智能、人性化。

混合式教学的首要问题可能是技术方面存在缺陷，因为它严重依赖于提供混合学习体验的技术资源或工具。这些工具需要是可靠的、易于使用的，并且保持更新，才能对学习体验产生有意义的影响（Garrison & Kanuka 2004）。这里有几层含义：（1）确保通达的互联网环境，无论是个体环境，还是班级环境。

（2）确保学生使用相同的数字工具，这在实验室环境中容易做到，但在个人终端上可能会存在问题。技术因素的课堂介入对弱势群体学生的学习并不公平，学校应有补偿性措施。除非教育系统能够为所有学生提供可靠的互联网和计算机，否则不可能确保这是主流教育的有效替代方案。（3）技术依赖性还包括学生的信息素养差异。对于试图获得课程材料的学生来说，信息技术素养可能是一个潜在障碍，因此，提供高质量的技术支持至关重要，技术因素不应该成为受教育权的先决条件。

其次是管理问题。混合式教学的实践证明，并非所有学生都能按要求定期观看视频做练习，有相当多的学生一次性看完几周的视频，也有学生并不看视频，或使用刷题、刷课软件蒙混过关。由于在线环境中的管理困难，混合式学习的其他方面可能都具有挑战性，如小组学习、同步网课学习、学习过程监管、远程技术支持等等。显然，技术的应用带来了数字化学习管理的新问题，技术的利好并不能自动解决学习者学习中的惰性，人性的问题还得靠人来解决。义务教育为什么是强制性教育（compulsory education）恐怕不无道理。

最后是实践范围的问题。混合式教学的实施还可以按活动级、课程级、项目级、院校级进行分类管理，课程的设计应整合不同的环境和时间节奏（在线和在地、同步或异步），同时结合积极的学习方法，有目的和策略地使用各种学习模式来引导学生积极参与，应"防止机械添加线上课程单元给学生带来的额外工作量和时间负担"（Graham 2006：41）。

混合式学习模式的构建不在于混合，关键在于不同的理念、方法、技术等与特定教学目标和教学对象的适配，如目标适配（知识、技能）、师生适配（效益、体验）、条件适配（技术、应用）、场景适配（在堂、在线）、工具适配（软件、硬件）等等。许多现有的规划混合学习的方法都是根据技术介入的程度和在线学习的比例来概括的。

近年来，随着对异步模型的更多关注，人们开始深入探究混合学习不同的空间属性及其对教学方法与师生互动的影响机制（Joosten *et al*. 2013；Joosten 2019）。Joosten *et al*.（2021）从四个维度辩证地解释混合学习课程的不同组合模式：课程中使用技术的多寡程度、学生是实时同步学习还是延时异步学习、学生是同一空间一起学习还是远程在线各自学习、教学实践是以教师为中心还是以学生为中心。Joosten *et al.*（2021：20）认为，混合应用并不是沿着每个维度"打开"课程，而是根据教学任务有目的地"调整"课程，移动坐标上的节点，如图 5.2 所示，这说明了技术、时间和空间的混合。例如，歧义较少的语境可能需要更多的同步学习，而需要更多灵活性的语境可能要求更多的异步学习。理想的混合学习的特征，应该能够在教育学上作出解释，并在实践中予以验证。

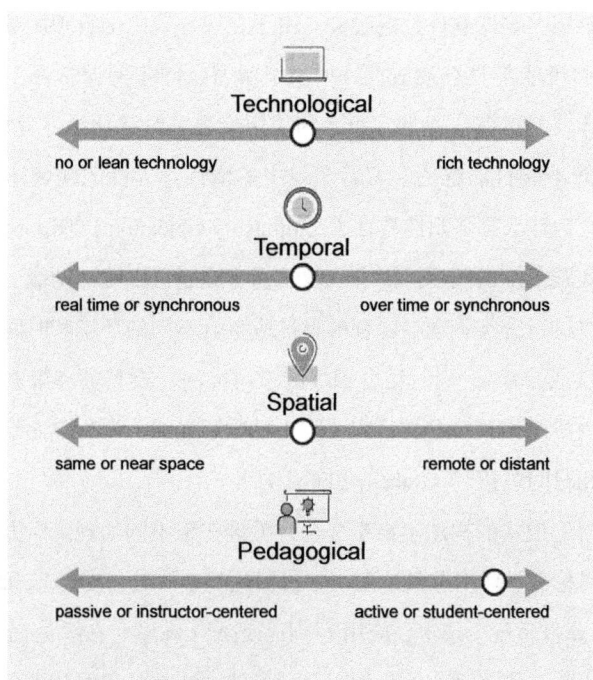

图 5.2　主动混合学习的四个辩证模型（Joosten *et al.* 2021：20）

第六章　外语教育技术与教师发展

6.1　外语教师技术"免疫"的归因探讨

外语教师对技术的"免疫"现象是指许多教师对使用教育技术，特别是高科技教育技术，持有抵触或消极态度，或者没有足够的技术能力和信心来应对这些技术。这种现象的归因是多方面的，一般认为有以下几个方面：

文化因素：在某些文化中，教师被看作是知识的权威，他们的教学方式可能更强调传统的、基于文本的教学方法，而不是技术介入的教学方法。这在人文学科的教学中尤其明显，外语也不例外。传统人文学者追求的是腹有诗书气自华的学养积累，而不是与学问很少沾边的"奇技淫巧"。这种现象在教育技术"未成气候"的初期比较明显，在老资格学者群中特别明显。

技术焦虑：许多教师缺乏适当的技术培训，飞速迭代的技术使得他们难以同步掌握新技术的使用方法，其中包括技术产品易用性不够的问题。有些教师可能会感到学习使用技术会增加他们的工作量，或者担心自己无法掌握新技术而影响教学质量，因而在教学中宁可沿用舒适感较强的传统授课方法。

性别因素：虽然，没有足够充分的研究定论表明技术在应用方面具有明显的性别差异，也没有关于技术性向的性别特性的报道。但是，当一个群体的性别结构压倒性失衡时，就会在职业行为上产生明显的性别倾向。高校现有外语师资队伍在性别构成上严重失衡，一般高校都达到2∶8，个别高校甚至高达1∶9以上。尽管性别对于教师使用技术的态度并不是绝对的因素，但研究发现女性教师比男性教师更容易出现技术"免疫"现象，其中的原因可能是女性在技术领域中的参与度相对较低。

年资因素：一些关于高校教师在技术教学概念和方法上是否会随时间变化

的研究揭示了不同年资教师之间所存在的差异（Englund *et al.* 2017）。研究表明，新手教师发展了他们的技术教学概念和方法，而这反过来又与更多以学生为中心的方法相关；但那些比他们年资更长、经验更成熟的同事却没有这样做。Ertmer（2005）发现，改变（高级）教师对以学生为中心的学习的态度是一个困难而复杂的过程。Postareff *et al.*（2007）也观察到更有经验的教师对变革的抵制。这种"缺乏变化"的现象，可能反映了高年资学者为了获得晋升而面临的研究压力，从而限制了他们在教学发展中投入的时间和动力。Otto（2017）也注意到语言教师专注编写基于计算机应用的课程"往往对他们的职业生涯不利，因为这需要大量的时间投资来培养专业知识和积累经验教训；CALL 工作没有被认为是合法的学术追求。当时，考虑到许多终身教职失败的案例，CALL 的教师开发人员被建议等到终身教职结束后再接触计算机"（Otto 2017: 13）。我国高校外语教师也一度面临类似的职业困境。

以上这些原因部分说明了外语教师何以产生教学中的技术免疫现象，但是，却不能解释这种免疫现象为什么如此普遍、持久、雷同，且习以为常。我们需要更加深入地探究问题出现的源头和历史走向。

6.1.1 师范性训练不足与职场惰性

6.1.1.1 先天性结构失衡及其亚规格师范训练

有学者指出教育技术教师培养的先天不足问题，认为对信息技术课程教学方面的能力培养，与三大传统学科（语、数、外）相比明显不足，进而指出需要关注学科独有的知识特征和"学科体系"，需要思考不同学科的思维方式和语言符号形式以及不同的学科意义空间和课程表征方式（刘和海、饶红 2015）。然而笔者认为，这恰恰是现有教育技术学专业培养模式难以解决的问题，因为学科课程的教学本来就不是教育技术学专业人才的培养目标。只是来自教育技术学专业的这一观察视角真实反映了我国师范教育专业体系的结构性问题。

其实，外语教师和其他学科的专业教师一样都存在技术素养训练先天不足的问题，其源头之一是教师培养模式问题。我国高等教育采取的是专业分科模式，包括教育技术学专业本身也是如此。教育技术除非成为专业，否则它只是（师范类）学科专业的一门或几门选修课。换句话说，学科专业教育均注重学科本位的课程群设置（这是必需的），而较少着意本专业的师范性问题（这是有问题的），师范类课程的占比严重不足，所涉课程在内容架构上与教育技术的整合度也不够。这造成了学科专业教师职前师范性训练的不充分、亚规格现状，其与非师范专业的区别只剩下一张"教师资格证书"和名存实亡的"教育实习"（已变成求职实践）。第二个原因是，中学文理分科教学和高校招生录取模式造成了外语师资的"原发性"比例失衡：以文科生为主、以女生为主、以专业调配生为主。教育传承有着强韧的自我复制功能，如教育观念、教学文化、学术体制、组织架构、技术座驾等等。所以，结构性的教师技术素养问题要从源头解决，或在师范类课程设置的系统性、专业性方面进行针对性强化，唯有如此才能一定程度上弥合结构性缺陷，达至生态意义上的基本平衡。

我国外语教育的传统留给了我们丰厚的人文积淀，但同时也留下了不尽如人意的学科体系、课程设置、师资构成和观念传承。这是我们无法回避、不得不面对的现状。外语教师的师资构成目前主要有以下几种类型：

（1）语言 + 人文型：这是绝大多数外语专业（含师范类外语）人才培养模式，语言为主，人文为辅；

（2）人文 + 语言型：文科背景深厚的综合大学英语专业，语言、人文素养均佳；

（3）语言 + 专业型：少数本科为外语专业，跨专业攻读教育学、教育技术学的硕博研究生，他们是外语教育技术研究的主力军；

（4）专业 + 语言型：这是少数具有其他专业背景（指第一学历）的外语教师。这部分教师来源有三：一是在校转读外语专业的，这部分教师大都喜爱外语专业，且学业出色；二是非外语专业背景的海归硕士或博士，有的还是主攻教育学、教育技术的；三是其他文科或计算机专业转攻外语硕博学位的，特别是翻译学、跨文化交际、计算语言学等方向。这部分教师占比不大，但却是外语教育技术应用与研究的中坚力量。

由此看来，改善外语教师队伍的结构应从源头做起，除了职前师范教育的专业设置和课程改革，还包括招生、入职时的性别平衡，以及专业志趣和技术背景要求等。

6.1.1.2　职场文化的陈规与认识惯性

技术免疫现象不仅源于先天的技术培基不良，还受成长过程中认识惯性的影响。这种认识惯性源于职业行为的复制性（前辈、同事、同辈群体）和职场文化的裹挟性。"复制"是由于自己初上讲台不会教而主动模仿他人，包括回忆曾经印象深刻的老师或观摩现在的同事或网课视频等；"裹挟"是指教师所在单位的职场"小生境"对自身从教行为方式的潜移默化的影响，这种影响有积极的、有消极的。一个锐意探索、积极投入的教改团队，与因循守旧、抵触技术的惰性教师群体，对教师成长的不同影响是不可忽略的。

认识惯性还源于传统文化观念。站在讲台前，教师所有的行为愿念都可以归结为最原始的冲动：讲你听、写你看（读）、做你学（观察）。"言传身教""耳提面命"是传统教学的基因密码。撇开其蕴含的价值文化不谈，就教的方法而言，是注重具身授导的学徒式调教，对应的职业基本功就是语言能力、书写（板书）能力和表演能力。是以有"三字一话"的基本功要求（钢笔字、毛笔字、粉笔字和普通话，外语老师的要求是外语）。但这还只是对教书匠的要求，文如其人、字如其人的背后还蕴含了以文载道、以文济世的学人情怀和人文追求。从根子上看，高校教师对自己的职业认同与追求，更倾向于做学问而不是搞教学。教师的一生几乎都是在与文字打交道。身为儒生、文人、学者的高校教师，对学问文章的追求，远胜于照拂"子弟三千"，因而造成了一直以来的重"研"轻"教"的大学底色。

6.1.2　教育技术产品的易用性问题

较之于前两类技术免疫致因，教育产品的易用性问题是技术免疫的客观原因。这似乎一直是个问题，从复杂的机械设备，到如今的多媒体、互联网、平台软件，自从笔者走上大学讲台起就一直存在。有人认为这也许是技术发展的局限所致，但随着对教育技术产品的持续关注和经年实践后，笔者发现问题大多出在产品的研发者、生产者缺乏对教学实际和用户需求的深刻了解，以及产品的使用者缺少对产品教学功能的适用性开发。前者是产品设计的易用性、友好性问题；后者是用户的技术素养和实践创新的问题。但是，若非对技术有一定的兴趣或出于万不得已的原因，绝大多数从事文科教学的外语教师不会主动去"折腾"什么创新技术应用。面对新奇但不易上手的技术，往往不是刻意回避，就是浅尝辄止。

有专家认为感知易用性并不能显著影响对技术使用的态度（Teo *et al.* 2017），因为尽职的老师更多关注的是技术资源为教学带来的效果和效率，而不是关注是否能容易使用。这样的论断可能违背常识。感知易用性和易用性本身不是一回事。技术的有用性、易用性与使用者对这些性状的感知不是同一性的。技术素养强弱不同的教师的感知度差异很大，规制性技术要求的高低也会影响使用感知度。从技术发展史的角度看，易用、有用、高效、低耗一直是技术革新的主旋律。事实就是：教师不会因为某项技术好用才用，而是为了有用才用。但是如果有用的技术很难用，或者使用成本很高（如音视频编辑软件），教师也会止步不前，或忍痛割爱。

对自我效能感（计算机、网络、技术）的研究，既不能说明技术之于教育的可予性，也不能提高教育技术应用的实际效用。它只是在既定技术／学习语境下的动机解释理论。我们应该从改进技术的有用性、易用性入手（使之有更好的产出），而不是从探究感知易用性和感知有用性的行为后果中寻求解方（行为意向可以促进教师行动，但不能保证行动的有效性），因为行为动机有助于提高自身绩效（同样的产品应用情况下），但该绩效却不必是技术本身产生的后果。在教育技术的应用实践中，很多外语教师十分勤奋地做着许多无用功便是鲜明的例证。

造成外语教师技术免疫确有技术本身的原因。比如，PowerPoint 可以用于教学演示，但是它本不是为教学演示而设计的。纷繁复杂的菜单按钮、不知所云的动画设置、华而不实的转场效果等，这对于任何一个技术零起点的讲台"菜鸟"来说都是一个不小的挑战，何况不少教师根本没有接受系统而专业的技术扫盲培训。

早期的语音实验室，其复杂程度足以让人望而生畏。首先是语言实验室操作界面无统一标准（模拟的、数字的均是如此）。由于购置时的经费或招标等行政因素，许多高校往往同时配有多个厂家的设备，硬件设备又无定制一说，有什么买什么。这给当时的听说课老师带来了不少麻烦，因为排在不同的实验室上课，就意味着要熟悉不同的实验室配置和操作台。较后购置的电脑主控台要好一些，但周边设备的集成性还是很差。投影仪、幕布、音响、功放、拾音器等都要分别操控；有的产品采用物理按键或旋钮组成的面板控制，使用体验不佳。现如今各种教学系统、学习平台的界面虽然界面已变得友好，但是追求界面易用导致了"傻瓜式"运用，更多的隐藏功能需要用户定制调用，易用性问题仍然存在（参见下册第十五章第二节）。

语言教学中，并非所有的课堂活动必须依赖技术，如师生对话、阅读思考、讨论辩论等；但是一旦诉诸图文表达、过程展示，有无技术加持就会显得很不一样，但有的时候还不很方便。各种技术是否是刚需，取决于效益和便利之间的平衡性选择，如资源整合、内容策展、教学演示、数据采集、评价反馈等环节，多数教师确实可以从技术赋能中获益。

技术是用来解决问题的，但是，如果技术太过复杂，即便能解决问题，其过程也还是很麻烦。这样的技术多半是会被免疫的。篮子能用来多装东西，但篮子本身不能太重，太重了就要装轮子；资源丰富是好事，有助于教学，但资源太多，就需要智能检索工具；早期的电脑太复杂，只能由专业人员操作，之所以成为个人电脑，全在于操作系统的易用性。所以，易用性原则已经成为IT行业的"经典铁律"。然而，通用软件的易用性并没有自然而然地转移到教学领域的技术应用上来。目前，相对专门的教育软件的易用性还是不如通用的民用产品。信息技术与人工智能的融合以及多场景应用的发展有望迅速弥合两者之间的差距。

6.1.3 教育技术应用的观念性障碍

6.1.3.1 会用技术不难，懂用技术才难

我们讨论了技术免疫的源头问题，比如师资技术素养源自亚规格训练、技术实用主义的文化根源、技术态度的性别与年资因素、技术产品的易用性缺失等。但是，技术素养不可能一蹴而就，技术观念也非一日养成，技术完善更不可能一步到位。与教师能力发展相关的技术应用问题，更多的是解决教学中技术应用的观念性障碍，其中既有个体的问题，也有组织管理方面的问题。

首先，我们不能期待所有的学科教师都是技术达人。这既不可能，也没有必要。相反，绝大多数教师首先应该成为学科专家，这样才能让技术应用为他们锦上添花。比如，PowerPoint 人人都在用，却不是人人都会用，更不是人人愿意去学会用，甚至部分领导有下属做，有些导师有学生做，不会就请人帮忙做，现在又希望让 GPT 做——这些既是行为方式问题，也是应用观念问题。微课微视频越来越普及，但是，始于参赛、止于获奖的驱动，产生了很多"炫技"视频作品，形成了某些制作套路，乃至催生了一个微课产业链，却并没有留下太多有利于学习的优秀作品，这也是观念偏差导致的问题。SPOC、MOOC 等在线课程开发，在教育信息化宏大叙事的背景中，发展迅速且势头不减，但是，课程开发目的失焦、目标受众定位宽泛、传统课授的套路搬家等等，还是凸显了技术应用的观念问题。在线课程开发到底是采用录音室、摄影棚，为教学录像影视化投入大笔资金的大制作，还是采用在家里书房自拍、同事互拍、学生帮拍的低成本制作，这还是技术应用观念问题。生成式 AI 面世以来，有的人惶恐抵制，有的人盲目跟风，全然不顾实际应用的可能性和负面影响，这更是技术应用的观念问题。

成功实施教育技术的一个关键因素是教师确切了解为何、何时以及如何最好地实施教育技术的能力（Schneckenberg 2009；Laurillard & Masterman 2009；Lindberg & Olofsson 2012；Krumsvik 2014）。然而，教师采用教育技术是一个复杂的过程，受到许多外在和内在因素的影响（Drent & Meelissen 2008；Somekh

2008；Price & Kirkwood 2014）。教师如何使用技术是许多研究的重点，但应考虑更基本的问题，例如教师的概念和方法。"会不会用技术"通过浅层的技术培训就可以解决，"懂不懂用技术"却是深层次的专业性问题。教师要明白为何要用、何时要用、为了谁用、用了能怎样、不用会怎样等问题。这些观念性问题涵涉了教师怎样看待教学、学生，以及如何定义学习、如何理解语言学习、技术赋能以及它们之间的相互作用与关系等诸多议题。

6.1.3.2　教师知能差异与团队结构效应

高校教师与中小学教师不一样，除了具有扎实的专业基本功以外，他们大都是各个领域术有专攻、学有所长的学科型专家。这种知识能力结构的差异性是教师队伍结构多元化的基础，也是大学之所以为大学的学术底蕴和活力所在。在教育数字化转型的改革过程中，技术应用管理层如对教师作简单划一的技术要求甚至硬性规定，会带来不必要的非学术性干扰。

对技术赋能的预期也存在观念性偏差和操作谬误，总以为技术应用能为教学改革带来些许效益。管理者倾向认为在技术语境下的教学，教不好是教师的业务水平问题，包括专业知识、教学方法、技术应用能力。其实，技术是用来取长补短的，个人的长短不一，使用的偏好、投入的精力、教学的需求也是千差万别的。所以，任何一刀切的要求或评价标准未必能获得预想的效果。学校教育的数字化转型策略到底是提高每一位教师的技术应用水平，还是提高服务于每一位教师的技术应用水平，就成了一个技术研发的思路问题，同时也是一个智能技术时代的管理智慧问题。

首先，技术应用水平永远落后于技术发展的水平，所以技术素养是一个与时偕行、不断适应，甚至是选择性适应的过程，期待一劳永逸的培训是不现实的；其次，许多技术的教学介入，都不是个体技术使用的问题，而是技术服务问题，解决方案在技术提供方，而不在用户；再次，选择何种方法教学是职业赋予教师的权力，这本身就是一种职业自主权（如同医生的处方权）。教学管理管的是教学质量，而不是教学方法。只要能教好书，方法不宜苛求。

许多成功的应用确实能证明，技术的合理使用能带来理想的教学效果。但是教育发展的历史事实表明，真正撑起高等教育大厦基础的，是广大教师深厚的学养积淀，是对教育事业的无限热爱，以及对科学、真理的不懈追求。技术之于教学，在任何情况下，只是助推器、催化剂。

大学除了教学型教师，更有大量的研究人员、科学家、文学家、哲学家、史学家、艺术家等。现代教育技术对他们并非无用，但显然不能成为他们每一个人的刚需。面对这些专家学者，技术的作用在于服务。即便是对于教学型团队而言，也可以改一改固有的资历型结构模式，在职称结构、年龄结构、学缘结构中，加入知识结构、专业结构、技能结构等要素，形成课程团队的构成变化：学科专家＋教学专家＋技术专家。英美国家大学都设有"数字"教学设计师的专门教职。这样既能弥补教师个体知能结构的短板，也能更好地发挥团队的结构性互补效应。一味追求打造一支技术、专业全能型教师队伍的建设思路，在知识日益细分且又需协作的今天并不明智。个性化、多元化、差异化发展永远是教育生态健康存续的前提，管理者该做的和能做的就是为其提供良好的土壤与气候环境。

6.2　技术语境下的教师"知、能"结构

外语教师发展是外语教育技术应用研究的一部分，但却不是外语教育技术的一部分。任何技术离开了应用就失去了存在的价值，任何应用离开了人的作为就失去了价值的目标指向。所以，外语教师发展研究应该关注技术语境对教师知识与能力结构的要求与具体影响。

6.2.1　从 PCK 向 TPACK 的发展

美国密歇根州立大学的马修·科勒（Matthew Koehler）和庞雅·米什拉（Punya Mishra）于 2006 年首次提出了"整合技术的学科教学知识"（Technological Pedagogical Content Knowledge，简称 TPACK）教师知识框架（Mishra & Koehler

2006）。该框架以 Shulman（1986，1987）对学科教学知识（Pedagogical Content Knowledge，简称 PCK）的定义为基础，描述教师对教育技术和 PCK 的理解如何相互作用，从而产生有效的技术化教学。其他作者也讨论过类似的想法，但通常使用不同的标签方案。Koehler & Mishra（2009）所描述的 TPACK 概念随着时间的推移和一系列出版物的出版而发展，对框架的最完整描述见于 Mishra & Koehler（2006）以及 Koehler & Mishra（2008），如图 6.1 所示。

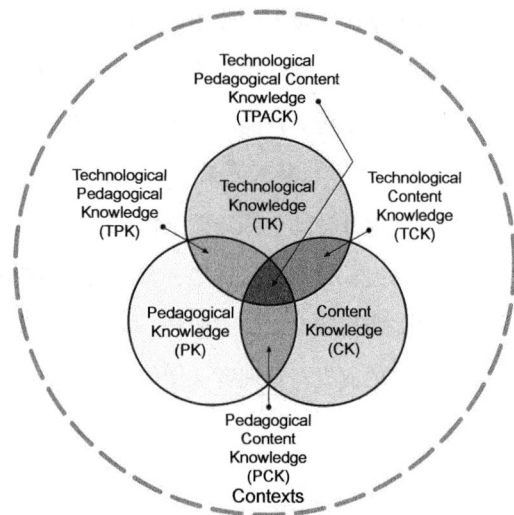

图 6.1　TPACK 知识结构（Mishra & Koehler 2006；Koehler & Mishra 2008）

在这个模型中，教师知识有三个主要组成部分：内容知识（Content Knowledge，简称 CK）、教学法知识（Pedagogical Knowledge，简称 PK）和技术知识（Technological Knowledge，简称 TK）。对于该模型来说，同样重要的是这三个知识体系之间的交互作用，相交部分被表示为学科教学知识（PCK）、技术化内容知识（TCK）、技术化教学知识（TPK），以及三个知识体系都交互的技术化内容教学知识（TPACK）。该框架整合了"学科内容、教学法和技术应用"这三种知识要素以后形成了新的教师知识框架，是教师创造性地将技术、教学法和学科内容三者的关键知识加以整合，从而超越三者的新型知识形态。

内容知识（Content Knowledge，简称 CK）是教师对要学习或教授的主题的知识。内容知识对教师来说至关重要。正如 Shulman（1986）所指出的，这些知识包括概念、理论、想法、组织框架、事实和证据的知识，以及开发此类知识的既定实践和方法。不同领域的知识和探究性质有很大差异，教师应该了解他们所教授学科的更深层次的知识基础。

全面且扎实的学科内容知识基础是一个人成为教师的先决条件，方法和技术是服务于内容传授的。教学的方法与技术带来的影响是教的效率，但内容知识的缺陷，其代价是难以估量的（学生接受不正确的信息，会对内容领域产生误解，传统的说法叫"误人子弟"）。然而，内容知识本身是一个结构不良且不断发展的领域，与课程内容有关的问题可能是存在重大争议和分歧的领域。这就是为什么一位教师，尤其是大学教师，学问要做一辈子的道理。

教学法知识（Pedagogical Knowledge，简称 PK）是指教师对教学过程和教学方法的深入了解。其中包括整体教育目的、价值观和具体目标。这种形式的知识适用于理解学生的学习方式、一般课堂管理技能、课程规划和学生评估。它包括关于课堂上使用的技巧或方法的知识、目标受众的性质，以及评估学生理解的策略。拥有深厚教学知识的教师了解学生如何构建知识和获得技能，以及他们如何培养思维习惯和积极的学习倾向。因此，教学法知识要求理解认知、社会和发展学习理论，以及它们如何在课堂上应用于学生。外语教师在这一块的短板是基础理论不扎实，思路不开阔，容易一头扎进教学基本功等技巧层面。

学科教学知识（Pedagogical Content Knowledge，简称 PCK）与舒尔曼的教育学知识理念相一致（见图 6.2），该理念适用于特定内容的教学，如外语教学法、口语教学技巧、词汇教学方法等。舒尔曼对 PCK 概念化的核心是教学主题的转变。具体而言，"这种转变发生在教师解释主题，找到多种方式来表达主题，并根据替代概念和学生的先验知识调整教学材料时"（Shulman 1986：6）。PCK 涵盖教学、学习、课程、评估和报告等核心教务，例如促进学习的条件以及课程、评估和教学方法之间的联系。意识到常见的误解和看待它们的方式，在不同的基于内容的想法之间建立联系的重要性，学生的先验知识，替代教学策略，以及探索看待同一想法或问题的替代方法所带来的灵活性，都是有效教学的关键。外语老师对这一领域知识的把握和应用显然并不充分。

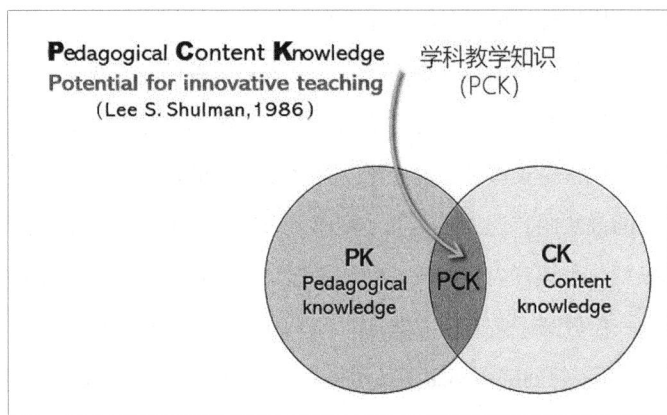

图 6.2　舒尔曼的 PCK 教师知识结构

技术知识（Technological Knowledge，简称 TK）与 TPACK 框架中的其他两个核心知识领域（教学法和内容）相比，技术知识较难定义，因为技术知识总是处于不断变化的状态，而学科知识相对稳定。这就造成了无论在什么时候，任何技术知识的定义都有过时的危险。那教师如何自处？思考和使用技术的某些方式是否可以适用于所有技术工具和资源？

TPACK 框架中使用的技术知识的定义与美国国家研究委员会信息技术素养委员会（United States National Research Council，简称 NRC）提出的信息技术顺畅性（适应性）的定义相近。他们认为，适应性超越了计算机素养的传统概念，即要求普通学科教师对信息技术有足够广泛的了解，以便在工作和日常生活中高效地应用信息技术，认识到信息技术何时有助或有碍于目标的实现，并不断适应信息技术的变化。因此，与传统的计算机素养定义相比，"恰切应用"对信息处理、沟通和解决问题，较之于信息与通信技术（information and communications Technology，简称 ICT）技能本身，需要更深入、更本质的理解和掌握。以这种方式获得的技术知识使一个人能够利用信息技术完成各种不同的任务，并为完成给定任务而开发出不同的应用方式。技术知识的这种概念化并没有假定一种"终结状态"，而是将其视为一种与时俱进的发展能力和灵活态度，在与技术的生成性、开放式互动中不断演变。

技术化内容知识（Technological Content Knowledge，简称 TCK）。技术与内容知识有着深刻的历史关系。医学、历史、考古学和物理学等领域的进步与新技术的发展同步，新技术以新的、富有成效的方式提供数据的表示和操作。了解技术对特定学科实践和知识的影响，对于为教育目的开发合适的技术工具至关重要，如口语、听力之于语音技术，听说读写之于多媒体技术，作文批改、辅助翻译之于机器学习与语料库技术，翻转、混合学习之于网络技术，可视化教学之于数媒影视技术（制作课授视频），等等。从古老的雕版篆刻到当代的激光照排，内容知识离开了技术媒介的承载是无法传续的。

数智语境下的教学，教师必须知道不同技术的选择提供并限制了可以教授的内容类型。同样，某些内容性决策也可能会限制可使用的技术类型。技术可以限制表示形式的类型（如影视、音频、图片、文字或书本、磁带、光盘、网盘），但也可以构建更新更多样化的表示形式（如动画、视频、微课、慕课、VR、AR、MR、全息投影等）。此外，技术工具可以在这些表示中提供更大程度的灵活性。因此，TCK 是对技术和内容相互影响和约束方式的理解。教师需要掌握的不仅仅是他们所教的科目，而且还有相应的表达方式的演进变化。教师需要了解哪些特定技术是最适合解决其领域的主题学习，以及内容如何决定甚至改变技术，反之亦然。

技术化教学知识（Technological Pedagogical Knowledge，简称 TPK）是对特定技术以特定方式使用时教与学如何变化的理解。这包括了解一系列技术工具的教学可予性（affordances）和限制（constrains）作用，因为它们与符合学科和发展要求的教学设计和策略有关。为了构建 TPK，需要更深入地理解技术的"能"与"不能"，以及它们发挥作用的学科背景和人际互动关系。

例如，黑板的技术特征是简单易用、黑白分明、容易编辑、一目了然，所以它是普遍适用的课堂可视化教具，其用途是预先设定的，通常放在教室前面，由老师控制。黑板的位置通过桌椅安排确定师生互动的性质，在课堂上施加了特定的物理顺序，因为学生通常只有在老师要求时才能使用它。现在的课堂演示方式，无论是白板、幕布、触摸屏、智慧黑板、网课屏幕等，都遵循这一默认逻辑。然而，深谙课堂交互的教师不会拘泥于演示工具的单一既定用途，而是会创造性地用其来组织课堂活动，如头脑风暴、作业抽查、小组展示、学生表演等。如此一来，演示工具就不再属于讲台上的个人权限，而会突破界面的时空限制（如联网的智慧黑板或电脑投屏），使自己变成师生借以沟通交流的节点和枢纽，或成为课堂讨论和意义协商的平台和视窗。技术化的教学方法也因此而改变了人际互动的深度与广度。理解技术的可予性，以及如何根据环境和目的的变化以不同方式利用它们，是理解 TPK 的一个重要部分。

因此，将技术用于教学的知识（TPK）变得尤为重要，因为大多数流行的软件程序都不是为教育设计的。微软的办公套件（Microsoft Office Suite），甚至是教师每天都在使用的 PowerPoint 和文字处理器等软件程序，原本都是为商业环境设计的；基于网络的技术，如博客或播客，也是为了娱乐、交流和社交网络而设计的。教师需要摒弃"功能固定性"[1]（Duncker 1945），培养超越技术最常见用途的技能，为定制教学目的重新配置技术。因此，TPK 需要对技术使用进行前瞻性、创造性和开放性的探索，这不是为了自身的方便或喜好，而是为了促进学生的学习和理解。

所以，技术化内容教学知识（TPACK）是基于技术的内容教学知识，它是一种新兴的教师知识图式，超越了所有三个"核心"组件（即内容、教学法和技术）。TPACK 是从内容、教学法和技术知识之间的互动中产生的理解，是真正有意义且技术娴熟的技术化教学基础。它不同于对所有三个概念的知识把

---

1 功能固定性（functional fixedness）是一种认知偏见，它限制一个人仅以传统的方式使用一个物体。功能固定性的概念起源于格式塔心理学。卡尔·邓克（Karl Duncker）将功能固定性定义为一种心理障碍，阻止以解决问题所需的新方式使用对象。

握，而是需要以建设性方式使用技术教授内容的知识，了解技术如何帮助解决学生面临的一些问题，以及如何利用技术在现有知识的基础上发展新的认识论或强化旧的认识论的知识。技术与围绕着特定学科内容教学的有效整合，需要发展教师对所有三要素之间的动态的、交互关系的敏感性。一位具有协调这些关系能力的教师，很大程度上具备了学科专家、技术专家和教育学专家所具备的知识。

当然，将技术、教学法和内容视为三个相互关联的知识基础的做法并不简单。如前所述，Mishra & Koehler（2006）提出 TPACK 框架之初就指出，将三个部分（内容、教学法和技术）分开是一种分析行为，在实践中很难厘清。事实上，这些成分存在于一种动态的平衡状态中。又如哲学家库恩（Kuhn 1977）在另一个语境中所说，存在于一种"本质张力"状态中，孤立地查看这些组件中的任何一个都是对良好教学的误解。在 TPACK 框架中，技术化教学与学习在三个组成部分之间存在着动态的交互关系，任何一个因素的变化都必须通过其他两个因素的变化来"补偿"（Mishra & Koehler 2006）（见图 6.3）。

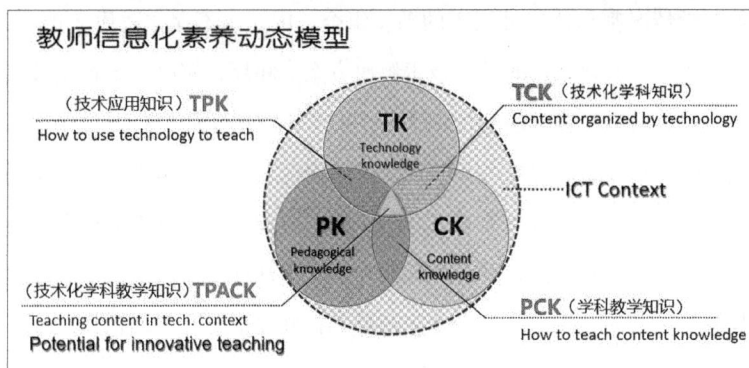

图 6.3　技术、教学法、内容知识的动态平衡

内容性知识（CK）、教学法知识（PK）和技术性知识（TK）三个圆的交互叠合通常不是自然而然地发生的。能否产生交叠，多大程度上产生交叠，除了教师个体的主观努力以外，更多地取决于技术应用的"语境"驱动（信息化教学的政策要求、学校采取的激励措施、良好的基础设施和资源环境、教学中

的常态化技术支持等等），即教师成长的外部条件。每当使用一种新的教育技术，教师就会面对基本的教学问题，并重新审视这三个要素之间的动态平衡，从而实现新的补偿效应。这种观点颠覆了教学的传统观念，即教学法和技术应用源于课程内容，亦即所谓教材教法。然而，事情很少有这么简单，尤其是在采用数字信息技术的情况下。例如，基于互联网技术的线上教学（慕课、微课、网课直播等）的兴起，表明一种技术的到来迫使教育工作者重新思考一系列核心教学问题：如何在网络上表示学科内容、如何在线上组织教学互动、如何将学生与主题彼此联系，以及如何跨越时空有效管理和支持学习行为等等。

技术化（信息化）教学是一件很难做好的事情。健康发展的教育技术应用应该处于内容性知识（CK）、教学法知识（PK）和技术性知识（TK）三者的动态平衡。TPACK 框架表明，内容、教学法、技术和教学与学习环境可以单独或共同发挥作用。成功地进行技术化教学需要不断创造、维持和重新建立所有组成部分之间的动态平衡。通过整合技术、教学法和内容方面的知识，专家教师可以在任何教学时间发挥 TPACK 框架的作用。教师在实际教学中面对的每一种教学情况都是这三种因素的独特组合，因此，不存在适用于单一教师、单一课程或单一教学观点的单一技术解决方案。相反，解决方案在于教师能够灵活地应对由内容、教学法和技术这三个要素定义的空间，以及这些要素在特定环境中的复杂互动。忽略各个知识组件固有的复杂性或组件之间关系的复杂性可能会导致解决方案过于简单或根本无效。因此，教师不仅需要在每个关键领域（CK、PK、TK）提升专业熟练性和认知灵活性，还需要在这些领域和语境参数相互关联的方式上培养专业熟练性和认知灵活性，以便他们能够构建有效的解决方案。这是一种深刻、灵活、务实和微妙的理解。所以，TPACK 本身就应该被视为一种专业知识结构。

该框架既可以用来分析教师个体的知识结构，也可以用来分析机构组织的教育技术应用的整体水平。值得注意的是，学校管理的一系列的因素都会影响着这种平衡的实现。多数学校在技术应用初期可能都不尽理想，如基础设施不到位、教师技术应用能力欠佳、数字化资源组织能力不足、学科教学法知识相对薄弱等。但这是数字化转型发展过程中的必须经历的过程，会随着教学建设和教师发展而逐步改善（见图 6.4）。

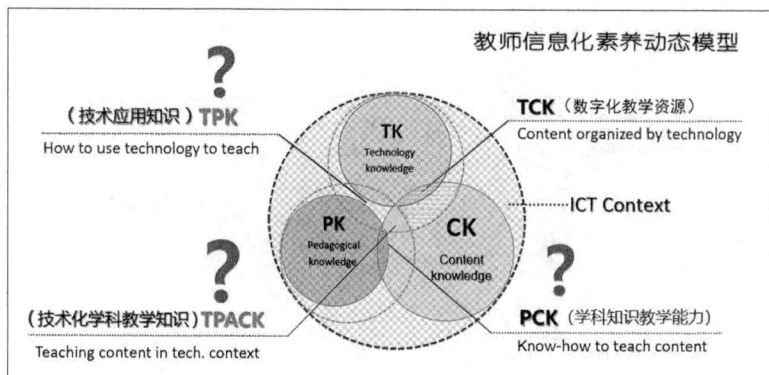

图 6.4 教师缺少教学素养、学校缺乏技术环境

但是，如果学校长期缺少技术基础设施的投入，或者技术支持环境不到位，抑或大多数教师逃避技术变革对教学改革的挑战，那就不可能产生 TPACK 效应。在这样的环境下，即便教师是两栖型、三栖型全能教师，也难以开展有效的信息化学科教学（见图 6.5）。

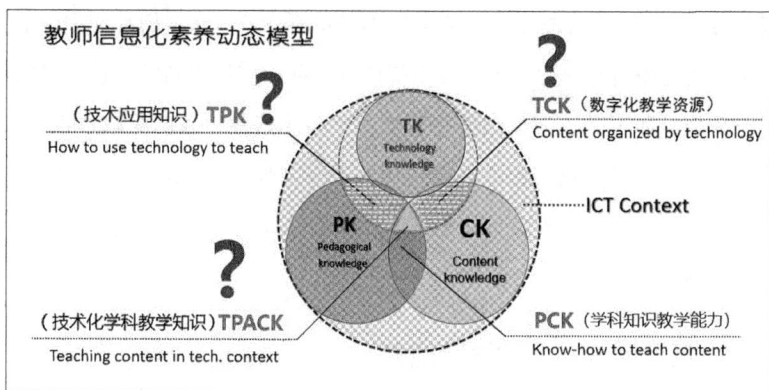

图 6.5 学校忽视技术环境建设

与此相反的情况是很多学校投入了大量的物力财力，打造了堪称一流的数字化信息环境，然而在教师发展上着力不够，或仅注重技术知识培养，而不是

提高他们在技术语境下教育教学的洞察力、适应性和创造性（教师个体理念同样如此），因而也难以收获应有的技术红利（见图6.6）。

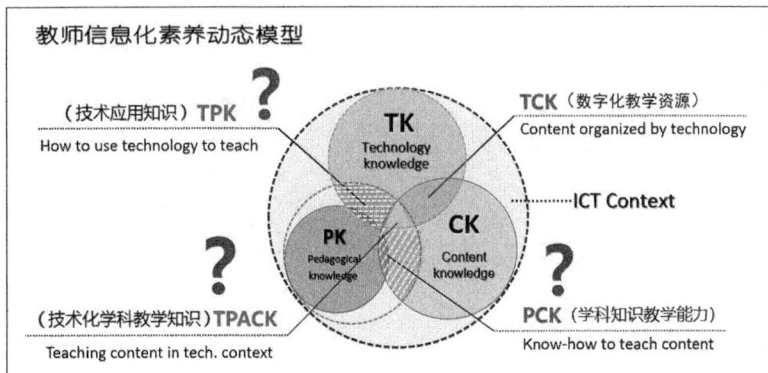

图 6.6　教师缺少教学法知识训练

当然，确有不少学科专家、学者并不关心教育技术应用问题，甚至连教学法知识也不在他们的考虑范围之内，而且这也不妨碍他们成为学富五车的学者专家。但其实，恰当的技术应用对这些学者来讲是可以锦上添花的。这种类型的学者是大学之所以为大学的宝贵学术资产，而且以笔者的观点看，大学更需要这样的学术型、专业型学者。因此，不必也不应该苛求他们都成为全能型教师。对于此类相当普遍的情况，技术应用管理部门应该提高针对这些专家的技术服务水平，而不是一刀切地期待他们提高技术素养。我们应该整理、保护、抢救这类学者的学术资产（如拍摄他们的教学录像），利用技术手段实现这些学术资产的存续与推广传播。这也可以看作是学术机构组织层面信息化教育的TPACK框架效应。

6.2.2　互联网环境下的学习能力

专业知识的检索甄别能力一直被认为是高校教师专业素养的核心要素之一。智能互联网时代给我们带来了极大的信息便利，但是很多老师在如何通过网络获取高质量专业知识和技能信息方面还是存在欠缺，以至于许多外语教师经常抱怨找不到合适的学科资源。其实，无论是教学业务，还是自我成长，数智语境下的外语教师至少有四个方面的搜索需求：信息咨询、知识技能、素材文件和工具软件。作为教师业务能力要素构件的搜索技术，不同于一般的娱乐消遣、刷屏浏览，而是意味着专业精准的了解（know）、快捷有效的学习（learn）、匠心独具的创造（create），以及事半功倍的效率（work）。我们往往为了某一专业的目标任务，需要搜索多种类型的知识。但是，并非所有的搜索工具都能让我们得偿所愿地获取目标信息。且不说类型各异的搜索引擎技术有高有低、功能各有所长，究其运营方式也有良莠之分。以笔者的经验，从知识的可靠性、权威性、及时性来看，依次是谷歌≥必应≥搜狗≥知乎≥百度≥公众号≥短视频。而能否有效检索，还取决于搜索技术和检索能力。

　　精准快速地获取检索信息，需要掌握基本的搜索语法。比如，用双引号限定关键词，用"intitle:"或"allintitle:"（all 表示两个及以上关键词，下同）指令限定标题中的关键词，用"intext:"和"allintext:"指令限定文章内容里的关键词，两者组合使用能快速精准地找到关于"某人"的"具体内容"，如 intitle:"Elon Musk"intext:"Tesla update"表示在标题中必须有 Elon Musk，且在文章中必须有 Tesla update。类似的指令还有：使用"filetype:"限定检索文件的格式（如 pdf、doc、ppt、png、gif 等），避免关键词下出现众多格式的混杂结果；使用"inurl:""allinurl:"指令查找到 url 链接中包含目标关键词的页面；用"site:"指令把搜索结果限定在某个网站（须准确输入网站域名），如用"site:"指令加上 pexels.com、pixabay.com、gettyimages.com、unsplash.com 等图片网站，就可以直接搜索高质量图片素材；甚至可以用"imagesize:"指令限定图片尺寸，找到符合尺寸需求的高清图片（前提是需要有一定的图片参数常识，如 2560×1440、3840×2160、5760×3840 等），当然，搜索引擎也都有参数大小及自定义选项。除此以外，还可以用"define:"检索关键词定义，用"info:"查找指定网站的基本信息，用"related:"查找相关站点等等。总之，熟悉搜索引擎的基本搜索语法，有助于我们找到可靠的源头信息和一手资料。有人说，搜索技术是让普通人变强的重要途径，那更何况教师呢？高校甚至有文献检索这门课程。

　　当然，专业知识技能的检索除了要掌握搜索语法，还需要在实践中积累经验。比如，搜索网页，尤其是外文网页，谷歌效果较好；但国内文本类知识，大都沉淀在公众号、知乎文章里，所以直接搜索更佳。因为谷歌虽然可用"site:"搜索知乎网站，但并不支持微信公众号搜索。大量垂类社群、聚合网址、导航网址可用谷歌"xx 行业/岗位必逛网站"检索获取；文档、文献类内容可用"filetype: pdf/doc"等文类指令检索；专业类报告可用"inurl: baogao/report"（区别于国内外）获取特定网址域名，然后在"similarsites"搜索框输入某一专题报告网址，即可返还许多类似网址。借此可以轻松聚合某个垂类所有头部网站（建书签文件夹收集会更便利）。有人认为，在生成式人工智能时代，有了 GPT 后检索技术便不再重要，其实不然。GPT 固然可以帮助我们更快地检索目标信息，但是作为教师，娴熟的搜索技巧不仅能帮助我们快速查证信息的准确性、可靠性以及来源、出处，也有助于我们更好地与 GenAI 进行交流。因为，知道要什么和为什么，才能有效沟通、达成目的。

　　至于学术论文的检索，除了可充分利用各高校丰富的中外文数据库和中国科学院公益学术平台（PubScholar）以外，Google Scholars、Sci-Hub、Connected-Papers、Read Paper 甚至 Wikipedia 都可以为我们提供及时、快捷、丰富的全球性英语学术资源。其中，Google Scholars 索引了来自世界各种来源的学术资源，包括学术出版商、大学和其他学术组织，允许用户搜索学术文献，如文章、论文、书籍、会议论文等。该搜索引擎支持丰富的文献格式，可以和 Endnote 等编辑软件协同使用，同时还可提供全文链接，引用数据和相关文章，在功能上其他学术搜索引擎无可比拟。Sci-Hub 数据库收集了近一亿份高质量研究论文，全部免费下载，平均每个月中国用户下载近 5,000 万份（全球第一）。唯一遗憾的是它不支持搜索语法，需要完整输入论文题目或文章的数字对象识别码（digital object unique identifier，简称 doi），所以可以与 Google Scholar 配合使用。

　　Connected-papers 是一款文献知识图谱"神器"，专门用来进行文献或者某个领域已发表论文的关联分析，输入一篇与本人研究方向或专题内容相吻合的已发论文题目（最好是种子文献、高引文献），系统会自动关联所有相关文献，形成论文图谱，引用众寡一目了然，还可以提供摘要和全文（见图 6.7）。下载原文（视版权限制而定）也很方便，是助力文献探索和信息挖掘的优秀工具，目前支持文章标题、doi，以及 arXiv、Semantic Scholar 和 PubMed 多种来源文章的网络地址（url）检索。

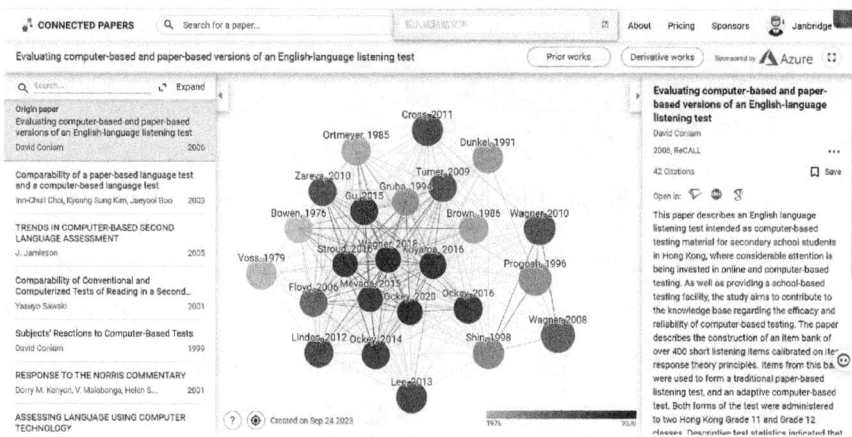

图 6.7　查找和探索学术论文（Connected-Papers）

将下载的文献导入 ChatDOC 或 ChatPaper 等智能阅读工具（这是两款基于 GPT 的 AI 阅读辅助工具，允许用户与所指定的文档进行对话，处理用户的专属数据），可以帮助你解析文献，包括研究背景、研究方法、研究结论等。两款软件都支持针对上传文献进行提问，回答可直接定位到文献相关位置，方便比对阅读（见图 6.8）。ChatDOC 和 Connected papers 等配合使用，非常适合研究者用来写综述或者初探某个新领域。

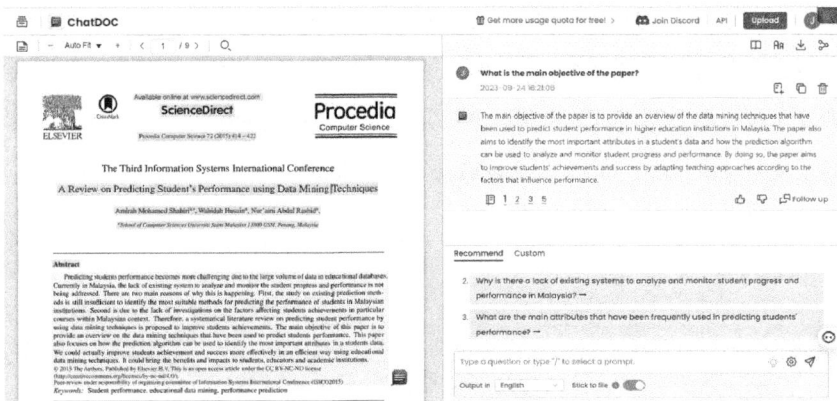

图 6.8　ChatDoc AI 文献阅读辅助工具

　　现在也有将文献检索与阅读，甚至翻译结合在一起的在线文献工具，如 Read Paper 就是一款集搜索、阅读、翻译、管理等于一体的 AI 科研工具，由粤港澳大湾区数字经济研究院（福田）（International Digital Economy Academy，简称 IDEA 研究院）开发。该款 AI 阅读器既可在线使用，也可运行于客户端，为教师和研究者提供丰富的学术知识图谱，宣称全面收录了超过 2 亿篇论文的引用关系、作者信息及收录状态，涵盖各个学术领域。外语教师亦可参考。中国知网也推出了 CNKI AI 学术研究助手邀测版（2023 年 8 月 30 日），提供问答式增强检索和生成式知识服务。

　　若要搜索专业的电子书，通常有 Z-library、pdfdrive、pdfbooksworld 等等，也可以用谷歌搜索获取更多的免费资源。国内的读书 APP，如微信读书、得到、湛庐阅读等也各具特色。当然更有许多视频形式的学习资源，如 Youtube、TED、网易云课堂、腾讯课堂、可汗学院、Open Culture、Coursera、edX、Udacity、Future Learn 这些课程视频网站，国内亦有国家高等教育智慧教育平台、终身教育平台、爱课程，以及汇集了最多外语优质资源的外研在线课程平台（UMOOCs）等。当然，在谷歌上搜索"best online learning websites"，免费或付费的网站数量非常之多，可作甄别筛选，可以用 TheBrain 或 start.me 等导图或主页工具软件做好快捷标签备用。至于沉淀在网盘、云盘内的知识，就需要用网盘搜索引擎，如学搜搜、盘搜搜、云盘狗等等。当然，借助谷歌、百度，同样可以找到很多网盘搜索引擎。

最后是工具类资源。工欲善其事，必先利其器，好的搜索引擎就是利器，靠广告竞价排位的搜索引擎并不可靠。很多教师创作课件视频不知道如何找素材文件，其实网上有很多无版权免费资源可供利用，如前面提到的众多免费图库网站。更多的可用谷歌搜索"best sites for free stock videos"，也可在YouTube上直接搜索下载。

网络世界不缺资源，但获取优质资源仍然不易，其原则是尽量找优质一手资源。高质量资源的出处依次是学术论文、电子书、学术报告、讲座、视频课、公众号、短视频、博客和新闻等。身处信息时代，只会问别人要资源、要解答、要工具的人是不会成长的；现代职场中，不经搜索就直接请教别人已被看作是不礼貌的行为。"不懂就问"已变成了"不懂就搜"。这不仅是因为学习必须本人用心过脑，更是因为学会检索才能确保知识来源的可靠。有了网络，仍然要读书；有了GenAI，还是需要检索。作为一名专业的大学教师，永远不要放弃质疑、求证、推理、判断以及独立思考的能力。

6.3 外语教师的专业性与技术素养

教学能否成为专业？教师能否成为专业者？教师是否正在成为专业者还是已经成为专业者？这些问题都取决于对"什么是专业和教学专业"这一前提性问题的理解（Englund 1996，转引自王晓莉 2011）。一般来说，教师专业性的研究都会从三个方面加以讨论，即教学所需要的知识与技能、教师的道德责任以及教师的专业自主权。也有学者就教师专业的权力模式（获取的经济资源、社会声望和话语权力）和特质模式（专业知识和服务的理想）进行社会学阐释（Wilensky 1964）。国内外语界大批学者也对外语教师的专业发展问题给予很大关注（吴一安 2005；贾爱武 2005；周燕 2005，2008；夏纪梅 2006；程晓堂、孙晓慧 2010；戴炜栋、王雪梅 2011；文秋芳 2017）。吴一安（2005）曾从外语学科教学能力、职业道德、教学观、学习与发展观四个维度构建外语教师的专业素质框架，这与顾明远（2004）提出的专门（所教学科）的知识和技能体系、专门训练与"临床实习"、敬业爱生的职业道德以及不断学习的能力等专业素养要求是基本一致的。随着教育技术对外语教育教学的深度介入，外语教师专业性中的技术素养问题也受到越来越多的关注。

6.3.1 教师的技术素养的概念

教师的专业素养是一个综合性概念，它包括教师的学科素养、人文素养、科学素养以及本书关注的技术素养。它们是一个整体，不可割裂，而真正的技术素养是建立在前三种素养之上的，否则只是技术能力，称不上素养。技术素养的首要因素是技术应用理念，然后才是工具操作能力，否则，劲使不到点上。比如，能敏锐地关注到信息技术对教育教学的介入方式，并恰切理解技术能为自己的业务发展带来何种便利，技术的应用能为实施学科内容的教学解决何种问题，并适时加以应用，这就是技术素养。能考虑到教学的性价比，努力平衡并克制不必要的技术介入，这也是技术素养。能主动地向技术提出要求，并时时利用技术设计教学预案，以解决非技术化教学无法解决的教学问题，这更是技术素养。

我们常把教师的计算机操作、PowerPoint 制作、微课摄录的技能技巧看作是技术素养。没错，这些都是技术素养的组成部分，但不是全部。评价教师的技术素养，一定要看他是否了解所用技术对解决教学问题的实际效用和可能弊端。换句话说，纯熟精良的技术制作本身，不一定都能带来预期的教学效果。一份令人叹为观止的 PowerPoint 课件和一份平淡无奇的 PowerPoint 课件，如果没有教学思想和学习引导设计作为支撑，在认知效用和教学效果上可能没啥差别，最多也就是吸睛度、兴趣度的高低而已。

大家常常用这句话强调教育技术的重要性：教师不会被技术替代，但是不懂技术的教师会被懂技术的教师所替代。大家进而认为掌握教育技术是教师专业化水平的标志之一。甚至还有人认为信息时代的从业者如与技术绝缘，将会付出难以承受的代价等等。这类"醒世明言"式的观点看起来很有道理，但实质上都失之偏颇、言过其实，因为这些观点模糊了专业与非专业的界限。教师的专业性标准是其不可替代的核心业务能力，技术素养的专业性是依附于这种能力之上的。技术应用虽然可以提高工作效率，但一般的工具性应用并不构成任何行业的专业性基础，就像医生不再手写，而改用电脑开处方一样。同理，一个具有专业水准的外语教师，其专业水平主要体现在他的外语能力、对教育教学原理的理解、对语言学习与习得规律的把握，以及对学生及学习问题的敏锐判断和做出援助的策略技巧等等。教育技术只能在此基础上发挥作用。所以，笔者不认为懂技术的教师会取代不懂技术的教师，换种说法应该更靠谱："技术永远不会取代好教师，但是在好教师手中，技术会带来变革。"（George & George 2014：26）而糟糕的教师即便使用了技术，也只会把事情搞得更糟。如今的 AI 也不会取代任何人，但是我们的知识技能会因 AI 而部分被取代，只是或多或少、或迟或早、因人而异，关键在于自我成长能力。AI 应用能力迟早也会成为教师技术素养的一部分。而作为人类教育和文明传承者的一员，教师的某些专业素养，如敬业、爱生、审美、共情等特质，是任何时候都不可能被替代的。

6.3.2　提高教师专业素养的途径

对于数智技术时代的外语教师，专业素养的发展主要取决于与时俱进的观念意识和自我成长能力。首先，要善用技术为自己创造语言环境，不断提高英语作为工作语言的表达和交流能力。比如从电脑界面开始，为自己创造一个第二语言工作环境：把系统语言改成目标语视窗（这样连界面朗读都会成为外语），应用软件界面都改成与系统语言一致，使自己习惯于目标语语言环境。其次，尽量使自己处于外语的"语音浸润"之中，不在工作时可全天候打开外语原声电台、电视、电影、网络视频等，时常聆听（甚至可不求甚解）可有效保持语感，权当是一种附带性习得。再次，忙时文献、闲时小说，均以英文原作为佳，目的是大量阅读，方得真传；或者，寻找一个能与之用英语交流的伙伴，哪怕是聊天机器人，如 Siri、ChatGPT。中国外语教师的外语基础普遍不错，但多数不够纯正地道，表述范围相对有限，且缺少地道的外语腔调和异域味道，主要是接触"原生态"太少。非母语环境中，外语语言能力如逆水行舟，不进则退。好的外语教师大多注重保持浸润式"原生态"接触。

其次，要善于在教学实践中反思提高教育教学素养，学做研究型教师，不做纯业务型教书匠。前者把教学中的问题作为研究对象，进而形成自己的研究方向、成就终身事业；后者也会选择某一专业方向，但多数与教学工作脱节，容易形成科研是主业、教学是副业的状况，反之亦然。两者都是个人选择，都值得尊重。但目前中国高校的外语教育，缺的是前者，多的是后者。高校应"鼓励教师在实践中提出和总结个人的理论见解，而不是盲目地追随他人的理论，要通过日志、录像或听课等主、客观方式由教师自己观察、内省和反思课堂教学活动，去发现问题并及时采取行动解决问题"（甘正东 2000：15）。这是提高教师专业素养的必由之路。

再次，是有组织地利用现代技术开展常态教师培训活动。此处推荐基于微课视频的方法。一般来说，微课或微视频在教师培训和专业发展中主要有三种用途。第一种用途是作为"教学手段"，即作为交付内容的手段。第二种用途是将微课或微视频用作"叙述工具"（基于视频的数字"讲故事"），这一用途是外语教师普遍使用的。第三种微课或微视频的主要用途是"训练观察"，从而"培养反思技能"。这种用途既用在职前的基本培训，也用于在职教师的进一步培训。我们着重讨论微课视频的第三种用途与方法。

这种方法借鉴了"行动反思"（Schön 1983）的思想，将其作为在行动中维持反思以及随后的知情决策。Rich & Tripp（2011）认为，反思专业实践不仅是所有专业人士都应该培养的态度，而且对于教师来说，反思也是改变（教学行为）的途径：批判性地观看教师（自己）的视频记录实践可以培养他们的反思技能，从而促进教学改革。在这种方法中，视频被用作捕获工具来捕获自己的体验，以便能够回顾、分析；微课和短视频（镜头讲解）是教师教学理念、教学处理能力的集中体现，可以用来支持对个人实践的分析，两者都可以用来支持作为反思性教研人员的实践能力（Schön 1983）。

微课视频用于教学观摩和教师培训有助于当事者参与同侪观察与分析，但这与传统的微格教学有所不同。微课是经过编排设计的作品（精心打磨呈现最好的自己或最好的教学处理）；微格教学是设计后的现场实操（其效果受现场因素影响，具有不确定性）。微课用个人实践的视频记录提供了非常丰富和有用的信息来源，可以作为一种强大而成熟的观察视窗和分析手段，即"面对自我"（微课中的出镜讲解，含画外音）和"面对作品"（微课中的内容呈现）。与微格教学的主要差异就是"简单和交叉"。在微课应用情况下，个体在自己实操的视频前，面对自己的活动，对其进行评论和解释，并让自己的认知过程浮现出来（例如，表演时的想法、注意力焦点、互动决策以及视频内容本身的教学处理等，类似单向的说课）。在微格教学情况下，观摩者和专业人士同步观看、评价主讲老师的活动表现，并现场录制教学过程。主讲老师事后才能比对自己的录像，观看同事对其活动的评论，从而能够接触到其他专业人士的批判性观点（类似观摩教学反馈）。这两种方法及其变体在教师教育中被广泛使用（Cattaneo et al. 2019），因为其有效性已在实践中得到证明（Clot et al. 2000；Mollo & Falzon 2004；Theureau 2010；Seppänen et al. 2017，转引自 Cattaneo et al. 2019）。

我国在 20 世纪末师范教育中常用微格教室进行教学观摩，观摩评价过程是单向屏蔽的（单向透光玻璃或现场电视录播），因此并不影响现场教学。主讲教师能事后看到自己的录像和书面评估意见（观摩评价过程一般不会录像或录音）。不少师范院校仍延续这种思路和用法，技术也不断发展，现在已有合二为一的迹象（如微课与录播教室）。无论是授课过程回放、还是观摩活动评价，均已同步录制。但如何利用录播进行无干扰现场观摩评课，并广泛开展基于微课视频的说课评课，似乎总是缺少了些许创意和火候（如同侪观摩交流、视频注释评价、在线虚拟教研等）。其实，国内十多年来的各类微课大赛和教学大赛积累了极其丰富的专业培训资源，赛程中也常有类似的观摩体现（如现场问答与点评），但遗憾的是我们的赛事设计大多只关注了"一争高下""选优拔尖"的展秀激励作用，而忽略了参赛过程中有益于教师发展的专业性互动。教师努力表现最好的自己以获得认可，而较少关心什么是更好的、真正有效的教学行为。获奖者收获了成功的喜悦，却失去了"有待完善"的自我观察与同侪评说的进阶机会。

在教师教育中，我们可以区分不同类型的观察。它们可以被置于"观察样板行为"和"有限且可完善的教学实践"之间的连续统一体上（Meyer *et al.* 2014；Gaudin & Chaliès 2015）。在观察样板行为时，微课视频可以用于：（1）知识点可视化教学设计示例；（2）举例说明课堂实践的好例子；（3）说明理论原则是如何操作的；（4）支持对教学技巧的理解，为教师将其转化为实践做好准备。

这些观察虽不限于，但更常用于初级教师培训，而不是进一步的专业发展。相比之下，作为连续体的另一端，即"有待完善"的教学实践（也就是我们通常讲的"示范、观摩"教学，类似基础教育实践中的"公开课"）的观察分析更为重要。因为，这类"有待完善"的观摩课的本意并不只是为了展示"做了什么""做得怎样"，而是为探讨特定主题、特定对象的教学方法提供观察、分析的样板，进而培养对实践的反思态度和能力。微课视频特别适合这类教研活动，尤其适用于师范教育中的教师训练和在职教师的异地同步培训。当然，各种方法都不是替代方案，可以在教师教育计划中混合使用。而且，教师的观察训练必须伴随自我实践同时进行，受训者既要观察别人的视频，更要观察自己模仿实践的视频，所谓教而方知不足，习而方知不易。这样，教师的视野才能不断扩大，洞察反思能力才能逐步形成。

从使用视频演示课堂实践和发展教师思维到指导教师教学，自我观察是第三步，也是最后一步，而前两步通常涉及看着别人。视频提供了一种"面对自我"的剖析机会，这需要一些训练，因为分析自己比分析别人更困难，尤其在刚开始。自我观察是促进教师变革的有力工具（Rich & Tripp 2011）。然而，有效的自我观察可能取决于接收态度和给出反馈的能力。

正常情况下，对同辈教师的观察通常受到职前和在职教师的欢迎，因为相比于专家，与同辈教师的比较更有助于识别自己。通过这种"模仿体验"（Durand 2008，转引自 Cattaneo *et al.* 2019），教师能够"视他人为自己"，并理解自己面临的类似问题，这有助于他们成功识别、解读并与他人讨论不同的做事方式。Harford *et al.*（2010）也发现，同伴视频观看和分析有助于教师的反思和自我评估，帮助他们将注意力从实践的技术方面转移到对支持课堂教学的理论概念的批判性分析。Flandin & Ria（2012）认为，同侪分析可以激励教师改变他们的观点，采用新的或不同的教学方式。因此，教师之间的视频共享和同侪分析是一种观察模仿和同理心活动，可以让参与活动的教师意识到同样的困难，并形成比较和批判性反思。

当然，并非所有的教师都愿意分享自己教学实践的视频，这既有个人因素，也受职场文化的影响。在我们的文化中，批评同辈人、同行人可能非常困难：人们往往不愿意批判性地分析同事的活动，因而也很难享有同行间的专业性、建设性反馈意见。所以，管理层应该经常性地组织这类教研活动，鼓励教学相长的职场文化，为教师发展创造宽松、专业的成长环境。

考虑到类似的个体或群体原因，同侪观察分析时有必要淡化所谓的评价因素，而将"反馈"和"建议"加以融合。Hattie & Timperley（2007）考虑将提供反馈和提供指导作为同一个连续体上的两个元素，这两个元素可以相互交织。根据 Gaudin & Chaliès（2015：52），"同样的过程可以用于学习如何提供反馈，首先提供关于同辈人实践的反馈，然后与同辈人分享反馈，最后将其应用到自己身上"。但有效的反馈源于智慧的观察，专业的同行观察不是"挑毛病"，而是帮助找出产生毛病的原因；其次，关注同伴的反馈会丰富自我观察，通过这种对实际观察的合作反思，改变实践的可能性变得更加具体（Juzwik *et al.* 2012）。学者普遍认为，在教师教育中使用视频可以通过理论联系实际、发展教学语言和与同辈人合作学习来增强教师的能力。深刻敏锐的洞察力、积极有效的反馈能力、从善如流的接纳能力是教师从同侪视频观察活动中可以获得的益处。国内高校外语教师培训实践中很少见到类似的微视频、微课培训应用，我们常更多地关注微课的设计原理、制作技术、教学应用，但很少用微课作品来观察、分析自己。多数人并不明白，其实仅仅就某一特定媒体应用技术的训练，对教师编纂学科知识的增益而言，影响的证据反而不那么令人信服（Marsh & Mitchell 2014）。

6.3.3　视频观摩的方法及意义

支持有效的基于视频的观摩培训需要考虑一些重要的先决条件，否则容易流于形式。

语境框架。作为使用视频进行观察的情境方法的结果，有关视频录制的背景信息非常重要，包括学校文化、学情概况、录制课程的教学目标、课程计划和类似项目的信息等。因为，较之于现场观摩，视频观察的参与者可能更加多元，但观察的视频作品是在特定的语境框架下进行的具体实践，脱离实际教学环境的观察分析会流于宽泛、空洞，缺乏针对性，甚至有失公允。

教学框架。为观察学习者提供适当的教学框架同样至关重要。这应包括具体可测的活动目标、清晰完整的任务要求，并建议逐步聚焦观察。提供教学框架有助于观察分析的专业性视角和学术性引导，从而避免总是将观察聚焦于个体的专业技能表现。事实上，许多教师都不愿意记录自己的行为作为同事观看分析的材料，因为这意味着教师必须要刻意关注自己的教学行为，审慎对待内容处理，甚至焦虑个体形象的观瞻。所以，类似的教研活动必须有明确的组织目标和团队认同，要建立参与者之间的信任和默契，或采取小组备课，轮流主讲的方式，尽量降低因评价性因素带来的职场压力。

评价指南。Ellis *et al.*（2015）强调，对于视频观察与分析，需要提供指导和支持，以增加初任教师的反思性评价水平，因为如果没有关于如何评价的明确指南，观察的有效性会急剧下降。指南作为脚手架的重要性在许多实验中已得到充分证明。指南可以采用提示、准则和指导性问题的形式，将教学行为的视频反馈与结构化的"观察点"相结合，如描述特定领域教学行为和学生反应的观察项目，这样做的好处十分明显。

教师集体观摩、分析和评价课堂实践的视频应该成为一种常态教研方式，特别是利用微课视频作为观察材料，因为它浓缩了教师的教学观、学习观、知识观和教学处理的水平。它代表了一种促进专业发展的创新方式，有利于在教学方法和学生思维之间建立联系。视频观摩方式特别适合虚拟教研室活动，它灵活方便，既可在地，也可在线；既包含交流维度，也包含反思维度。其目标是反思共同的教学实践，国外把类似的活动组织称为"视频俱乐部"。Luna & Sherin（2017）展示了视频俱乐部如何有效地与科学教师合作，培养他们以持续和有意义的方式关注和讨论学生的思维。有许多研究都证明了视频观摩的有效性。Serdar Tülüce & Çeçen（2018）证实，将视频用于微格教学（观摩教学）可以抵消可能的思维局限：参与者承认，视频有助于他们回忆自己的课程，注意自己的行为，进行批判性反思，并绘制自己的进步路线图。同样，Sentumbwe（2018）的研究指出，微格教学有助于实习教师提高在课程规划、师生沟通、内容知识、教具使用以及课堂组织和管理等方面的技能。

相比之下，国内学术界很少有针对视频技术用于观摩教学的探讨，尤其缺少用于自我观察式的微课视频应用实例。笔者以关键词"视频""评课""观摩"交叉检索，仅发现寥寥数篇与视频教学分析有关的科研成果[1]或文献（胡松林 2007；周伟 2009；杨闻闻 2011；袁智斌 2013；董鹏、王珏 2016），且主要为基础教育领域的课堂教学分析。直接以视频课例作为教师观察评课的仅两篇（常丽艳、邹宏伟 2012；罗敏 2014），且并未引起重视。可见我们在教师发展研究领域，技术手段的应用还十分欠缺。

平心而论，医生、律师、艺术家，甚至工匠大师都是把工作当职业，把职业当事业，毕生的研究和琢磨都与工作实践融为一体、精专一隅，所以具有极高的专业性。但高校外语教师这行当却出现了"有一头没一头"的分离，研究一辈子的东西有时竟与实际教学几无关联，从而一定程度上降低了"教学"这一头的专业化水平。学校的变通之道通常是让学者将所研究的内容开出一门别人开不出来的选修课，但是这种课程体现的往往是学术水平，而非教学水平。

1　汪新源获国家教师科研专项基金科研成果（十三）的"从观摩学习走向反思优化——语文教学'微视频'摸着石头过河"。

久而久之，学校开设的选修课越来越多，但选课的人却越来越少。难怪连哈佛大学的教授们都对类似现象深刻反思，批评自己的学校"重科研、轻教学"的办学是"没有灵魂的优秀"[1]。

当然，教师的专业素养和技术素养的形成的因素是复杂的，教师专业发展有两个推动力：一是来自系统的推动力，包括学校和社会等因素的影响；二是个体自身的推动力，受到教师生涯发展阶段和生活经验的影响（Grundy & Robinson 2009）。讨论教师专业素养构成（个体特质），离不开专业素养形成的环境。时至今日，我国高校外语教师队伍建设的困局与破局，仍与教学任务重、科研园地少、学术底子薄、学术视野窄等主客观原因休戚相关（王克非 2022），因此有学者从知识与技能的发展、自我理解和生态改变三个方面来理解教师发展（Evans 2002），其中，生态变化理应涵盖了教育技术浸润下的当代校园。卢乃桂、钟亚妮（2006）用 Adey *et al.*（2004：5）的示意图（见图 6.9）表示教师专业发展与教育改革、学校变革之间的关系。孙有中、唐锦兰（2022）提出"四新"理念（技术、观念、方法、角色）与"四轮"驱动模式（创建环境、提升素养、创新模式、优化管理），探寻 AI 时代的外语教师队伍建设路径，具有较强的前瞻性和操作意义。

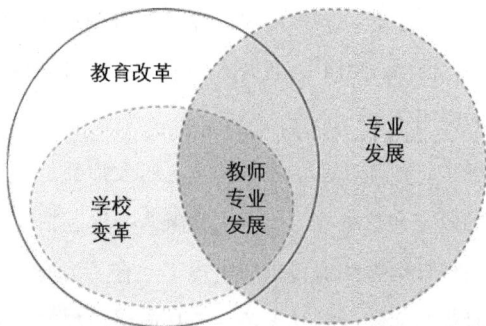

图 6.9　教师专业发展与教育改革和学校变革（译自 Adey *et al.* 2004：5）

1　参见"哈佛大学通识教育专责工作组报告"（Report of the task force on general education）。

对于教师个体而言，敬业既是职业操守，也是自我修行。教育教学上的事没有小事，再小的事乘以全班、乘以学生的一辈子都是大事。教师应意识到这一点：教学上的任何小事都不该敷衍，只要可能，教学上的事样样都可以做到极致。这样，为了做到最好，作为专业教师才会对自己的能力感到不足而寻求提高，对教学的现状感到不满而寻思改进，对徒手教学感到力有不逮而借助技术。所有这些都有助于教师有的放矢地进修提高，对任何新技术、新思想都充满期许和好奇，自我发展才能获得持久的、来自内心的驱动力。

第三部分

外语教育技术的发展与期待

人工智能的春天是我一生中计算领域最重要的发展。每个月都会有令人惊叹的新应用和变革性的新技术。但这些强大的工具也带来了新的问题和责任。

——谢尔盖·布林（Sergey Brin）

导言：技术进步与人文持守

关注科技前沿的发展，思考科技成果对外语教育教学的影响以及可能的应用场景，这是外语教育技术研究的分内之事。也许我们不应该总是对现有技术的局限存有抱怨，而应该对可能的技术利好加以研判，从而改善已有应用，拓展新的应用领域，这是所有外语教师的期待。

技术应用的与时偕行和人文价值的持恒守正，是一个复杂且贯穿始终的重要话题。从教育教学的价值角度来看，这个问题涉及科技发展对人类社会、文化和价值观的影响，以及如何在科技进步的同时保护和传承人文价值。技术和人文是相互作用的，科技创新可以推动人文领域的发展，为人类创造新的表达方式、教育方式和文化体验。同时，人文持守也可以为科技发展提供伦理、价值和社会影响的指导，确保科技的应用符合人类的福祉和道德准则。

从教育教学的实操角度看，技术进步为教育提供了新的教学方法和工具，如虚拟现实、在线教育平台、自适应学习系统等，可以用来丰富教学内容和提供个性化的学习体验。人文持守可以确保这些技术应用符合教育的核心目标，如培养学生的创造力、批判思维和社会责任感等。同时，技术普及在很大程度上塑造了人类社会的行为模式和价值观。新技术的应用在改变我们的生活方式、社交互动和价值判断时，必定引发伦理和道德问题的思考，人文持守的角度可以帮助我们审视技术进步对社会、个体和环境的影响，思考如何在科技应用中保持人类的核心价值。

所以，在技术进步和人文持守之间寻找平衡是关键。我们需要积极推动教育教学中的技术应用和创新，但也要保持对人文领域的关注和尊重。这可以通过跨学科的对话、社会参与和政策制订来实现，确保教育技术应用符合教育发展的需要和利益。具体到外语学科的教学，处理技术进步与人文持守的问题可以考虑以下几个方面：

教学目标的平衡：确定清晰的教学目标，既包括语言技能的发展，也包括学生的人文素质培养。技术应用应该作为实现这些目标的工具之一，而不是目标本身。确保技术应用能够促进语言学习和文化理解的同时，不能丧失良好的人文素养和学习品格的养成，如在海量数字"漫灌"下的独立思考、批判性思维、质疑求证，以及亲力亲为的治学精神等。

教学方法的多元化：善于利用技术提供的各种教学手段和资源来增强语言学习体验和互动性，如利用多媒体资源、虚拟实境或远程交流平台来扩展学生对外语文化的理解和感悟；但同时也要注重传统的人文教学方法，如文学作品阅读、文化探究和社会性语言实践活动等。

文化差异和多样性：外语学科涉及不同的语言和文化背景。这种差异和多样性不仅体现在学习者的母语和所学目标语之间，也体现在学习者群体和个体的文化体验方面。在技术应用中，要尊重和包容学生的文化差异和多样性，避免技术应用中（数字画像、绩效赋值、内容推荐等）潜在的文化偏见、歧视和固化思维，促进跨文化理解和尊重。

教师的角色和指导：AI 语言技术的进步与语言学习的文本化特征日益深度融合（翻译、写作等），外语教师在技术应用中扮演着越来越重要的角色。他们既是技术应用的引导者，也是人文持守的践行者。教师需要指导学生正确、合理地使用 AI 技术工具，帮助学生理解技术赋能自我发展的价值尺度。面对技术赋能学习的利好，教师要担任引导学生批判性思考和伦理意识培养的角色，恪守学业学术规范，健康应用 AI 技术，树立与时俱进、自律自尊、自信自强的学习品格。

在具体的教学处理上，同样能反映出数字化外语教学的人文特征：

教学内容处理的恰切与适配：首先是内容选择与组织的目标适配性，即内容必须与教学目标相适配，有助于教学目标的实现；其次是特定内容与所选媒介的有效耦合，明确哪些内容适宜用多媒体展示，哪些内容用多媒体反而不利于学生掌握；再次，内容媒介的使用方法、频度、场合、环境、条件应符合学生的认知特点与情感需求，不为技术而技术，不用 AI 替代学习。

教学内容呈现的原理与策略：人们对教学内容呈现的多媒体原则的认识一般都限于学习认知原理的范畴。但实际上，对任何学习问题的科学性思考，首先是一个伦理问题，即我们对任何教学手段的应用都需要考虑符合人的认知规律和人性化诉求。梅耶的多媒体认知原则既是心理的，同时也包含了伦理和社会的内涵，如个体差异原则和多媒体效用的边界条件等（Mayer 2009）。教学内容的数字化、富媒化呈现的学习有效性，应建立在"合乎伦理的理论研究和最佳化实践[1]"之上。此处"伦理"体现了技术服务于学生的人本指向，"最佳"体现了技术应用的策略性选择。

教学内容的功能价值与人文蕴含：外语教学内容的选择与置备不但应基于学习认知的可读性指标，同时还应具有培养学生品格素养的人文价值。基于算法的学习材料推荐和 AI 内容生成，其底层逻辑是语言性参数指标，并不一定具有教育教学的合意性和合目的性。互联网、数媒技术、AI 语言模型的深度介入为外语学习内容的甄选带来了极大的操作便利和丰富的资源途径，但并不能完美解决教育教学的人文向度与价值诉求。

技术语境下的师生互让关系：在现代教育技术的环境下，教师不再是传统意义上的知识传授者、教学掌控者；学生也不再是知识的被动接受者。二者之间的关系因为有了 AI 数字网络技术的介入而发生了很大的变化。在对知识与真理的探寻之旅中，教师只是"先行一步"（既指备课，也指专业知识储备），学生是教师协导下的同路人。因此，传统的师生角色和师生关系都需要重新定位。

1　参见 AECT 发布于 2023 年的教育技术最新定义。参见 https://www.aect.org/aect/about/aect-definition，检索时间：2024 年 6 月 5 日。

第七章　多媒体技术的智能化演进

外语教育技术的所有应用，主要体现在知识授导、人际互动、学习评测等方面，而多媒体技术应用是知识授导的主要方面。无论是新形态教材开发，还是教学资源的语境重构，都离不开多媒体技术的支持。在以前，多媒体和人工智能几乎是各自独立发展的两个应用领域，直到各种丰富的多媒体数据不断增加，人工智能才得以发展出更多实用的模型来处理各种真实世界的多媒体信息，进而在真实世界的场景中得到应用。于是多媒体技术与人工智能不期而遇，产生了"多媒体智能"（朱文武等 2022）的概念。多媒体研究在图像和视频内容分析、多媒体搜索和推荐、流媒体服务以及多媒体内容分发等方向均取得了重要进展（Zhu *et al.* 2015）。多媒体智能利用计算机技术和多媒体技术来实现人机交互的智能系统，它能够将文字、图像、音频、视频等多种媒体形式相互融合，实现信息的高效传递和交流。当然，"多媒体智能"的概念并没有超出"多模态 AI 的范畴"，只是前者更加关注对媒体信息本身的处理，而后者更关注信息与人的多模态交互。

传统的深度学习算法专注于用单一数据类型训练模型：计算机视觉模型是在图像上训练，自然语言处理（NLP）模型是在文本内容上训练，语音处理则涉及声学模型的创建、唤醒词检测和噪音消除等。这种类型的机器学习与单模态人工智能有关，其结果都被映射到一个单一的数据类型来源。这对外语教学的技术支持主要体现在文本化智能处理（写作、翻译）和智能语音技术（口语、口译实践）。而多模态人工智能致力于多媒体信息的跨模态生成与整体性构建，实现了计算机视觉和交互式 AI 模型的融合，这为计算机提供了更接近于人类感知的自然场景。典型的例子有 OpenAI 的 DALL-E 和 GPT-4、谷歌的多任务统一模型（MUM）、英伟达的 GauGAN2 模型、百度的 ERNIE 模型等等。美国的 Meta 公司于 2023 年 5 月 9 日发布了第一款 AI 多模态模型 ImaginBind，该模型通过文本、图像、视频、音频、3D 深度、红外辐射和惯性测量单元（IMU）理解周围世界。也就是说，它不但能根据文字生成图像、音视频，也能根据感知到的一切多模态信息生成文字描述。OpenAI 最新发布的 GPT-4o 多模态大模型已经能够识别实地场景和人脸表情，并进行话语描述和实时问答。这对于外语教育技术的应用模式可能具有颠覆性意义，让个体适性的外语多模态学习直接"开挂"。相信在不远的将来我们就可以见到类似模型的场景应用。

7.1　多模态数据的整合趋势

多媒体技术的智能化演进对机器多模态识别有着重要的意义。通常，人类可以在阅读文字描述后构想或识别出现实生活中的被描述之物，从花卉鲜果的图片中可以想象出花香和果味，看到吹箫抚琴的画面仿佛听见了乐音。但这对机器来说很难做到。因为，这些在一定程度上是由于人能够将单个模态的信息（如图像、声音、文本描述等）"绑定"整个感官体验，或触发了经验"联想"。这在心理学上称之为"联觉"（synesthesia），又叫共感觉、通感或联感，这是一种"异质同构"[1]的感觉现象。Cytowic（2002）将之解释为其中一种感觉或认知途径的刺激，导致第二种感觉或认知途径的非自愿经历。所以，从认知的角度来看，人类具有同时从不同信息来源学习的非凡能力。换言之，人类或其他高等生物的认知能力通常与从多种模式中学习有关（参见下册第十三章第二节）。这不仅反映了周遭万物的多态性，也体现了人类认知具有的联觉机制。而机器要学习人类的多模态认知，须高度依赖配对数据。AI 模拟人类认知，需要建立一个超越单个模态的统一嵌入空间，从而能够同化包括视、听、触、嗅等多种知觉特征在内的各种数据类型。

如今，类似"配对"与"绑定"（图像、声音、文本描述）的大数据海量

1　"异质同构"指的是当客观物体的存在方式与人类内心的构造达到结构上的一致时就会激起人的审美经验。

存在于互联网世界。通过利用多种类型的图像配对数据来学习单个共享表示空间，便不需要所有模态相互共存的数据集。OpenAI 发布了 GPT-4 Turbo 多模态大模型，并在多个基准任务上取得了非常好的成绩，包括图像字幕、图文问答、代码生成和法律推理等，优秀的图文分析和逻辑推理能力铸就了 GPT-4 的护城河。不甘落后的谷歌也推出了双子座多模态大模型（Gemini），功能接近GPT-4，有的指标甚至有所超越。但要将多模态基础模型扩展到不同领域，仍有许多工作要做。Meta AI 的基础人工智能研究（Fundamental AI Research，简称 FAIR）团队利用了图像的绑定特性，在跨模态整体人工智能学习上取得进展，提出了一种跨感官"连接"人工智能的新方法（A new way to "link" AI across the senses.），命名为 ImageBind。

在实践中，ImageBind 利用网络规模（图像、文本）的配对数据，将其与自然出现的配对数据（如视频 / 音频、图像 / 深度等）相结合，以学习单个联合嵌入空间。该空间在没有明确监督的情况下统一了许多输入，从而对数据进行了更强、更全面的解释。这允许 ImageBind 隐式地将文本嵌入与其他模态（如音频、深度等）对齐，从而在该模态上实现零样本识别功能，而无需显式的语义或文本配对，见图 7.1。该技术在未来有潜力应用于各种领域，包括增强图像、视频、音频文件和短信的搜索功能。开源项目可以将一种类型的数据转换为另一种类型，以创造一种新的沉浸式视觉或触觉体验。目前，该模型还是研究原型，尚未提供商业运用，但无疑代表了 AI 模拟人类认知多模态特征的最新趋势之一。多模态人工智能的每一次进步，都对技术的教育应用具有重大影响，对外语教育技术智能应用的意义更是不可估量。

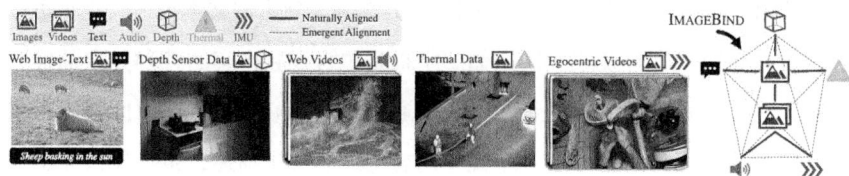

图 7.1 ImageBind 联合嵌入空间：不同的模态在不同的数据源中自然对齐

　　传统的外语教学方式之所以单调枯燥，就是因为很多情况下，教学设计忽视了学习的可视化元素，仅诉诸单一的文字形式，这与人类认知的多模态特性相悖。而数字媒体技术的教学应用，又存在诸多技术瓶颈，恰切合意的多媒体教学内容策划有赖于教师的技术素养与资源素材。虽然在智能语音技术的支持下，文字内容的语音生成已不必总是通过人工录音；但是与此对应的图像、视频等多模态内容就很难轻易获取。通常的做法就是在数媒编辑工具的帮助下进行人工创意制作，如课件、微课、动画、视频等。而另一方面，海量存在于网络的图像、视频又无法自动转录成文字描述（有语音脚本的除外）。同理，即便是沉浸式虚拟仿真教学设计，也要事先撰写配对场景脚本，效率低下，且难以应对各种临场变化。所以，理想的外语教学人工智能工具是多模态数据的统合以及跨模态转换，即通过文字描述能获取对应的多模态内容；通过计算机视觉、语音语义识别自动生成"视觉世界"的文字描述。GPT-4o、Gemini、ImageBind 等多模态大模型的面世让我们看到了希望。

　　图像与文字的关系、视觉与语言的整合技术一直是人工智能领域的一个热门研究方向。科学家一直致力于机器的多模态信息处理的研究，从语言描述生成音视频信息，从音视频内容的理解生成自然语言。这本质上就是模仿人的智能并逐步比肩人的智慧，也就是机器把可听的声音（包括语音）、可读的文字描述变成可见的图景，又能根据可见的图景生成自然语言描述，如同人类对世界的感知与交互方式一样。

　　如今，视频上的字幕是常见的视觉与语言的共现方式，包括开放字幕和隐藏字幕。开放式字幕（open caption），也称为硬编码字幕，永久嵌入视频中，无法关闭；隐藏式字幕（closed caption）是单独音轨上的文本描述，观众可以在观看视频时选择打开或关闭它们。字幕是源自视频内容的各种元素的屏幕文本，它可以是对话或讲述音的脚本，通常经过精心计时或"时间编码"以与音频或视频同步，也可以是对视频内容生成的文本描述，包括应该完整描述的音频提示。严格来讲，前者是脚本字幕，生成的技术是语音识别；后者是图像字幕（image captioning），生成的技术是视觉识别和自然语言处理，但是，这种似乎可以听懂、看懂的智能过程都离不开机器学习和自然语言处理技术。

视频语音字幕生成的技术相对成熟，如 YouTube 视频的自动字幕是基于语音识别技术通过机器学习算法自动生成的。尽管由于错误发音、口音、方言或背景噪音等因素，自动字幕与语音内容之间可能会有些许出入，但相关技术一直在改进，准确率已经相当高。

图像字幕是根据图像或视频内容生成文本描述的过程。它使用计算机视觉、机器学习和自然语言处理来生成字幕。视频内容自动生成的文本描述（视频字幕）与图像描述相比，场景变化更大，包含的信息比静态图像更多。因此，对于文本描述的生成，视频字幕需要提取更多的特征。目前主流的视频字幕处理方法主要由视频特征提取和视频描述生成两部分组成。

随着多模态大语言模型（Multimodal Large Language Models，简称 MLLMs）的面世，跨模态内容生成逐渐成为可能。GPT-4o、Gemini 等能够处理图像和文本的组合输入，并根据图中的画面或文本完成用户指定的视觉或语言任务，然后输出文本（自然语言）或图像，如根据图像做推理、理解图表并做出分析、从论文截图生成总结摘要、根据文字描述生成图像，甚至对球赛进行直播解说等。简而言之，多模态大语言模型能根据语言指令作图绘画，或有逻辑地看图看景说话。GPT-4o 等可以识别图像并且理解其中的含义，这相当于机器拥有了视觉并且学会"思考"，在应用层面有着非常广阔的空间。

此前，大多数视觉与语言的整合还只是对片段场景、单幅画面的跨模态转换和语义描述，还不能真正实现通过观看视频理解完整的故事，或根据故事描述生成有意义影视情节。但是，到本书完稿时，OpenAI 最新推出的 GPT-4o 多模态模型就已经能通过视觉、听觉理解场地实景、人物情绪和视频内容，并生成文字描述或进行实时对话、无缝交流。而前不久，网上的 ChatGPT 插件 YouTube-Summary 等还只能从视频脚本文本中摘取要点。

Meta 开发的 ImageBind，是一种人工智能工具，可以预测来自六种不同模态的数据之间的关系，包括文本、图像、视频、音频、3D 测量、温度数据和运动数据。该模型是第一个学习单一嵌入空间的人工智能模型，如图 7.2 所示 [1]。该空间在没有明确监督的情况下连接各种感觉输入，并且能够同时绑定来自六种模态的数据。

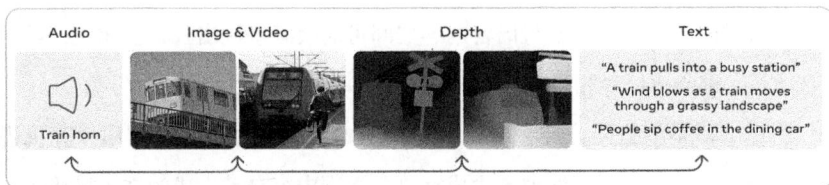

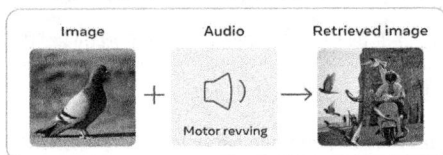
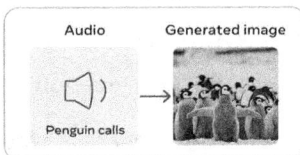

图 7.2　通过将内容与图像绑定实现单个嵌入空间

如今，教育技术已从数字媒体时代迈入人工智能时代，新一代语音和语言技术（speech and language technology，简称 SLT）允许计算机程序或电子设备分析、生成、修改或响应口语和书面语言，也就是通过人工智能对口语和书面语言进行分析、生成和交互。其重点是从书面文本和口语中提取信息、知识技术和交互式智能学习助理。由 ImageBind 确定的图像感觉绑定是人工智能和计算机视觉领域的革命性进步。有了这项创新，机器离与人类结合多种感官数据的能力相匹配又近了一步。如今，AI 视觉与语言的转换技术已成技术趋势（见图 7.3）。许多外语教师希望在外语视、听、说、写、译的教学中使用结合语音识别和图像识别技术的 CALL 软件。但如此一来，我们可能需要重新思考 AI 语境下的外语教学方法，并确定个人在哪些方面单独使用该技术可以更成功地实现语言学习目标，以及哪些学习应该作为共享的小组活动仍在课堂中保留。

1　参见苏米特·辛格（Sumit Singh）发表于 2023 年的文章 "ImageBind by Meta-A single embedding space by binding content with images"。

图像、音频、视频等多模态情境的描述，或者目标语言伴随情境的多模态再现，即计算机根据观察到的内容自动生成自然语言描述和可视化语境，这是场景理解与生成的重要组成部分。这种自动描述可理解为机器"看图说话""看视频讲故事"，可用作外语学习的智能助理，或可对口笔头作答的问题进行自动验证，同时也为外语教学的内容策展和语境重构提供了智能工具。

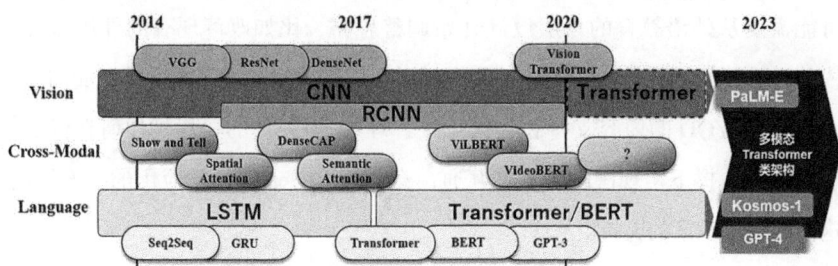

图 7.3　视觉与语言 Transformer 技术的演进 [1]（Shin *et al.* 2022）

自从 ChatGPT 发布以来，创建基于文本的内容变得容易访问。但习惯于刷视频的年轻人不总是想阅读文本，这又催生了文本到语音化身软件（AI Avatar Generators[2]）在互联网上的火爆。这些说话头像（talking head）非常适合任何想在视频中添加个性色彩的人。利用这些软件你可以使用的不仅仅是平台提供的数字化身，你还可以创建自己的自定义 AI 化身。根据您选择的风格，头像从逼真的到卡通的各不相同。这个过程非常简单，大多数文本到语音化身生成器还提供其他视频编辑功能，因此可以创建真正独特且引人入胜的内容。此前，Google 还推出了用于零镜头视频生成的大语言模型"视频诗人"（VideoPoet），该模型能够在各种以视频为中心的输入和输出上进行多任务处理。模型可以选择将文本作为输入以指导文本到视频、图像到视频、风格化和

---

1 笔者有修改，添加 2023 年内容。

2 AI Avatar 是根据用户上传的照片或视频（如自拍或头像），利用 AI 机器学习模型生成的智能化身，能再现实时面部表情，模仿用户的声音，并能对齐口唇，以逼真的方式与用户互动。利用文本到语音功能，可生成新的讲话视频。这些化身可以模拟人类互动，提供更具吸引力的用户体验。

复绘任务的生成。模型甚至可以方便提示语随时间推移而更改，以讲述视觉故事（visual narratives）。

总之，视觉与语言的多模态整合技术的发展可为外语教学提供更多的可能性和学习支持，有望全方位改善外语学习体验，提高学生的学习效率。但是，如果视觉与语言转换的 AI 技术要在实际的外语教学中得到更广泛成功的应用，可能需要从外语教育的顶层设计开始调整思路，比如改革现有的外语课程模式、提供新的智慧学习空间，以及针对语言学习绩效的有效评价等方面的变革（包括对 BYOD 的内容支持和数据对接管理）。但关键的一环是如何在保证信息安全的前提下实现国际化数据互通，充分释放 GenAI 教学应用的技术红利，这需要国家政策的支持。

7.2　教学内容制备的智能化

技术语境下的教学内容制备，与传统意义上的备课在本质上没有太大差别，都是根据教学要求对具体教学内容进行教学化处理，并针对特定教学对象，采用恰当教学方法进行授导。然而，数智化外语教学环境下，教师已经不再是知识内容的唯一来源，但他仍然需要充当对知识内容进行甄选、组织、演绎、授导以及答疑解惑的角色，并在此过程中引导学生思考提问、参与对话、组织讨论，以保证教学目标的实现。这就需要教师具有强烈的技术化教学设计意识和内容策展（content curation）技能，而多媒体呈现、多模态融合、多样化交互、多元化评估是数智化教学及其内容制备的主要评价指标，对于一门成功的外语课程开发具有重要意义。但是，这对于外语教师来说无疑是一项极具难度的工作，因为它超出了多数老师的技术掌控能力，尤其是以内容策展为主线、以活动组织为核心的技术运用。

内容策展是指收集、组织和呈现与特定主题或兴趣领域相关信息的过程。在教育背景下，它包括以教材为主，并从各种来源收集相关信息资源，对其进行教学化处理，又以逻辑化、可访问和引人入胜的方式呈现、传播、交互。这不仅为学生提供了丰富的学习资源，而且支持教师用以构建结构化、语境化的学习体验。GPT 和方兴未艾的多模态大语言模型将是外语教学内容策划的智能化工具。

内容策展不仅是为了收集信息，而且是为了增加信息的价值。内容策展是一个系统化的过程，包括识别、选择、解释和交付特定主题上已经存在的最相关、最高质量的原创内容，最终目标是满足特定受众的需求，包括将信息置于背景中，提供注释，确定关键主题和趋势，并将其与其他相关资源联系起来。通过这一过程将原始信息转化为宝贵的学习资源，增强了其可用性和相关性。通常，在非技术环境中，学生的知识来源有三个途径：教科书、课堂、图书馆，但在 AI 网络技术环境下，知识来源几乎是无处不在的。这对外语教师策展教学内容来说，既是机遇，又是挑战。

智能化内容策展的一个好处是，它允许学生接触与他们的兴趣和目标相关的真实材料，促进自主学习（Wesche 2010）。此外，内容策展可以帮助学生在评估和分析不同信息来源时培养批判性思维技能（Mihailidis 2016）。策展过程可以增强核心媒体分析和叙事技能，并加深对于点对点平台和协作空间在数字文化中作用的理解。其结果是鼓励教师采用以学生为中心和创造驱动的教学方法，使策展过程成为培养年轻人日常生活中的核心信息素养的过程。

日趋智能的互联网环境为我们提供了各种教育信息的相关资源，人们可以获得早期难以企及的深度和广度的知识。但"策展式教学"不仅仅是强调外语学习的数字化、网络化、智能化，而且还要关注如何生成这些知识和信息，并以合适的方式呈现给学生。教师"策展"（俗称备课）的专业技能不是天生的，它是经过长期的职业训练发展而来的，需要大量的时间、实践、努力和承诺才能逐步形成。在数智技术语境下，教师需要选择合适的策展工具和资源途径。为了帮助教师做到这一点，各种外语教学平台都提供了功能各异的建课、教案工具和目标语料资源库。这些工具适合在开发课程大纲时使用丰富多彩的数字内容。毕竟对教师来说，拥有一个有组织的信息存储、数据管理和内容分发的工具平台是非常重要的。然而，大多数类似的工具平台在资源组织、内容甄选、数媒编辑、分发共享等功能方面的智能化程度并不令人满意。即便有的自适应学习平台整合了 AI 智能推荐功能，但教师仍须花费大量的时间精力去检索、收集、整理、编辑来自不同渠道的数字资源，才能保证课程内容的质量标准以及合目的性，甚至还要承担与本专业学术性内容无关的技术性制作工作。

可视化技术与语言智能技术的融合、虚拟仿真设备与生成式 AI 模型的对接，将极大地改变外语教育教学的资源生态，尤其是外语学习内容的制备与策展方面将会发生颠覆性变革。届时，外语教师不再受困于网络检索、数媒编辑等技术性短板，只要能详尽具体、准确无误地描述内容参数和教学意图，AI 大语言模型就会快速生成所需的教案、课件乃至视频、微课等教学材料。教师所要做的就是审阅、评价和局部修改，甚至只要提出修改意见，系统就会不厌其烦地执行操作。这样的好处不在于省心省力，而在于教师的主要精力可以回归到外语的教学研究和教学实践中来，更多地关注学生问题、学习问题以及相应的教育对策和解决方案，而不必再纠结于耗时耗力的 PowerPoint 制作、微课摄录等技术性操作难题。

目前的 AI 大语言模型已经可以在明晰的指令下帮助教师检索信息、收集资料、书写摘要、整合内容，并给出资源出处供查阅验证。较之于初期，GPT-4o 和随后出现的其他大语言模型以及应用整合（如 Monica 整合了 GPT-4、Gemini、Artist、Bard、Claude2 等多款 Chat Bot 入口）的智能程度和所提供内容的准确率均有大幅度提高。外语教师可以将其用来：

获取示例：大语言模型可以根据需要生成英语句子、短语和段落篇章的示例。这些示例既是文本的，也可配音、配图，甚至可以生成动画视频（如有需要）。这可以给外语学生提供更丰富、更适配（语言程度、任务要求、认知方式等）的多模态学习语料。教师还可以自定义提示，以引出更多特定类型的示例。

生成测验：只要指令明确、要求合理，AI 语言模型可生成现有语言测试的各种类型的试题，如阅读理解、完形填空、造句翻译、语法改错、问答、作文等等，并提供答案、范文和详细解释。生成质量的关键在于教师指令的含金量和详细程度（如考试对象、考试目的、考生水平、难易程度、语料可读性、内容主题、文字风格等）。

生成语篇：这是 AI 语言模型的强项，尤其是英文。大语言模型可以根据用户要求生成难易程度不等的各种题材、体裁、风格各异的小说、诗歌、散文或非小说类语篇。这为外语教学的拓展性阅读提供了丰富的语料。当然，大语言模型也可以提供经典文选，只要不是版权限制（会告知链接，但不直接推送），用户都可以一键拥有。

写作提示：当学生开始学习句子或段落的写作时，AI 语言模型可用于生成写作提纲，帮助学生激活思路，或提供对他们写作的反馈；也可以提供单词写半句话，引导学生完成句子；改述词组、例句，帮助学生探索不同的表达方式；提供叙事、故事的不同情节路向，激活学生的想象空间和文字表达欲，续写不一样的个性化结尾。种种创意应用在于教师的智慧挖掘，这可以帮助学生探索不同练习的可能性，并为他们进一步学习奠定基础。

检测错误：语言模型能够检测学生写作中的语法错误或不自然的句子，并提供纠错建议。这种类型的自动反馈可以补充教师的反馈。但这种应用需要用户提出要求，如让其指出错误、分析归类、统计分析等，这样的好处是学习者与其互动的过程，可培养自己的元认知能力；缺点是不如现成的学习软件纠错分析来得快捷自动、省时省力。

生成解释：更先进的大语言模型（如 GPT-4o、Gemini）能够生成详细的解释，解释为什么一个句子不符合语法或听起来不自然。它可以根据每个学生的错误进行量身定制的解释，如有疑惑可以进一步追问。这比 Grammarly 等文案软件千篇一律的程式性反馈更具交互性、有利于学生对语言的深入理解。

生成音视频：利用数智化身软件可根据文本生成真人发声的讲解视频，这给微课制作带来极大便利；AI 视频生成模型（如 VideoPoet）可用文本提示或现成图片生成视频片段，或者扩展、更改既有视频的画面，这可以大大丰富外语语料制备的表现力，而无需任何数媒编辑技巧。

对话交流： 已经问世的所有大语言模型都支持自然语言对话，加载插件后还可以实现语音对话。学生可以将其作为有问必答的智能学习助理。需要提醒的是任何时候都不要对其所答信以为真（查验核实后才可采信，因为大语言模型会"一本正经地胡说"）。不过，可以把它当作外语陪练。

自动化练习： AI 语言模型驱动的应用程序和在线平台可以自动化一些常规练习，如填空、听写、句子重组、朗读比对等。这可以给基础阶段的学生更多的练习机会，当然教师仍然需要监督学生的学习。

总之，生成式人工智能对于外语教学的内容策展的助益作用不可估量，它极大地解放了教师的教学生产力和施教活力，使教学回归于学习本身，而不会因技术的迭代和转型而闻风起舞地应变求变。教师与技术的交互接口由技术性操作转而成为自然语言对话。教师只要清楚表达意图和要求，机器就会有问必答、有求必应。

所有这些 AI 功能都极大地提高了教师的工作效率，然而对外语学习者来说，最有效的教学策略是因教学环境而异的（McKay 2018）。教授外语学习的最佳实践之一是培养与学生的关系，这有助于了解学生的背景和动机，以及什么样的教学和学习方式对他们最有效；另一个最佳实践是适时变化教学节奏，并在课程教学中包含各种任务，包括与学生**共同体验智能化内容策展过程**（与学生共同"备课"，让学生理解教师的"用心"是有效沟通的关键）；在使用 AI 生成材料时，教师仍然需要足够的谨慎和睿智，一是因为一般教师对模型的调教（教师不是指令工程师）不一定到位，会影响出料质量；二是因为处于发展中的大语言模型本身仍存在局限性和潜在风险，主要体现在以下几个方面：

（1）**能力有限：** AI 语言模型仍然存在很大的改善空间。它们无法复制人类教学和反馈的所有方面，尤其是语言学习的复杂性和学习问题的个别性。无论我们选用哪款语言模型，人类教师的临场指导作用仍然至关重要。

（2）**示例欠佳：** 由于语言文化差异，语言模型生成的例子和建议有时可能不恰当、不合语境，偶尔还会有内容瑕疵或生成的内容毫无意义（因为模型没有想法和观点）。教师仍需严格把关、择优用之，不能盲目信任 AI 语言模型。对科学性、事实性材料必须仔细核实查证。AI 是用来提供便利的，不是让我们偷懒的。

（3）**偏见与不公**：来自互联网的大模型训练数据不可避免地含有不必要的偏见，这些偏见可能会反映在 GenAI 和与学生的互动中。教师需要善意地提醒和监督不公平现象。源自算法缺陷和训练数据的生成内容极易包含偏见、歧视和刻板印象，尤其是常常被我们忽略的看似中性，其实并不公平的表达或平庸见解。

（4）**简化的解释**：AI 语言模型眼下还很难以一种对每个学生都有帮助的、定制的方式解释复杂的语言现象，这有待更先进的语言模型和更多的应用研究。而且，随着学生语言能力和知识水平的提高，深层次问题越来越多，教师的引导解惑作用越发显得重要。GenAI 可以在帮助学生学习外语方面发挥支持作用。但人类教师审慎的监督协导、有意义的反馈以及确保学生全面学习方面的作用仍然不可忽略，GenAI 无法取代他们。

以上列举了 GenAI 在教学内容制备方面的一些应用场景，基本前提是对 GPT 系统的教学应用潜力的挖掘，技术功能与教学实践之间需要更多的人机协同，这样才能从教学内容的智能化处理走向真正的智慧化教学。目前，GPT 应用对象都是"个体散户"（包括教师和学生），使用效果因人而异，因条件而异。如何用其接入或改造现有的定制化数字教学平台，以适应机构用户的需求可能会成为教育数字化转型的痛点。通用大模型的进化或者是教育类垂直领域的自定义 GPT 模型有望进一步提高应用的可靠性。在考虑未来方向时，讨论的重点是教育学的哪些方面可能处于发展的前沿，包括无处不在的学习（ubiquitous learning）、智能辅导和真实互动、目标导向的任务型学习（Rogerson-Revell 2021）。

7.3　沉浸式学习与数字孪生

沉浸式技术的演进经历了桌面式虚拟现实、沉浸式虚拟现实、扩展现实以及元宇宙等四个阶段。如今，多媒体技术、沉浸式技术与人工智能的深度融合，允许用户超越现实和虚拟边界获得全新的元宇宙数字体验。"数字孪生"（digital twin）作为元宇宙的核心技术之一，与人工智能、区块链、云技术并列，近几年开始在教育领域兴起，其在外语教学中的应用也逐渐成为一个引人关注的话题。

7.3.1　数字孪生的技术特点

数字孪生自美国密歇根大学（University of Michigan）教授迈克尔·格里夫斯（Michael Grieves）（2002，2014）提出以来，一直备受关注（Negri *et al.* 2017）。数字孪生也称"数字映射""数字镜像"，是物理实体对象及其行为的数字化副本，能够模拟、预测和优化物体的运行状态。该技术是物理现实与虚拟现实交互融合的最佳途径，在企业组织、城市管理、智慧工厂、交通物流等领域的应用已经十分广泛。作为与工业 4.0 密切相关的趋势性技术之一，数字孪生当然也能帮助教育工作者根据课程要求创建仿真模型，借助 XR（AR、MR、VR）设备进行可视化呈现和交互性操作。在数字孪生技术的支持下，学生将获得参与度更高的课业内容，将以往在课堂上由于昂贵、复杂、危险等原因而无法实现的演练操作变成日常。不过，仅仅是虚拟的、凭空创建的可视化数字影像（如 VR 游戏、3D 影视，甚至是 360° 互动场景）还不是真正的数字孪生，它们只是数字影像。由此而产生的沉浸式学习体验与针对数字孪生体的操作实践是有所区别的。

数字孪生强调对物理对象的精准摹刻和**映射**，它还发展到使用机器学习、扩展现实来复制和监控现有的物理对象和过程，并更准确地预测特定场景的结果。学校的楼宇教室、教学设施、图书馆、实验室设备等也都可以创建数字孪生体，并实现物理现实和虚拟现实的镜像映射和数据互通，从而实现高效的数字化监测与管理。但仅仅是校舍场馆的 3D 影像还不是数字孪生。它们不过是原始系统、资产的模拟或按比例缩小的数字模型，通常用于视觉体验和实际演示，可称之为视觉孪生（visual twin）。从理论上讲，数字孪生技术可以创建任何物理对象的数字孪生体，甚至是生命体的数字副本，并同步完整生命周期的成长数据，以实现对生命体征与健康的监测与管理。但是，较之于实体的工业场景和生产流程，数字孪生对非实体性质的社会场景和人际互动，是难以准确摹刻和实时映射的。

在虚拟现实和人工智能的世界里，数字孪生代表了物理系统和过程的动态数字复制品。它集成了实时数据、预测分析和机器学习，生成了一个在复杂细节上与物理化身相似的数字化身。它甚至与数字画像（user portrait）也有本质的区别，因为用户画像是基于历史数据的分析预测，而数字孪生的本质是全周期动态数据的同步复制。

数字孪生技术的兴起与走向，反映出在数智融合驱动下，其在教育教学中具有的极大应用价值以及丰富的应用空间，从数字孪生校园、教室、创客空间、教学模式到学习者甚至教师，无不凸显了数字孪生技术作为连通物理世界与数字世界的一种数据化、镜像化的映射关联以及对教育的深层赋能（艾兴、张玉 2021）。基于经验丰富的教师和图书馆的数据进行预训练的 GenAI 辅助对话式助理或"助教的生成式孪生体"，已经在一些教育机构进行了测试，尽管 GenAI 可能还具有未知的潜力和道德风险（UNESCO 2023）。比如，将基于大数据和 AI 算法的"学生画像"看作"数字孪生"或"数字化身"的做法，应审慎对待。且不说难以解决的伦理和人性问题，就技术而言，也无法全息、全面、全程映射任意一个独特的人类生命体（因为不同于体征数据，人类意识不可复制）。学习过程中的学生行为数据并不能反映其全部智力心性、情感动机。数字孪生也好，元宇宙也罢，我们更应关注的还是学习者与数字环境的真实互动，而不是舍本逐末地构造学习者的数字孪生，即便技术可行，其结果除了监测与控制，也别无他用。此外，数字替身与语音克隆技术也存在知识产权和安全隐患问题，应该在合理监管的范围内使用。

7.3.2 数字孪生的教学应用

目前，尽管数字孪生广泛应用于智能机器、智慧医疗、工程技术等物理实物领域，却很少有人考虑将其应用到非实物资产领域，尤其是贯穿人类全生命周期的知识资产（Singh *et al.* 2021）。我国高校许多工科专业课程尝试将数字孪生应用于课程教学改革（黄音等 2021；钱江 2022；张天驰、曹建秋 2023），或将此与数字化教学模式改革相融合（张帆等 2021；李海峰、王炜 2021a，2021b），又或创新学习空间的数字化构建（褚乐阳等 2019），以及从数字画像到数字孪生学习者的构建（艾兴、张玉 2021）。但对于文科属性的外语教学，数字孪生技术的应用研究和实践尝试还十分鲜见。王华树、刘世界（2022：100）报告了他们在翻译教学中的实践研究，但他们所称的"沉浸式、交互式全息翻译课堂"，学习者在"视觉、听觉、触觉等感官层面的真实冲击"以及"不同翻译场景中的沉浸感与临场感"等，严格来讲，仍属于沉浸式技术支持下的情境化模拟交互范畴，而非真正意义上的元宇宙或数字孪生场景。因为虚实之间既无镜像映射，也无数据互通和模拟操控。而数字孪生体无论是作为虚拟对象还是虚拟环境，面对临场者的作业互动（口译、对话）它都会有与原型相似的反应。前文提及的"助教的生成式孪生体"就是如此，他/她能以人类助教一样的口音、口吻和语气与你交流（语音特征源于 AI 语音克隆，话语内容源于 GPT 生成）。

随着多模态大语言模型与沉浸式技术的融合，人物的形象表情、神态动作、语音语调等均可完美孪生，外语学习能让用户沉浸到与实际情境几无二致的多模态语境中，获得更加直观生动的临场体验。类似的多模态 GenAI 发展迅速并已进入市场，如 Synthesys.io、Synthesia、DeepBrain AI 等。这些 AI 工具能用文本直接生成具有动态数字人像的讲解视频，以多模态讲解取代电子学习中那些枯燥的文本、PowerPoint 和 PDF。教师只要设计好文本教案，就能生成教学视频，从而节省了 90% 以上的制作时间。其中 Synthesia、Deepbrain AI 还能支持创建用户本人的口述头像化身（talking avatar）。

特别值得一提是 HeyGen 这款 AI 视频生成软件，它采用先进的唇同步技术和深度仿真的人工智能语音，无需长时间训练就能完整克隆人脸表情和语音声纹，实现即时语音克隆（instant voice cloning）[1]，用户只需上传 2 分钟本人说话的视频（提取声纹和表情特征），就能生成音容笑貌酷似本尊的数字替身。凭此替身，用户可以上传任何文本，即可生成本人出镜的主讲（播）视频（还可以基于自己的声音将内容翻译成十几种语言的不同版本）。该平台迅速风靡于新闻播报、娱乐主播、教育培训等领域，对需要制作出镜讲解视频（微课 / 慕课）的外语老师来说堪比"神器"。利用 HeyGen 平台，教师既可制作自己的数字分身，也可以利用系统自带的真人化身（支持人脸替换，即 faceswap），还可以上传 PowerPoint、PDF，生成各种风格的讲解背景，且自带基于 GPT 的文案起草、润色功能。HeyGen 平台上手体验十分便捷，无需任何视频编辑经验，并可直接链接到相关课程网站（方便选课）。这样，利用自己专属的数字替身，教师几乎省去了创建一门课程所需的所有拍摄和录音工作，仅凭提交的文本内容，即可随换随新，无须重录重拍。所花费用比起动辄几万、几十万的慕课制作和运营维护，连零头都不到。

令人叹服的是 HeyGen 还利用 AI 集成技术推出了基于 GenAI 的视频翻译功能，将内容翻译、语音克隆和换嘴型三种功能集成到一起，实现了语言类视频节目的一键无痕翻译。短视频平台上广为流传的外国明星说汉语、相声演员说英语的短视频就是使用了 HeyGen。和 HeyGen 一样具有视频翻译功能的还有 Rask 这款 AI 软件，该软件能直接将一个视频翻译成 130 多种不同的语言，并自动完成配音，省去了传统的视频翻译需要的脚本翻译、重新配音、重新剪辑等工作。这不仅让用户可以独立完成原本复杂的、高要求的视频翻译工作，还能让各种语言类视频节目（包括你自己制作的教学视频）秒变为多语种视频

1　即时语音克隆（instant voice cloning）是来自 ElevenLabs 的开源技术，使用语音克隆 AI，通过几分钟的音频输入可以创建一个语音数字双胞胎，实现 28 种语言和 50 多种口音。ElevenLabs 是一家美国软件公司，专注人工智能和深度学习技术，开发语音合成和文本到语音的软件。

教学资源。较之于 HeyGen，其长处是它贴心地提供了处理过的译文对比，供对照修改；不足之处是口型精细对齐需要额外付费计划（而 HeyGen 是打包的）。总之，这种视频翻译、语音克隆功能对缺乏小语种多模态资源的院校无疑是雪中送炭。经过处理的视频可用于外语教学中的趣味听说训练、配音表演活动（dubbing）、模拟口译练习、双语翻译比对，等等。

　　基于语言智能、AIGC 的智能视频翻译，对外语教育而言，能为外语教育的内容生产节约成本，促进多语种优质教学资源的融通互补，大幅度盘活多语种教学资源；对在线教育而言，能大量节省课程开发成本和时间精力，让教学回归师生互动，并专注教学和内容设计；对学习而言，学生将享有更丰富、更有趣、更人本化的学习体验。随着这些技术的落地生长，利用嵌入 AI 语言模型的智能耳麦，学生观看任何语言的视频，均可选择意向目标语言聆听学习，乃至与虚拟人直接交流。凭借说话人像化身（Talking Avatar）技术，人们可以重回儿时聆听妈妈讲故事，和远方的朋友聊天聚会，甚至可以和过世的思想家进行沉浸式对话。虚拟和现实的界限变得越来越模糊，但交互的体验却是越来越真切。

　　语言智能和 AIGC 技术的发展异常迅猛，类似的语音视频克隆工具越来越多，如 DeepBrain AI、Murf AI、Voice.AI、Descript、Play.HT、Resemble.AI 等等；国内也已有腾讯智影、轨迹数字人、微软小冰、讯飞智作以及深声的 D-Human 等。但目前的这些语音视频克隆工具和服务平台主要面向商企用户和文化娱乐产业，教育场景的落地还不能令人满意，且定价很高 [1]，不利于教师群体推广应用。但我们有理由相信，随着技术的进步和市场的成熟，数字化身技术必将成为现代教育技术应用的常态形式。我们可以想象，沉浸式技术结合 GenAI，语言学习之旅会有以下几种变化：

　　目标语语境创设，虚拟现实和增强现实可以创造语言实践的临场氛围，

1　HeyGen 等国外 AI 视频智能制作软件虽可以免费试用，但需排队等待较长时间，可以寻找开源替代方案，如语音转文字 whisper、文字翻译 GPT、声音克隆＋生成音频 so-vits-svc、生成符合音频的嘴型视频 GeneFace++ 等。

让语言学习者实现与虚拟人物、物体和场景互动，模拟现实世界的对话和情境，从而使学习者能够充分参与真实交流语境中的语言练习。例如，Speech Academy VR 和 ImmerseMe 等在线 VR 应用程序允许学习者在现实环境中与虚拟人物练习对话技能，而且，极有可能该人物看起来是你认识的人，甚至还是认识你的人！

360 度互动视频、**全息投影**可以将学习者带到使用目标语言的国度或地点，而无须离开他们的物理空间。这可以让学习者接触到与语言互补的文化、背景和当地口音。例如，虚拟现实应用 HelloTalk 允许学习者通过沉浸式视频聊天环境与来自世界各地的母语人士会面、参观虚拟仿真博物馆、游览世界名胜古迹、投身海底太空漫游等。但如果在虚拟环境中叠加数字化身，比如你熟悉的人，或是你自己（哪怕是背影），这种叠加会产生故事体验，任何与你有关的真实元素都会让你惊喜。

触觉技术可以提供触摸反馈，使与语言载体的互动体验更加多元、真实，并有助于保持记忆。例如，手势、指尖划屏、触觉手套或控制器可以模拟翻阅书籍的感觉、使用课程中提到的常见对象等。一些公司正在开发用于 LANGUAGE VR 培训的触觉套装（Godwin-Jones 2016）。当你的动作会引起你对虚拟世界的实质性反应时，感觉才会更真实，例如丝滑、粗糙、温暖、冰凉。

双耳音频（环绕声），尤其是与 VR 或 AR 相结合时，可以在逼真的听觉环境中用母语人士的声音环绕听众。这种程度的沉浸感有助于学习发音、听力理解，并了解自然语言节奏和语音模式，大大增强语感。一些语言学习公司提供双耳音频课程和发音练习。结合智能语音技术，学习者可以与机器进行更加类人化的语言互动。

远程临场（telepresence）可以将语言学习者与本地教师或导师联系起来，在世界任何地方都能获得身临其境的在线学习体验。学习者的看、听或与他人交谈，就好像他们面对面一样。Cambly、italki 和 Verbling 等平台为语言学习者提供了远程视频聊天选项，让他们与本地导师建立联系。现在广泛使用的

ZOOM、腾讯会议、钉钉等远程会议系统均可以看作外语虚拟课堂的在线临场教学。Padbot（派宝）公司的遥在（临场）机器人还可以替身出席会议、课堂听讲、参与小组讨论等（由于工作、身体原因抽不开身，就租用一个机器人来代替出席）。

基于 AR 的阅读材料和视觉辅助工具，主要是将数字多模态素材和文字对象结合起来，创造沉浸式混合学习环境，如通过二维码或触发器激活数字内容，如 Oxford Reading Buddy 等 AR 教材。教师也可以在每一章的开头将多模态背景资料嵌入印刷教科书中，通过视频、图片或翻译来介绍新词、术语、典故、背景的含义，克服语言障碍、文化障碍，帮助不同的英语学习者以相同的速度学习。AR 技术支持趣味阅读、深度阅读，扫描（智能手机或 AI 眼镜）书中插图、文字，可有 AR 情景再现或 AR 信息拓展（情景互动 + 音频 + 文字），支持跨模态交互阅读。在一个无限连接的世界，不管用户身处何方都可获取学习资源。但如果出镜朗读、答疑的是你喜爱的老师（数字替身），你是否感到亲切，甚至是过意不去呢？

沉浸式技术与学科学习相结合，可以促使外语教学与学科教学相结合（如专业英语、特殊用途英语、职业英语等）。利用理工科专业的增强型 AI、数字孪生技术开设 ESP 课程，使学生在学习学科知识的同时学习英语，实现从单纯的语言教学向语言与学科内容相结合的转变，为外语学习和使用提供真实的语言应用环境，体现内容依托型教学模式（Content-based Instruction，简称 CBI）的理念。第二语言或外语不仅是教学的目标，还是学生学习学科内容的工具和媒介。

7.3.3　沉浸式技术的未来趋势

沉浸式外语虚拟实验室在实践上具有高度仿真、开放共享、可扩展性、重复使用性以及安全性高等诸多优点（杨雪等 2008），可以弥补课堂教学语言实践不充分的缺陷，发展在线学习和课堂教学相结合的混合式学习模式。但是，目前比较常见的虚拟实验室大多为基于 Web 的"非沉浸式"虚拟实验室（赵娅、刘贤梅 2009），是一种桌面仿真型虚拟应用系统，主要通过对设备和实验过程的软件进行仿真操作。随着"感知联网"的到来，通过触觉技术，我们可以在线体验触觉或嗅觉。这意味着无论身在世界何处，学习者可借助 AI 头盔、眼镜、手套等体感交互设备，进入数字孪生实验场景，进行具身交互操作和仿真体验，如虚拟实地考察、尝试竞赛感受、参观名胜古迹、品味风土人情，甚至穿越时空探究历史等，深度融入、高度专注，提高语言训练的实际效果。新的沉浸式虚拟空间将增强教育领域的传统基础设施，有助于混合学习环境的出现，这种环境平衡了面对面学习的基本质量和数字世界的新潜力。

近期，生成式人工智能（GeneAI）的发展大大超出预期，ChatGPT 刚刚推出，GPT-4、GPT-4 Turbo 的迭代升级便接踵而至。可以想象，有形技术（AR、VR、MR）与无形技术（GenAI）的结合，外语教育应用的前景无限广阔。设想如果 AR 眼镜、智能耳麦等手持穿戴设备对接 GPT 模型（由 Humane 开发的基于 GPT4 的 AiPin[1] 已经开始发售），那语言学习的所见所闻将会是什么样的情景？这对非母语环境的语言学习者也将是一大喜讯。届时，AR+AIGC、佩戴式 AI+GPT、交互式多模态学习资源唾手可得；教室、图书馆、实验室乃至校园的智慧环境浑然天成。学生利用智能化便携、穿戴设备可以离开电脑、浏览器，全方位、全天候融入数字校园。一页一屏、一草一木、一楼一景，凡有所见，均可按需以语音、文字（中英文皆可）、图像甚至视频方式呈现，并可进一步咨询考证。这些在科普电影中才可见的景象，随着 GenAI 落地应用与 AR/VR 产品的智能化开发，将成为数字化校园的学习常态。未来的发展方向是让虚拟环境的交互更加真实自然。这需要在视觉、听觉、交互等多个方面进行研究，同时也需要开发出新的评估指标来判断虚拟环境的真实性和沉浸感。沉浸式技术与 GenAI 的结合为外语学习提供了更丰富的输入和交互方式。但相关领域的技术还需要持续进步并与教育专家合作，才能真正取代传统模式的教与学。这是一个值得长期探索的领域。

1　AiPin 是一个基于 GPT4、类似"胸针"一样的可穿戴微型 AI 设备和软件平台，为用户提供了一种全新的无屏幕、对话式智能终端，可将 AI 带到任何地方。

　　总之，嵌入 AI 生成内容（AIGC）的沉浸式技术创造了引人入胜的多感官体验，支持学习者在目的语语言文化背景下找到存在感。这会带来更真实、更难忘、更有影响力的学习机会，尤其是在与人类教师的指导相结合的情况下。尽管 AIGC 与沉浸式技术的融合仍然是一个新兴领域，但它对语言学习的未来显示出了很大的前景。这些人工智能模型将改变人们与计算机互动的方式，与计算机对话就像与人对话一样自然，这将彻底改变人们使用科技的日常体验。它能以前所未有的方式理解你的意图，然后以计算机操作的方式输出。比尔·盖茨日前也透露了微软正在研发与植入 AI 模型的智能代理互动的种种方案：公司正在探索各种选择，包括应用程序、眼镜、吊坠、别针，甚至全息图，这些都是可能的，但人机交互的第一个重大突破将是耳塞。如果代理需要与用户联系，它将与用户交谈或显示在用户的手机上。而苹果公司也推出了 Vision Pro，这是一款虚实融合（混合现实 MR）的头戴式"空间计算"显示设备 [1]，用户可以使用手势、眼睛或者语音操作控制。眼见各种沉浸式 AI 计算设备的陆续面世，外语教师希望的语言知识表征的富媒化、多模态化、生态化以及移动学习、泛在学习的沉浸式体验，是完全可期的。

　　当然，沉浸式学习不是沉没式学习，利用虚拟技术和 GenAI 技术建立可见的外部环境和人机交互时，要同时注重语言学习的心理引导，这与语言学习内容的选择和表现方式密切相关。比如，宜选择带有故事、情境对话的视频，或是带有真人或数字替身出镜讲解的内容，因为这类视频人物的肢体语言和表情动作十分丰富，而这也是沉浸式语言学习的一部分。情境因素之所

1　苹果的 Vision Pro 头显机于 2023 年 6 月 5 日推出，2024 年 2 月 2 日正式发售。这是苹果公司七年来的第一款新产品，是融合了虚拟和增强现实的计算设备，库克称其为革命性的空间计算机，将数字内容与物理世界无缝融合（将虚拟图像叠加在现实世界实时视频之上，同时允许用户保持现状并与他人建立联系）。Vision Pro 为应用程序创建了一个完全三维的用户界面，该界面扩展到传统显示器的边界之外，用户可以自然、直观地用眼睛、手势和语音进行操控。Vision Pro 拥有世界上第一个空间操作系统 visionOS，用户能够以一种感觉数字内容实际存在于空间的方式与数字内容进行沉浸式交互。

以有利，是因为它不仅影响大脑，还触及心扉——注意他人的面部表情和语气能更好地读懂他人。又如，使用由母语使用者录制的视频（真人化身和语音克隆解决了制作问题），因为聆听观看本族语人在真实语境中使用地道的语言，犹如身临其境，瞬间沉浸在目标语语境之中。再如，尝试用外语探索自己感兴趣的内容或话题，或者是完成不得不用外语完成的工作和任务，这是真正的沉浸式学习。因为沉浸在真正喜欢的内容中是沉浸式学习的真谛，这有助于学习者习惯以目标语言进行思考与表达，并保持对语言学习的持久兴趣和动力。

第八章　人工智能与数智化外语学习

　　本章笔者尝试对三类技术应用领域进行批判性探索，这些领域包括了外语教学中的当前用途和潜力，它们有的是正在发生却未能普及；有的是技术已经出现，却尚未落实应用；还有的是基于前两种技术应用基础上的创意展望，即可能出现的普智学习模式。我们希望外语教育能够始终保持其人文特征，但对于不断涌现的数智技术，可以持开放和批判性吸纳的态度。因为技术和人文在服务于人类福祉这一点上是殊途同归的。

　　按可否观察与触摸的标准，智能技术的应用可分为三个领域：第一个领域是有形技术（即可以与之互动的广泛的数字工具类别，如虚拟现实、增强现实技术等）；第二个领域是无形技术（人工智能等自身不可见或不可触摸的技术，如 GPT 等大语言模型的落地应用）；第三个领域是开放的智慧学习空间（未来的物理学习空间，如课堂现场与分散地点的云空间即时互动）。需要说明的是，每一个领域的描述仅以笔者理解为基础，即它只是说明了新兴技术在外语教育相关环境中的一些实际或潜在的应用设想。

8.1　外语教育技术的智能化

　　高校的信息化教学，无论是基于 IaaS 基础架构、基于 PaaS 的平台服务、基于 SaaS 的软件服务，还是基于 APaaS 的应用程序平台服务和基于 IPaaS 的集成平台服务[1]，均高度依赖于网络设施和云计算。然而，随着数字化转型进程

1　IaaS、PaaS、SaaS、APaaS 和 IPaaS 是云计算中的不同服务模式，它们在提供的服务和抽象层次上有所不同。IaaS 提供基础设施层，用户需要管理操作系统和应用。PaaS 提供平台层，用户只须关注应用程序的开发和运行。SaaS 提供完整的应用程序，用户只须使用应用。APaaS 专注于应用开发和运行的平台服务。IPaaS 专注于集成不同应用和服务的平台服务。

的加速，高校常态数字化课堂教学的日活数量和并发流量持续攀升。同时，智能终端的爆发式增长，5G、人工智能、大数据、云计算等技术的进步，也带来了数据的急剧增长。Gartner 公司 2022 年预测，到 2025 年，至少会有 75% 的数据处理将会在云端或者数据中心之外的地方进行，数量之大达 80Z 字节之多。如此庞大的数据量，使用当今互联网的带宽进行即时传输存储和处理，在技术上是不可行的。一方面，由于云计算在时效性、安全性等方面的不足，使得其在工业制造、自动驾驶、远程医疗等更为精准细致的场景下力不从心。很难想象，一辆高速行驶的自动驾驶汽车，它的每一步决策却都需要依赖千里之外的一个云数据中心，关键时刻哪怕是小于 1 秒的网络延迟都极有可能带来致命的失误。另一方面，随着数字化转型进程的加速，降本增效将是所有行业关注的重点。

　　教育物联网的需求不像消费物联网需求简单及高标准化，也没有商业物联网对于技术和场景的复杂和细致，它的需求是海量、即时、稳定和不间断。虽然没有苛刻的安全性要求，但是规制性时间内的畅通无阻是必须保证的，任何卡顿、拥堵、延时都意味着课时浪费、进程受阻，甚至是教学事故。现有的平台型外语教学系统之所以大多用于课外自主学习，而无法大面积应用于常态课堂教学也是源出于此，因为高校部署的外语教学平台通常均基于传统云计算。受制于校园网环境，在处理课堂生成的海量学习数据（网络边缘数据）时存在三点不足：实时性不够、带宽不足、能耗较大。

　　边缘人工智能（Edge AI）正是在这种情况下应运而生的，是人工智能与边缘计算的结合（Ahmed & Ahmed 2016）。它允许设备在与用户交互的最近点做出以数据为主导的决策。这是一种分布式计算概念，它将智能集成到边缘设备（也称为边缘节点），如植入 AI 的穿戴设备和课堂智能硬件设备（AI 眼镜、耳麦、智慧笔、平板电脑、AI 学习机、智能翻译机、摄像头、智慧黑板、智能音箱等），允许在数据收集源的附近实时处理和分析数据。在边缘计算中，数据不需要直接上传到云端或数据中心进行处理和分析。这种方法将减轻网络和服务器上的负载。所以，随着 Edge AI 设备的普及，将来大部分平台型服务模式会逐渐退出。课堂中技术使用的无痕化、智能化、超简化是必然趋势。

目前，Edge AI 在教育领域中的应用还比较新颖，边缘设备尚无批量成熟产品，体系化部署可能仅限于独立的智慧教室，但它已经在满足学生个性化、学习高效化的需求方面展现出了巨大的潜力。未来一旦普及，必将破解长期以来的批量化教育培养和个性化差异发展的教育难题。具体到课堂教学的 AI 介入，未来的课堂级应用将会越来越智能化和个性化，以下是一些可能出现的边缘设备和应用场景。

智慧黑板 / 智慧屏：接入 AI 技术的智慧黑板是一种能够感应手势、图像、文字等多种信息的互动式黑板，它可以自动识别教师的书写内容并进行记录和存储，同时可以同步到学生的手机、平板电脑等移动设备上实现即时互动，让教学更加直观生动，递受更加便捷高效，腾出更多的思考空间和互动时间。

AI 眼镜：AI 眼镜是一种搭载人工智能模型的具身智感设备，它可以对教学场景进行实时分析和处理，例如师生交互时对学生情绪变化的感知、对学生的反应水平的分析判断，教师据此可更精准地评估学生的学习状态并确定是否进行选择性干预或帮助。接入了语言模型的 AI 眼镜还可以根据师生问答内容实时检索、调用信息，教学示例即时呈现、举一反三、张口就来。这对缺少教学经验的年轻教师来说，如同"神器"在手，极大地降低了教学准备的工作量和临场处置的难度，同时还提高了现场应对表现力。

生物识别技术：指纹、人脸、声纹、键盘动作等生物识别技术可以帮助教师更好地掌握在线教学、混合式教学的考勤管理和课堂参与，并且还可以在虚拟课堂作业和考试中用于身份识别和防作弊措施，保障学习评价的公平性和可靠性。

柔性显示技术：柔性显示屏、AI Pin 掌心投影等可视化技术可能会为更加互动和引人入胜的学习体验提供可能。与传统液晶显示屏相比，柔性显示技术具有许多优势，包括能源效率、耐用性、柔韧性和便携性。这些可能会改变展示空间，并使课堂上展示的地点和内容更加民主化。

除了可视化智能教具，还有许多其他设备可以植入 AI 技术，如智能音箱和智能耳麦（分别在课堂和语言实验室环境下），可以通过语音识别技术与学生进行交互，回答他们的问题，提供学习资料和知识点解读。手机、手表、手环搭载 AI 模型可通过语音、手势和动作识别记录学生学习活动轨迹；AI 智慧笔可实现语音点读、智能书写，通过笔迹分析和识别，自动转换为个性化电子文档，并存储在云端供教师批阅或与同学共享；智能书包和智能文具盒通过人脸识别和 GPS 定位功能，帮助学生找到自己的书包并提供定位服务，还可以通过语音提醒学生带齐所需的学习物品。此外还有植入 AI 模型的智能教室系统，可以用来整合多种设备和技术，例如黑板、投影仪、音响系统等，通过 AI 技术实现智能化的课堂管理。

另外，用 ClassPoint AI[1] 可以优化课堂教学流程，简化从 PowerPoint 生成测验问题的过程（见图 8.1）。只需要点击一下，就能使用先进的人工智能技术来分析幻灯片的内容，并生成发人深省的问题。用户可以灵活地从多种问题格式中进行选择，如多选、简短回答和填空，以满足不同的受众。该工具还支持 Bloom 的分类级别，允许用户定制测验问题的认知复杂性。此外，ClassPoint AI 提供多种语言支持，与 PowerPoint 无缝集成，提供了生成其他问题、检查正确答案或将问题保存为幻灯片的选项。该工具对于举办网络研讨会的组织者或研讨会中的教育工作者、演讲者、培训师和专业人士来说很有价值，他们可能希望通过互动测验吸引观众并提高参与者的理解力。有了 ClassPoint AI，创建交互式学习体验变得毫不费力。此款软件虽然有免费计划，但常态应用仍受限制（如问题量和学生数），笔者非常希望国内也能出现这样便利的 AI 插件。

---

1 ClassPoint AI 是一款与 PowerPoint 无缝集成的一体化教学工具，由新加坡的教育技术公司 Inknoe 设计。它可以帮助教师在不切换许多不同应用程序的情况下更有效地进行教学。ClassPoint 可以帮助教育工作者在课堂面授课、远程授课上使用墨迹、文本框、形状对幻灯片进行注释，添加无限白板，随机选择姓名，创建和运行互动测验，通过级别、徽章、领导板等将学生的学习之旅游戏化，并能够在 PowerPoint 界面中完成所有这些活动。

图 8.1　ClassPoint AI 的多种课堂互动方式

　　总之，课堂教学在经历并将继续经历戏剧性的数字化转型之后，我们依然希望让教师的技术互动也能轻松、方便地适应。在实际场景中，AI 与设备已经无缝融合，边缘计算也为 AI 的落地提供了更多的优势，包括降低带宽成本、加快响应速度以及增强数据隐私和安全性。通过在边缘设备上执行一部分计算任务，可以减少与云端的通信延迟，并降低数据传输量，提高系统的效率和可靠性。边缘计算允许来自物联网设备的数据在发送到数据中心或云端之前在网络边缘进行分析。这可以帮助减少延迟并加快这些模型的响应时间。然而，考虑到大语言模型的复杂性和计算要求，实现可能具有挑战性，并且需要具有显著处理能力的先进边缘设备。目前，国内各大教育科技公司正争相发力智能学习硬件的研发，搭载大模型的 AI 学习机、学练机开始逐步推向市场。但真正令人兴奋的是 2023 年以来，AI PC 迅速走红，增加了神经处理单元（NPU）的个人电脑能够实时处理部分人工智能任务而无须与数据中心交互，变得更快、更安全。2024 年 5 月 18 日，微软正式推出 Copilot+PC，将 AI 融入 Windows 11 操作系统，用户可以通过"回顾"（Recall）轻松回忆和找寻此前在 PC 端看过的内容；抑或是借助实时字幕突破语言障碍，系统可以将包含中文在内的 40 多种语音实时翻译成英文字幕。很快，世界各大（Window PC）OEM 合作伙伴将陆续推出轻薄时尚的 AI 笔电设备，移动 AI 时代将全面到来。

　　人工智能并不都以实体（物理）可见的产品形态出现，但却正在以一种可预见的速度全方位、全过程地融入外语教学的软硬设备和学习过程。快速迭代的 GPT 和其他类似的大语言模型，通常依赖于云计算和超级计算中心来提供的计算资源和存储空间来进行训练和推断。这些计算中心可以通过并行计算和分布式存储来加速训练和推断的过程。从理论上讲，现有互联网架构中，若不考虑并发用户数的问题，世界上任何一个节点都可以应用某一家 GPT 提供的服务；但对于用户密集、时段集中的大学校园级应用来讲，仍有出口带宽和并发流量问题，更别说存在国际数据互通的障碍。讨论 AI 教育技术应用，恐怕不能忽视，甚至无视实际条件和应用环境。所幸，AI PC 的普及，可以使人工智能很大程度上"超越云端、进入设备"。

鉴于 GenAI 模型可以作为开发更专业或特定领域模型的基础或起点，一些研究人员建议将 GPT 重命名为"基础模型"（Bommasani *et al.* 2021）。在教育领域，我国由华东师范大学一批开发和研究人员针对基础教育已经开始对基础模型进行微调（fine-tuning），以开发 EdGPT（见 EduChaT 网站）。EdGPT 模型使用特定数据进行训练，以达到教育目的。换言之，EdGPT 旨在用少量高质量、特定领域的教育数据来完善从大量通用训练数据中得出的模型。例如，针对课程共同设计的 EdGPT 模型可以让教育工作者和学习者生成适当的教育材料，如课程计划、测验和互动活动，这些材料与有效的教学方法以及特定学习者的具体课程目标和挑战水平紧密一致。同样，在一对一语言技能教、练的背景下，可以使用一个用适合特定语言的文本提炼的基础模型来生成范例句子、段落或对话以供练习。当学习者与模型互动时，它可以用适合他们的内容相关且语法准确的文本做出回应。微小、垂类的 GPT 应用，是 AI 化外语教育发展可行且安全的方向。"利用 ChatGPT 人人都能学好英语"的说法，对于英语基础不好的学习者来说并不正确。对于更多普通人来说，问题反倒是"有了 GPT，还要学习 ABC 吗？"

如今 ChatGPT 风头正盛，AI+ 教育应声向前，国内多家教育科技头部企业纷纷推出最新的教育类大模型应用（如作业帮的银河、讯飞的星火、有道的子曰等），使教育成为 AI 落地最快的场景之一。然而，正如联合国教科文组织所指出的那样，公开可用的 GenAI 工具正在迅速出现，迭代版本的发布速度超过了国家监管框架的适应速度。大多数国家缺乏关于 GenAI 的国家法规，这使得用户的数据隐私得不到保护，教育机构在很大程度上没有做好验证这些工具的准备（UNESCO 2023）。垂类 GPT 也意味着企业需要有更专业、更精准、更安全的数据语料，未来企业的竞争点也将围绕专业数据、清洗和标注数据的能力、用户隐私安全三点展开。以出版业为主的优质内容提供商，其拥有的内容数据和版权也可能构成垂直领域的行业"护城河"，但他们与科技头部大厂的深度合作势在必行。

从技术的角度看，旨在优化边缘设备人工智能模型的研发工作亟须推进，如模型修剪、量化和知识提取等技术，正被用于在不显著影响人工智能模型性能的情况下缩小人工智能模型的大小。目前 AMD 首次公开展示了 Instinct MI300X，单卡即可轻松运行 400 亿参数的大语言模型。因此，理论上可以在边缘设备上运行 GPT 版本，但与目前通过 OpenAI 基于云的 API 提供的完整 GPT-4 模型相比，它可能是一个更小、功能更低的版本。而谷歌推出的 PaLM 2 更是分为 4 种不同规模的版本，由小到大分别是 Gecko、Otter、Bison、Unicorn，其中 Gecko 极为轻量，甚至可在移动设备上离线运行（最新消息是谷歌又推出了 Gemini 原生多模态大模型，分为 Ultra、Pro、Nano 三个版本，而 Nano 就是设备级应用）。随着 AI PC 的普及，在今后几年内，估计很快就有嵌入 GenAI 模型的边缘设备投放市场。届时，外语教学的垂直应用场景一旦落地，语言智能必将全方位融入，外语学习范式甚至专业布局都会发生巨大变化，我们应该有所准备。

未来的语言实验室或智慧语言教室的架构应考虑（边缘）人工智能的部署应用（如统一使用 AI PC）。届时，外语教学实操训练的强度和密度将会大幅度增加，语言智能设备和 AI 软件应用可以带来更多便利和优势，能全方位深度介入外语教与学的各个环节，如机器翻译、人机对话、智慧写作、智能批改、多模态智能问答等 AI 技术的应用。这些都会成为高校外语教学和语言实训的常态方式，尤其在学习自主化、交互拟人化、反馈智能化等方面显示出明显优势。可见的技术（智能设备）与不可见的技术（人工智能）将完美地整合在了一起。

如今，可用于语言教育方面的 GenAI 应用也是层出不穷，例如 Gliglish 是一个基于 GPT 的语言老师，你可以用它在电脑上练习口语和听力；手机端应用 Conversely，可以让你与不同的人物进行对话，并从四种不同的对话模式中进行选择，以适合您的学习风格（目前支持英、日、西、法、葡、俄、德等国语言）；Storybooks 支持用多种语言生成个性化故事，以培养语言能力、创造力和社会情商。使用 Storybooks，可以根据自己的喜好定制每个故事，自定义角色、姓名，甚至包括熟悉的面孔，创造真正个性化的体验。升级后的 ChatGPT（如 GPT-4o）也已经可以语音交互了，几十门语言都已达到堪比母语水平的自然程度了。只是目前原版的 GPT 应用并不对国内用户开放，坊间的 GPT-4 语音对话视频实例大多是通过一定技术手段（如利用平台的 API 接口）实现的。所幸国内的智能语音技术并不落后，各大 AI 头部公司每每都有突破。

此外，微软也已宣布推出 Windows 人工智能库，其中将收藏一系列现成的机器学习模型和 API，这些模型和 API 将有助于边缘设备的人工智能开发。这意味着将来的电脑，无论是在 x86、x64 还是 Arm64 上开发，人们都能够轻松地在云端和边缘的 Windows 应用程序中体验人工智能驱动带来的快感。如此一来，C 端的 AI 个体应用进展神速、日趋常态；而 B 端 AI 教育产品因市场化商业逻辑可能一时难以进场（也存在颠倒的情形）；又或者，大量在线 AI 学习工具和个体智能终端（AI PC、PAD、手机等）都是面向个体的 C 端应用，而学校和教育机构都是 B 端用户（教学平台），如何整合和有效利用这些 C 端应用的数据是一个具有挑战性的问题。数智技术语境下的学校教育，其理想状态是 B、C 两端的一体化互通。当然，技术的问题有待技术来解决，如开放 C 端 API、创建数据中转、开发算法和工具来处理和清洗数据，等等。但从使用者的角度来看，在理想的智能协同到来之前，站在 B 端、C 端接合之处的教育工作者（尤其是外语教师）将如何自处呢？

教育用户群是一个恒定、巨量、刚性需求极强的市场群体，但教育运行的逻辑是公益性质的。所以，教育的数字化转型、AI 转型理应免费或由政府买单。国家应采用转移支付和政府补贴的方式支持 AI 产业开发教育技术产品。目前，

AI 头部企业垄断性的高额付费方式对我国教育的智能化转型发展不一定是最好的做法。但是这已经远远超出本书探讨的范畴了。

8.2　技术的进步与人文持守

GenAI 技术仍在快速发展，可能会对外语教育和教学研究产生深远影响，这些影响尚需充分理解和积极应对。基于教育人性化的愿景，联合国教科文组织提出了"Guidance for generative AI in education and research"（《教育和研究领域使用生成式人工智能指南》）（UNESCO 2023），呼吁各国政府尽快就此问题实施适当的管制和教师培训，确保这项技术在教育中的运用遵循以人为中心的方法，包括强制保护数据隐私，以及为 GenAI 平台的独立对话设定年龄限制等。为了指导在教育和研究中正确使用这些工具，该指南提出了一种人类因素和适合年龄的道德验证和教学设计过程方法。

外语教育对人工智能的兴趣，首先是因为它可以让语言学习者学习得更好、更快。其次是成本效益，即如何以更少的钱做更多的事，以更有效的方式创造更好的内容、更佳体验的学习。换句话说，AI 的教学应用是让学生更好、更快地学习，而不是替代学习。那种因 AI 语言能力堪比人类而无须学习外语的观点是狭隘和短视的。智能语言技术的成熟应用帮助人们克服了语言障碍而"达知天下"，也给一般性跨语言交流带来了便利，但这并不意味着它可以替代各行各业专门人才的外语素养和能力要求。外语教育要大力培养具有全球视野、通晓国际规则、熟练运用外语、精通中外谈判和沟通的国际化人才，这样的目标显然不是 AI 能够胜任的。

随着 ChatGPT 的问世，微软的必应搜索、Microsoft 365 的智能副驾（Copilot），以及各种浏览器插件，从文本助理到语音对话，从图像生成到视频摘要应有尽有。专注语言学习应用软件开发的商家正在整合 GPT 来解释错误、辅助写作，并允许用户进行真实世界语境的对话练习，如 Duolingo、LingQ、Gliglish、Pimsleur 等。国内许多教育科技公司的 AI 技术团队也已投入到 ChatGPT 同源技术（即 AIGC）在教育场景的落地研发中。在这一波 AI 浪潮中，除了谷歌、阿里、百度、腾讯等头部公司，许多初创公司也纷纷加入了竞争，人工智能的产业生态链初露端倪。而专事语言文字教育的外语教学，面对 GPT，无论是机遇还是挑战，都理应勇敢尝试。

面对 AI 各种应用的接踵而至，教育工作者意识到创新人才的培养仅仅靠知识积累已经远远不够，教育必须超越知识。仅靠死记硬背和大量做题的现有课堂教学模式未必不会被人工智能替代。一个很可能发生的情况是，未来 AI 首先会替代那些在我们现有教育制度下培养出来的学生优势，让传统教育的红利变得微乎其微。

然而，一如以往的真相是工具似乎人人都能用，但是真正用好却很难，GenAI 工具也不例外。这些 AI 工具考验的还是"基于问题"的问题解决能力，与 GPT 互动的重要形式就是提出有质量的问题，而这恰恰是传统教育所稀缺的，因为我们的文化不鼓励挑战、质疑甚至提问。但是，教育若不能保护提问的勇气，就不能保护学生未来的能力。发现问题、提出问题是批判性思维的基础，也是真正能够实现沟通、解决问题的前提。遗憾的是，在我们的课堂上已经很少再看到"打破砂锅问到底"的学生了。面对基于问答对话模式的 AI 助理，我们有望打破抑制提问的文化痼疾，激励学生提出好的问题，或者使学生能够连续设问，并且懂深浅、有逻辑地追根究底。

那如何才能有效利用 GenAI 工具，与 GPT 一类的 AI 模型进行有意义的沟通呢？我们可以借助乔哈里沟通视窗（Johari Window Model）的四个象限理解与 GPT 的沟通，如图 8.2 所示。乔哈里沟通视窗是一种沟通技术，旨在帮助人们更好地了解自己和他人的关系。它由心理学家约瑟夫·勒夫特（Joseph Luft）和哈林顿·英格拉姆（Harrington Ingham）于 1955 年创建，主要在自助团体和企业环境中用于启发式练习。Luft & Ingham（1955）用他们的名字组合将模型命名为 Johari，如图 8.2 所示。我们可以将图中的"他人"（others）替换为GPT，作为我们的沟通对象，针对不同的问题和意图采用不同的沟通方式。图中的公开区（Open）相当于我们和 GPT 都知道的知识，一般认为不必去问，但其实大有讲究。因为该区的问题具有检验确证、拓展深入的价值，一是可以考验 GPT 是否真如传说的那样聪明、专业且有深度，二是可以检验自己的认知是否准确全面，据此来拓展深化我们的认知。图中的"盲区"（Blind）是我们不知道，但 GPT 无所不知的领域，只是由于我们的"无知"，很难恰切地提问，这就是提示语技巧的问题了。"隐秘区"（Hidden）是 GPT 不知、而我们知道的区域，如自己钻研的领域、独到的想法和观点，私下知识经验或某些垂直领域的知识数据等，此间提问最能考查 GPT 的倾听理解、推理和分析能力。最后一块是 GPT 和我们都不知道的、有待发现的"未知区"（Unknown），如尚未发生的事情，有待探索的领域，不成熟的假设等。

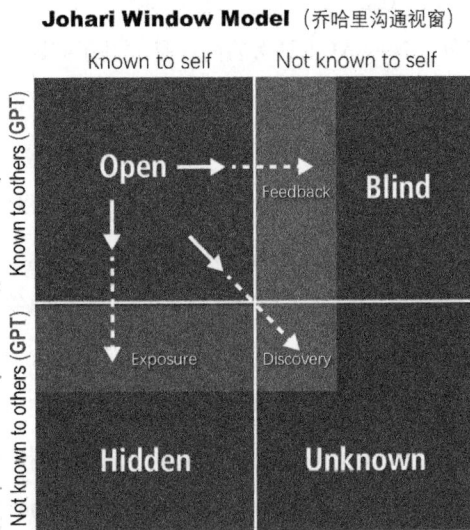

图 8.2　乔哈里沟通视窗（改编自 Luft & Ingham 1955）

不同象限的问题需要不同的提问方式，这与实际社会中的人际交往相仿，但与 GPT 交流的好处是你提问时无须考虑人情世故。对已知领域的问题，重在观点讨论、问题求证，或虚心求教、不耻下问，GPT 绝对不会令人失望，例如"对于 XXX（主题 / 技能），你认为哪些是我必须理解和掌握的核心要点？""我理解 XXX 是 XXX（具体描述），你觉得我对吗？为什么？你能批判性地分析一下吗？"或者"我正在考虑 XXX 的决定，你能分析一下可能的后果和影响吗？"甚至是"我在 XXX 方面研究已有多年，请问你能否提出十个具体问题来检测我的专业水平吗？"你甚至可以要求它对你的回答进行反馈、评价、补充（这些补充的内容在实际生活中很难有人告诉你）。这种反向提问、它问你答、互有问答才是真正的对话。GPT 参数量之大，训练数据之多，几乎穷尽了人类知识领域，它提出的问题一定会让你"直冒冷汗"。面对知识储备远大于你的 AI 模型，你总能得到不同角度的看法和建议，或为你推荐一些方法和路径，或提供某些新的假设和思路等等。

对于知识盲区，出于无知我们可能问不出好问题。具体办法是：首先，请教 GPT，如"我想了解 XXX 方面的知识，我应该问你什么样的问题才能得到专业性解答？"这相当于元层次提问，然后按自己感兴趣的问题逐步深入；其次，"请列出 XXX 的 30 个最常用概念，并作简单解释，最好列出来源出处"，这是快速扫盲的好办法；再次，你可以让其详细介绍 XXX 的来龙去脉，以便全面了解某人某事某物的概况，等等。GPT 的应答速度几乎是秒问秒回，节省了大量的时间。盲区问题的关键是要做真实性、准确性查验，GPT 可能会回答错误，这种可能性并非绝无仅有，有时还经常发生。

对于 GPT 不知道的隐秘区（除了我们的私下信息外，GPT 训练集数据有历时性、地域性等局限），我们可以利用 GPT 强大的算力，寻求它的观察、逻辑分析、客观评价等，如问它"怎么看待 XXX（具体描述）""之所以 XXX，可能原因有哪些？""会有什么样的影响？""怎么做会会更好？"等等。GPT 基本不带偏见，因此给出的答案通常都比较中肯。而且，GPT 的迭代更新迅速，现在已基本突破不能查询实时网络信息的局限，你可以让它回答一些它原本不知道的东西。

对于我们和 GPT 都未知的区域，比如不确定的后果、未知的答案、未来的发展、创新或创意等等，我们可以用虚拟句式提问："如果 XXX，那会对 XXX 有何影响/会发生什么？"这是你和 GPT 智慧火花碰撞的地方，你丰富的想象力和创造力与 GPT 强大的逻辑分析和预测能力会催生热烈的讨论，这也是学习的好方式。GPT 既不会嫌啰唆，也不会有负面看法，极其耐心且不厌其烦。孔子曰"知之为知之，不知为不知，是知也。"但并非所有人都对自己的知识和无知有清晰的认识。作为学有专攻的高校教师往往比较自信，在自以为专长的领域"不知道自己不知道"，或对非专业领域持"知道自己不知道"的谨慎态度。有了 GPT，只要愿意，故步自封的迷障就会迎刃而解。

GPT 的提示指令是无法穷尽的，按图索骥地套用提示语并不可取，关键是要掌握沟通技巧。Johari 沟通窗口非常有用，它提供了一个视觉参考，人们可以用来审视自己的需求特性。与人际交流一样，智能的人机交流方式有助于解释开放分享和接受他人评价的重要性。当一个人向他人或 GPT 提供他看到和知道的事情的评论时，公开区域将水平扩大，因此盲区将变小。此外，通过自我发现或者通过从他人或 GPT 那里得到的评论和咨询来观察，未知区域也能够减少，这也是一种创建有效沟通的方式。

GPT 的生成能力无与伦比，但并非没有缺陷。随着 AI 插件生态的成熟，它在各垂直领域的功能将如虎添翼。如加载 WebPilot，其联网搜索能力直逼，甚至超越谷歌；加载 Wolfram，计算、画图不在话下；配合 AI Tool Hunt，AI 工具应有尽有；有了 Voice Over，语音对话逼真流畅；Video Summary 可以识别视频语音；MixerBox Scholar 可以帮助新手起草论文；Tutory 可以是学习的智能助理；Speak 使语言学习事半功倍。这些应用从上千个插件中脱颖而出，成为成熟的垂类应用。而随着 GPT 的迭代，OpenAI 已经取消了 AI 插件，取而代之的是称之为 GPTs 的新应用，这些 GPTs 是定制化的 AI 助手，可以根据用户的具体需求提供更加个性化的专业服务。

如今，GPT-4o 已经可以解读视频；英伟达又发布了最强 AI 芯片 H200；谷歌推出了最强 AI 音乐创作 Lyria 和最新的多模态大模双子座型 Gemini 1.5，等等。GenAI 的发展速度简直让人叹为观止。但无论如何，AI 技术的发展和使用一定会回归人本、服务人本。教育教学中的 GenAI 技术应用必须有助于教师和学生缩小盲区、探索未知、反思已知、应用新知，而不是只为了快速精准地找到标准答案，或者不劳而获地坐享其成。否则，老问题照旧，新问题又来。

就外语教育技术的 AI 应用而言，就有许多值得探究和反思的地方，例如：

（1）如何规划人工智能融入教育生态的前瞻性研究，如解决外语教育技术的生态位普遍过窄的问题，将人工智能技术与经典模型的优化技术相融合，以改善不同学科、不同语种的教育生态供应链的失序和偏倚管理。

（2）如何使赋能大规模个性化学习的技术蓝图落地生根，破解个性化学习与规模化教育的矛盾，通过基于人工智能的针对性、个性化教学支持，为每位学生创造更具包容性、更有吸引力的语言学习空间和交流方式，让更大规模的自助化、适配化外语学习成为可能。

（3）如何开展人工智能支持下的参与式学习研究，通过教育环境中的自然语言处理、计算机视觉和机器学习等，让外语学习者能够在以人工智能为中心的叙事学习环境中参与沉浸式学习，如 VR、AR、MR 技术与语言实验室、GPT 多模态应用相结合，以此提高多态融合的外语学习效果。

（4）如何推进技术语境下的数智化课堂生态研究，利用知识管理与交互技术（智慧黑板、触摸屏、智慧屏、智能桌面、智能页面等）、学习行为与绩效分析技术（课堂随测、抽测、互测、练习、表演、讨论参与、活动点评等课堂贡献值以及表情、动作等数据的分析）、数据可视化等技术手段，实现精准积极的教学反馈，有效提升课堂获得感和学习成就感。

（5）如何实施人工智能多语种语言实践服务研究，利用智能语音技术、智能人像技术、多语平行语料库、多模态语料库、AI 多模态生成技术等，实现口语训练、智能翻译、模拟谈判、跨文化交流等语言活动的拟真化、情境化、实用化、智能化。

总之，在规划数智化外语教育技术应用时，应引入系统性、生态化、人本化和现实性思考，避免唯工具主义和极端的效率化思维观念。面对任何技术进步，教育的人文持守始终是题中之义。而且，技术突破不等于应用突破，看似唾手可得的先进技术，偏偏不能普及应用，种种原因，恕不赘述。所以，外语教育技术应用的智能化，除了俱进的科学态度、持守的人文情怀，还要有成事的脚踏实地：

　　首先，不要期许技术会如何改变未来、改变一切。未来一定会来，但未必是我们预设的模样；一切都会改变，但变中总有不变。我们要以一种有原则的方式创造未来，开发需求、适应需求、解决现实问题。和任何教学软件应用的挑战一样，基于 AI 的外语教育应用在落地之初就应该采取这种有原则的做法：帮忙但绝不添乱、有用但绝不滥用、积极但总是适度。

　　其次，不要将智能技术只用于信息消费和绩效评估，而是要用于激发师生的深度思考与创意实践。AI 应用不能只关注效率与规范，而应更多地助力创新与协作，注重人机协同的智慧适配，而非追求不劳而获的替代性应用。这是供给侧（开发商）和消费者（学校师生员工）应该形成共识的地方。

　　再次，不要执拗于人工智能之于教学的利弊之争，而是要看一看创造、利用这种技术的人和机构秉持了怎样的价值观，太多关于人工智能未来的辩论都忽视了机器和人类合作的潜在之美，我们需要跳出"机器对比人类"的框架来思考 AI 之用，摒弃对抗性思维；一味挑剔技术的不足或期许技术万能都无助于有效应用。

　　最后，面对教学工具的 AI 化，学校教育的行事逻辑和处理方式应该全方位与时偕行。否则，不会的还是不会，卡住的还是卡住，教育数字化转型过程中，学校管理的文牍形式极有可能只是从"纸面文章"变成了"数字文章"，教师可能仍需要把大量时间花费在与学术无关的形式化、流程化事务上，只是线下变成了线上，甚至有可能双管齐下，如电子上传和打印上交，或教学日志、作业评语、试卷分析等还要硬拷贝存档等等。

　　如今，人工智能专家已不再纠结"智能"是否有必要区分生命的智能还是机器的智能（碳基生命与硅基生命），但从那些"能理解会思考"到"无所不能"的商业文案广告词中，我们或多或少还是看到了人文思考的缺失。人工智能的"智能"二字目前还是摆脱不了双引号的。因为，AI 的"理解"和"思考"靠的是"算法"，而不是"想法"。也许，通用人工智能（Artificial General Intelligence，简称 AGI）不期而至的可能并非空穴来风，其对人类的威胁也不是杞人忧天。但是，现在的事实是我们的教育数字化转型还在途中，GenAI 可能只是又一轮技术范式的演进，通用 GPT 的垂类开发还需资本与政策的支持，具体教育教学场景的落地应用仍有待观望。目前，GPT 的实质性推广应用由于跨境数据互通问题仍存在监管与安全方面的瓶颈。人们通过短视频看到的令人为之一震的应用大都不过是尝鲜，各种套壳 ChatGPT 更是"引流"的商业套路。鉴于眼下的可及性程度，大众可能更多地将其作为更高级、更智能一点的搜索引擎或文案助理而已。

8.3　理性看待 AI 的教育应用

人工智能的潜力源于人类永不枯竭的创造力，而人工智能的局限是发展过程中的历史必然。外语教师要善于利用现阶段既有手段，并设法不为局限所限。比如，此前的聊天机器人，如 Siri、小冰、小度、小爱等，其前提是学习者与系统合作并且不偏离预定的对话脚本。只有当用户输入系统开发人员能够预见的问题和答案时，与代理的交互才能顺利进行。在脚本化应用程序区域之外，与聊天机器人和代理系统的对话可能不稳定、不连贯，甚至前言不搭后语。因此，类似系统很难成为普适性的外语学习助理，但能在有限范围内用作特定主题、一定交互水平的"机械"陪练（将性能定位于特定话题的准确性、流利度）。这种应用的技术焦点是语音识别，而不是支持连续对话和有意义沟通，对话依赖系统预设的模型匹配，通用性不强。

智能语音技术（ASR 和 TTS[1]）与大语言模型的结合为计算机辅助语言学习（CALL）提供了无限的发展空间，尤其是克服各种场景交互（在线、离线）中的学生焦虑和产出性技能训练的不足，有助于提升交流兴趣体验、增强二语交际意愿、促成互动和交流的协同效应（张震宇、洪化清 2023）。但文本交互

---

1 ASR（Automatic Speech Recognition，自动语音识别）和 TTS（Text-to-Speech，文本转语音）是语音处理领域的两项重要技术，它们各自解决不同的任务。前者将语音转换为文本，主要用于语音识别和转写，后者将文本转换为语音，主要用于语音合成和播报。

与语音交互各有利弊，前者不受环境限制，但受打字速度和书面表达能力的影响。后者的应用总体上是舒适的，但学习者口头表达能力的局限也影响交流的深度。语音交流一般仅可用于个人单独环境下的学习，课堂或其他公共场所使用，嘈杂的声学环境会影响语音识别准确率，同时也会影响他人学习。若是用于口语测试，除了设备调试，环境因素也会影响系统的评测有效性。

GPT 一类的大语言模型发展迅速，功能越来越强大，其进入人们的日常通用只是时间问题，而获益最多的显然就是不得不每天与知识打交道的老师与学生。但是，学校教育在面临 AI 语言模型的显性利好时，显然应具有对其隐性损益问题的敏锐觉察和应对预案。不过，严谨的管理者们首先看到的不是 AI 利好，而是 AI 极大地便利了抄袭作弊等学术不端行为（尽管类似问题一直都存在），于是预案的方向就是行政管控或技术限制（禁用或 AI 作弊检测）。其实，这类技术性问题不难解决，真正麻烦的是 AI 利好背后悄无声息的隐患。比如，信手拈来的貌似权威、可靠的知识可能会导致"过度依赖"，进而将学习者带偏。投其所好的信息过滤与基于算法的推送服务还可能带来思维障碍，以至于加剧了多数人难以避坑的"过滤气泡""信息茧房"和"知识窄化"等现象。

"过滤气泡"（filter bubble）的概念最早由互联网活动家伊莱·帕里泽（Eli Pariser）在其著作 *The Filter Bubble: What the Internet Is Hiding from You* 中提出（Pariser 2011）。他发现不同个体使用谷歌检索同一词语，得到的结果页面可能完全不同。搜索引擎竟然可以随时了解用户偏好，并过滤掉异质信息，为用户打造个性化的信息世界；但同时，信息和观念的"藩篱"也会筑起，令用户身处在一个"网络泡泡"的环境中，阻碍多元化观点的交流。了解技术内情的人都知道，GPT 一类的大语言模型生成的文本是根据语言上下文词句得出的最佳排列组合（依靠词向量推理的拼字游戏），是按严格的过滤方式输出的结果。这种硅基智能与碳基生命的多元意义世界仍有着天壤之别。GenAI 就像一个巨大的"认知泡泡"（epistemic bubble）（Nguyen 2020），其中重要的信息来源可能被有意无意地遗漏并排除在外。这样的泡泡像是一个受损的认知框架，缺乏强大的连通性（Magnani & Bertolotti 2011）。"泡泡"中的 GPT 受众可能因缺损多元信息和推理基础而导致"认知障碍"。

与此类似的"信息茧房"（information cocoons）概念来自美国学者凯斯·桑斯坦（Cass Sunstein），他在 2006 年出版的专著 *Infotopia: How Many Minds Produce Knowledge* 中指出，我们只听我们选择和愉悦我们的东西（Sunstein 2006）。而他提出这一问题的主要背景，是数字时代的个性化信息服务的逐步兴起。在桑斯坦看来，人们之所以会陷入信息茧房，是因为 AI 算法对消费者所读的信息进行了投其所好的推荐。其实，早在信息茧房的概念提出之前，尼古拉斯·尼葛洛庞帝（Nicholas Negroponte）就在《数字化生存》一书中预言了数字化时代个性化信息服务的可能，并将之命名为"我的日报"（The Daily Me）（尼葛洛庞帝 1996）。在互联网时代，伴随网络技术的发达和网络信息的剧增，人们看似能够在海量的信息中随意选择自己关注的话题，但实际上，在算法的引导和过滤下，这种"个人日报"式的信息选择行为会导致知识消费的同质化倾向。所谓"回音室"（echo chamber）、"同温层"甚至"井蛙共振"效应均源出于此。

总之，无论是基于个体选择性心理的"推荐算法"，还是基于调教预训练的"AI 内容生成"，对于人们的认知学习，都是利弊兼而有之的。这与人的"认知免疫"（epistemic immunity）强度相关（Piovarchy & Siskind 2023），比如形成何种类型的信念、是否信任某些信息来源、做出某些类型的推断以及对某些形式的认知活动的抵触等。免疫失调不利于身体健康，认知失调不利于心理健康。换言之，教育技术（包括人工智能）应用中的许多问题，未必是 AI 赋能产生的副作用，其根源大多与人和人的教育本身有关，如偷懒式替代应用、过度甚至盲目依赖、强化或固化偏见、学生作业作弊、学术不端行为等。所以，人的问题需要通过人来解决，教育的问题应该通过教育来解决。AI 技术无须，也无法为此买单。教育是求知、求真、求善、求美的智慧化、人性化、社会化过程，这也是科学、哲学、宗教、艺术的意义所在。无论是否运用技术，教师都是为知识的融会贯通而教，为知识的运用而教，为化知识为智慧而教（张良、易伶俐 2020），而不只是为了图省力才用技术去教。毕竟，没有技术加持的教育是可以存续的，而不具教育意义的技术应用则是可有可无，甚至应该摒弃的。

如今，计算机可以超越人类能力的方式正在迅速增加，计算机智能一度狭窄的应用正在一种又一种活动中逐渐扩大。未来的计算机性能越来越趋向于集成多种类型的人工智能。但是，"只要人工智能在任何开拓的领域还存在缺陷，怀疑论者就会指出，相对于我们自己的创造能力，这一领域仍是人类固有优势的永久性阵地"（Kurzweil 2005）。这既可以看作是一种保守观念，也可以认为是一种价值持守。只是技术应用的历史告诉我们，大多数技术预测和预测者完全忽略了技术进步的历史指数观。事实上，我们几乎每个人都对技术有着线性的看法。这就是为什么人们倾向于高估短期内可以实现的目标（因为我们容易忽略必要的细节），而低估长期可以实现的成果（因为指数增长被忽视）（Kurzweil 2005）。换言之，大多数人对技术应用的效果持有线性期待，然而，对技术可能的剧变却熟视无睹、毫无准备。这就是雷·库兹韦尔（Ray Kurzweil）所说的"历史线性观"和"历史指数观"的差别。

人工智能无论是强还是弱，均是人为设计、为人所用。基于规则也罢，基于数据也罢；机器学习也罢，神经网络也罢，在可以预见的将来，都还是计算，而不是思维。无论是 OpenAI 的 GPT，还是谷歌的 Gemini，抑或是智源的悟道、百度的文心一言、阿里的通义千问、网易的子曰，其底层都是超大型预训练语言模型。以 ChatGPT 而言，其智能程度除了仰仗于大型预训练语言模型和超强的算法算力外，还得益于"基于人类反馈的强化学习"（reinforcement learning with human feedback，简称 RLHF）。但是，大语言模型和 RLHF 的奖励模型仍然是围绕人类监督而设计的，不加监督可能失控，严格监督可能导致过度"优化"，从而影响性能。诚如谷歌高级副总裁 Raghavan 坦承 Gemini 缺陷时说：随着时间的推移，人为的监督机制使模型变得比我们预期的要谨慎得多，它会错误地将一些非常温和的提示解释为敏感。最终，在某些情况下过度补偿，在另一些情况下过于保守，从而导致了令人尴尬和错误的形象。这些在某种程度上印证了古德哈特定律（Goodhart's Law）（Goodhart 1981，转引自 Gao *et al.* 2022），该定律的基本定义是当压力施于其上以进行控制时，任何观测到的统计恒性都倾向消散[1]。玛丽莲·斯特拉腾（Strathern 1997）、桑内·布劳（布劳 2021）将之表述为：如果一项指标一旦变成了目标，它将不再是个好的指标了。因为，当人们对一项政策有了一定的预期，就会利用各种手段去改变结果（转引自 Manheim & Garrabrant 2019）。这既是经济规律，也是人性使然，ChatGPT 的微调机制也不能例外。所以，人工智能的局限，是人类自身的局限，人很难超越历史去克服这种局限，只能在历史的过程中不断进步。而当下，我们只有寻求与局限共存。

在教育领域，面对人工智能，抑或是人工智人，我们依然不必事事笃信、盲目托付。如同我们面对真正的博学大师，谦虚恭敬固然是必须的，但仍应保持独立思考、求真存疑的批判精神。诚如有识之士指出：作为一种概率大语言模型，GPT-4 缺乏评估其输出的事实或逻辑基础的能力。为了避免潜在的错误，需要专业的人工评审和批判性思维技能[2]。人工智能的教育应用会越来越普及，它必将成为人类学习、工作乃至生活的常态化智能助理。我们应该关注的不必一定是它在"计算"还是"思考"，而是它能否实实在在地帮我们做些什么，是否有用、可靠、安全。虽然人工智能带来的风险是确实存在的，比如虚假信息、深度造假、数据隐私问题和有偏见的决策等在继续侵蚀我们的信任，但这似乎仍然是人的问题，即 AI 工具的合理使用问题。所以，关键在于如何规避不当使用，而不是因噎废食般地为了"求安图稳"而禁用或弃用。

就外语教学而言，ChatGPT 一类的智能语言助理既是无所不知、有问必答的学业导师，又是助学陪练、有求必应的随身学伴。得益于此，人类老师的重点会转移到系统性学习设计、内容策划、任务发布、考测评估、风险规避、问

---

1 英文原文为："Any observed statistical regularity will tend to collapse once pressure is placed upon it for control purposes."

2 参见汤姆·海斯（Tom Heys）于 2023 年发表在 Monitaur 上的标题文章 "The real risks of OpenAI's GPT-4"。

题研究等方面，其作用更多地体现在指导学生阅读、提问、质疑、讨论、辩论等交流技巧（口头、书面）；培养学生数智化学习中的适应与创造能力；观察、评价人机交流的过程与成果；与学生深度交流、积极反馈，等等。

　　对于外语学习而言，学校教育的价值在于学习的过程和体验，而非学分与绩点。所以，在人类知识领域和语言处理能力方面，即便 GPT 可以给出与人类相仿的反应与结果，却依然不能替代学习的过程和体验，如阅读的文本理解与心得感悟、写作的谋篇构思与遣词造句、听解的细节要点与意图顿悟、对话的逻辑与得体谈吐、互动的察言观色与人情世故，等等。如今，AI 的图像识别与视觉处理能力或许已经能够识别人脸的喜怒哀乐等表情，并以自然语言做出响应，但却不能理解人何以如此动情，更不会产生移情作用。因为 AI 既没有镜像神经元，也不具备人类的共情能力。一言以蔽之，涉及思维、情感、价值等碳基生命的智慧要素，目前的 AI 都无法参与支应。但若从"历史指数观"的角度看，我们也许可以预测，AI 意识觉醒的那天迟早会到来。所以，教育教学的技术进步和人文持守，是现代教育的一体两翼，缺一则废。

　　AI 的进化速度之快几乎无从预测，不久前人们还在羡慕动辄年薪百万美元的"提示语工程师"，有人甚至断言"不会提问就难以有效使用 GPT"。可转眼间，"善解人意"的 AutoGPT 又问世了，不会提问照样用。人们也曾诟病 GPT-4 使用量有限制、不能同步网络信息，且依靠插件才能实现语音互动，然而，OpenAI 在 DEVDAY（首次开发者日）发布的 GPT-4 Turbo 和新近推出的 GPT-4o 全面升级 GPT 功能，内容覆盖无所不包，信息更新日趋同步，多模态融合唾手可得。而且，使用量限制成倍放宽，使用成本却大幅度降低。越来越多的用户甚至可以自定义编制某一领域的 GPT 模型，上传至 GPTs 商店与人分享，基于 GPT 的 AI 生态圈（GPTs）正在形成。OpenAI 宣称，在推出了 GPTs 的两个月时间里，用户已经创建了超过 300 万个 ChatGPT 的定制版本。许多开发者分享自身构建的 GPTs，为其他用户提供了许多个性化、定制化、拥有垂类数据的专业应用。

　　但是 AI 发展不会一家独大，市场上"GenAI 之战"已经"打响"了一整年，除了大模型上的比拼，如今 AI 在企业级 2B 赛道上的发展也是如火如荼。模型的训练、部署、调用，定制化微调和服务，还有企业级应用等等，都有着巨大的潜力和需求，教育领域同样如此。不过，令人困惑的是脚踏实地的 AI 应用是 B 端部署、C 端自主还是两者合一尚不明朗，是云端为主、终端为辅，还有待观望。AIGC 校园层面的应用也有待监管政策的落实和各项配套措施的到位。但一切都不会、也不该等待太久。

随着 AI 技术的继续发展，更多以前不可能实现的学习体验将得以解锁。预计高等教育中的辅助技术将变得更加互动和包容，如整合主流设备、人机智能交互、扩展现实，甚至数字孪生概念，这些都有可能被纳入未来课程的常态中。面对人工智能拐点的不期而遇，人类可能有两种未来。一种是 AI 的自我意识永远不会诞生，拥有超越人类智力的 AI 始终是人类的好工具、好助手。人类的另外一种未来则是机器觉醒，碳基生物文明的人类要学会与硅基电路文明的 AI 机器人共存。但真要到了那一天，这是人类自己能够决定的吗？

参考文献

Adey, P., G. Hewitt, J. Hewitt & N. Landau. 2004. *The Professional Development of Teachers: Practice and Theory*. Dordrecht: Springer.

Ahmed, A. & E. Ahmed. 2016. A survey on mobile edge computing. Paper presented at the 10th International Conference on Intelligent Systems and Control. Coimbatore, India. 1-8.

Ambrose, S. E. 1966. *Duty, Honor, Country: A History of West Point*. Baltimore: The Johns Hopkins Press.

Archila, P. & A.-M. de Mejia. 2020. Bilingual teaching practices in university science courses: How do biology and microbiology students perceive them? *Journal of Language, Identity & Education* 19(3): 163-178.

Azuma, R. 1997. A survey of augmented reality. *Presence: Teleoperators and Virtual Environments* 6(4): 355-385.

Baddeley, A. & G. Hitch. 1974. Working memory. *Psychology of Learning and Motivation* 8: 47-89.

Baddeley, A. & G. Hitch. 2019. The phonological loop as a buffer store: An update. *Cortex* 112: 91-106.

Baddeley, A. & R. Logie. 1999. Working memory: The multiple-component model. In A. Miyake & P. Shah (eds.). *Models of Working Memory: Mechanisms of Active Maintenance and Executive Control*. Cambridge: Cambridge University Press. 28-61.

Baddeley, A. 1997. *Human Memory: Theory and Practice*. Hove, England: Psychology Press.

Baddeley, A. 2000. The episodic buffer: A new component of working memory?

Trends in Cognitive Sciences 4(11): 417-423.

Ballester, E. 2015. Verbal and nonverbal teacher immediacy and foreign language anxiety in an EFL university course. *Porta Linguarum* 23: 9-24.

Beatty, K. 2010. *Teaching and Researching: Computer-Assisted Language Learning* (2nd edition). London: Pearson Education.

Beaven, T., T. Codreanu & A. Creuzé. 2014. 4 motivation in a language MOOC: Issues for course designers. In E. Monje & E. Madera (eds.). *Language MOOCs*. Warsaw, Poland: De Gruyter Open Poland. 48-66.

Bechtel, W. & A. Abrahamsen. 1991. *Connectionism and the Mind: An Introduction to Parallel Processing in Networks*. Oxford: Basil Blackwell.

Bennett, R. & M. Zhang. 2015. Validity and automated scoring. In F. Drasgow (ed.). *Technology and Testing: Improving Educational and Psychological Measurement*. New York: Routledge. 142-173.

Bennett, R. 2015. The changing nature of educational assessment. *Review of Research in Education* 39(1): 370-407.

Berlingeri, M., G. Bottini, S. Basilico, G. Silani, G. Zanardi, M. Sberna, N. Colombo, R. Sterzi, G Scialfa & E. Paulesu. 2008. Anatomy of the episodic buffer: A voxel-based morphometry study in patients with dementia. *Behavioural Neurology* 19(1-2): 29-34.

Bernhardt, E. 1999. If reading is reader-based, can there be a computer-adaptive test of reading? In M. Chalhoub-Deville (ed.). *Issues in Computer-Adaptive Testing of Reading Proficiency*. New York: Cambridge University Press. 1-10.

Bickerton, D. 1999. Authoring and the academic linguist: The challenge of multimedia CALL. In K. Cameron (ed.). *CALL: Media, Design & Applications*. Lisse: Swets & Zeitlinger. 59-79.

Bloom, B. S. 1956. *Taxonomy of Educational Objectives: The Classification of Educational Goals. The Classification of Educational Goals. Handbook I:*

Cognitive Domain. New York: David McKay.

Bloom, F. & A. Lazerson. 1988. *Brain, Mind, and Behavior* (2nd edition). New York: W. H. Freeman and Company.

Bok, D. 2003. *Universities in the Marketplace: The Commercialization of Higher Education*. Princeton, NJ: Princeton University Press.

Bommasani, R. *et al*. 2021. On the opportunities and risks of foundation models. https://arxiv.org/abs/2108.07258 (accessed 16/01/2024).

Bossing, L. 1955. What is core? *The School Review* 63(4): 206-213.

Boulton, A. & T. Cobb. 2017. Corpus use in language learning: A meta-analysis. *Language Learning* 67(2): 348-393.

Boulton, A. 2009. Testing the limits of data-driven learning: Language proficiency and training. *ReCALL* 21(1): 37-54.

Boulton, A. 2010. Data-driven learning: Taking the computer out of the equation. *Language Learning* 60(3): 534-572.

Boulton, A. 2010. Learning outcomes from corpus consultation. In M. Jaén, S. Valverde & C. Pérez (eds.). *Exploring New Paths in Language Pedagogy: Lexis and Corpus-Based Language Teaching*. London: Equinox. 129-144.

Bromwich, D. 2015. Trapped in the virtual classroom. *The New York Review of Books* 62(12): 14-16.

Brown, D. & P. Abeywickrama. 2010. *Language Assessment: Principles and Classroom Practices*. New York: Pearson Longman.

Brown, M. 2015. Six trajectories for digital technology in higher education. *EDUCAUSE Review*. 16-28.

Brown, M., E. Costello & M. Giolla. 2020. *Responding to Covid-19: The Good, the Bad and the Ugly of Teaching Online*. National Institute for Digital Learning. Dublin: Dublin City University.

Brown, M., M. McCormack & J. Reeves *et al*. 2020. *2020 EDUCAUSE Horizon*

Report, Teaching and Learning Edition. Louisville, CO: EDUCAUSE.

Bruner, J. 1973. *Beyond the Information Given: Studies in the Psychology of Knowing.* New York: W. W. Norton & Company.

Bruner, J. 1983. *In Search of Mind: Essays in Autobiography.* New York: HarperCollins.

Buzan, T. & B. Buzan. 1994. *The Mind Map Book: How to Use Radiant Thinking to Maximize Your Brain's Untapped Potential.* New York: Dutton.

Buzbee, L. 2014. *Blackboard: A Personal History of the Classroom.* Minneapolis: Graywolf Press.

Carmigniani, J. & B. Furht. 2011. Augmented reality: An overview. In B. Furht (ed.). *Handbook of Augmented Reality.* New York: Springer. 3-46.

Carmigniani, J. 2011. *Augmented Reality Methods and Algorithms for Hearing Augmentation* [Unpublished master's thesis]. Florida Atlantic University.

Castrillo, M. D. 2014. Language teaching in MOOCs: The integral role of the instructor. In E. Monje & E. Madera (eds.). *Language MOOCs: Providing Learning.* Warsaw, Poland: De Gruyter Open Poland. 67-90.

Cattaneo, A., A. Evi-Colombo, M. Ruberto & J. Stanley 2019. *Video Pedagogy for Vocational Education. An Overview of Video-Based Teaching and Learning.* Turin: European Training Foundation.

Chalhoub-Deville, M. 2003. Second language interaction: Current perspectives and future trends. *Language Testing* 20(4): 369-383.

Chapelle, C. & D. Douglas. 2010. *Assessing Language Through Computer Technology.* Cambridge: Cambridge University Press.

Chapelle, C. 1997. CALL in the year 2000: Still in search of research paradigms? *Language Learning and Technology* 1(1): 19-43.

Chapelle, C. 1998. Multimedia CALL: Lessons to be learned from research on instructed SLA. *Language Learning and Technology* 2(1): 21-39.

Choi, I.-C., Kim, S. & J. Boo. 2003. Comparability of a paper-based language test and a computer-based language test. *Language Testing* 20(3): 295-320.

Chong, S. & H. Reinders. 2020. Technology-mediated task-based language teaching: A qualitative research synthesis. *Language Learning & Technology* 24(3): 70-86.

Chong, S. W., M. A. Khan & H. Reinders. 2022. A critical review of design features of LMOOCs. *Computer Assisted Language Learning* 37(3): 389-409.

Christensen, G., A. Steinmetz, B. Alcorn, A. Bennett, D. Woods & E. Emanuel. 2013. The MOOC phenomenon: Who takes massive open online courses and why? *Ewing Marion Kauffman Foundation Research Paper Series.*

Chung, E. & S. Ahn 2022. The effect of using machine translation on linguistic features in L2 writing across proficiency levels and text genres. *Computer Assisted Language Learning* 35(9): 2239-2264.

Clark, R. & D. Feldon. 2005. Five common but questionable principles of multimedia learning. In R. Mayer (ed.). *The Cambridge Handbook of Multimedia Learning.* Cambridge: Cambridge University Press. 97-116.

Clark, R. & D. Feldon. 2014. Ten common but questionable principles of multimedia learning. In R. Mayer (ed.). *The Cambridge Handbook of Multimedia Learning.* Cambridge: Cambridge University Press. 151-173.

Clark, R. 1983. Reconsidering research on learning from media. *Review of Educational Research* 53(4): 445-459.

Clark, R. 1994. Media will never influence learning. *Educational Technology Research and Development* 42(2): 21-29.

Cobb, T. & A. Boulton 2015. Classroom applications of corpus analysis. In D. Biber & R. Reppen (eds.). *The Cambridge Handbook of English Corpus Linguistics.* Cambridge: Cambridge University Press. 478-497.

Cole M. & Y. Engestrom. 1993. A cultural-historical approach to distributed cognition. In. G. Salomon (ed.). *Distributed Cognitions: Psychological and Educational*

Considerations. New York: Cambridge University Press. 1-46.

Collins, A. M. & M. R. Quillian. 1969. Retrieval time from semantic memory. *Journal of Verbal Learning and Verbal Behavior* 8(2): 240-247.

Conroy, M. 2010. Internet tools for language learning: University students taking control of their writing. *Australasian Journal of Educational Technology* 26(6): 861-882.

Council of Europe. 2001. *Common European Framework of Reference for Languages: Learning, Teaching, Assessment*. Cambridge: Cambridge University Press.

Csikszentmihalyi, M. & J. Lefevre. 1989. Optimal experience in work and leisure. *Journal of Personality and Social Psychology* 56(5): 815-822.

Cytowic, R. 2002. Synesthesia: A Union of the Senses (2nd edition). Cambridge, MA: The MIT Press.

Daneman, M. & P. Carpenter. 1980. Individual differences in working memory and reading. *Journal of Verbal Learning and Verbal Behavior* 19(4): 450-466.

Davies G. & J. Higgins. 1982. *Computers, Language and Language Learning*. London: CILT.

de Groot, M. 2002. Multimedia projectors: A key component in the classroom of the future. (special report). *T.H.E Journal Technological Horizons in Education* 29(11): 18.

DeBoer, J., G. S. Stump, D. Pritchard, D. Seaton & L. Breslow. 2013. Bringing student backgrounds online: MOOC user demographics, site usage, and online learning. *Educational Data Mining*.

Dewey, J. 1938. *Experience and Education*. New York: Macmillan.

Deza, M. & E. Deza. 2013. *Encyclopedia of Distances*. Berlin/Heidelberg: Springer.

Diaz León, C., E. Hincapié Montoya, E. Guirales Arredondo & G. Moreno López. 2017. Design and development of an interaction system in order to be implemented in a smart classroom. *Revista EIA/English Version* 13(26): 95-109.

Dillon, A. 1992. Reading from paper versus screens: A critical review of the empirical literature. *Ergonomics* 35(10): 1297-1326.

Dillon, A. 1994. *Designing Usable Electronic Text: Ergonomic Aspects of Human Information Usage.* London: CRC Press.

Ding, Y. & H.-Z. Shen. 2021. English language MOOCs in China: Learners' perspective. *The EuroCALL Review* 28(2): 13-22.

Dooey, P. 2008. Language testing and technology: Problems of transition to a new era. *ReCALL* 20(1): 21-34.

Drent, M. & M. Meelissen. 2008. Which factors obstruct or stimulate teacher educators to use ICT innovatively? *Computers & Education* 51(1): 187-199.

Dudai, Y. 1989. *The Neurobiology of Memory: Concepts, Findings, Trends.* New York: Oxford University Press.

Duncker, K. 1945. On problem solving. *Psychological Monographs* 58: 5.

Dunlap, J. & R. Grabinger. 1992. Designing computer-supported intentional learning environments. Paper presented at the Annual Conference of the Association for the Development of Computer-Based Instructional Systems. Norfolk, Virginia.

Dunlap, J. & R. Grabinger. 1993. Computer-supported intentional learning environments: Definition and examples. Paper presented at the Annual Conference of the Association for Educational Communications and Technology. New Orleans, Louisiana.

Egbert, J. & E. Hanson-Smith. 2007. *CALL Environments: Research, Practice, and Critical Issues* (2nd edition). Alexandria, VA: TESOL.

Ellis, J., J. McFadden, T. Anwar & G. Roehrig. 2015. Investigating the social interactions of beginning teachers using a video annotation tool. *Contemporary Issues in Technology and Teacher Education* 15(3): 404-421.

Ellis, R. & N. Shintani. 2014. *Exploring Language Pedagogy Through Second Language Acquisition Research.* London/New York: Routledge.

Ellis, R. 1997. *SLA Research and Language Teaching.* Oxford/New York: Oxford University Press.

Englund, C., A. Olofsson & L. Price. 2017. Teaching with technology in higher education: Understanding conceptual change and development in practice. *Higher Education Research & Development* 36(1): 73-87.

Eppler, M. 2001. Making knowledge visible through intranet knowledge maps: Concepts, elements, cases. In *Proceedings of the 34th Annual Hawaii International Conference on System Sciences.* 4: 4030.

Ertmer, P. 2005. Teacher pedagogical beliefs: The final frontier in our quest for technology integration? *Educational Technology Research and Development* 53(4): 25-39.

Evans, L. 2002. What is teacher development? *Oxford Review of Education* 28(1):123-137.

Feldt, S. 1979. Everet F. Lindquist 1901—1978. A retrospective review of his contributions to educational research. *Journal of Educational Statistics* 4: 4-13.

Fischer, F., C. Hmelo-Silver, S. Goldman & P. Reimann. 2018. *International Handbook of the Learning Sciences.* New York/London: Routledge.

Flandin, S. & L. Ria. 2012. Making dissatisfaction emerge about activity: Video-training for teachers' professionalization. Paper presented at the European Conference on Educational Research. Cadiz, Spain.

Flavin, M. 2012. Disruptive technologies in higher education. *Research in Learning Technology* 20: 102-111.

Franken, M. 2014. The nature and scope of student search strategies in using a web derived corpus for writing. *The Language Learning Journal* 42(1): 85-102.

Gagné, R. 1974. Educational technology and the learning process. *Educational Researcher* 3(1): 3-8.

Gao, L., J. Schulman & J. Hilton. 2022. Scaling laws for reward model overoptimization.

https://arxiv.org/abs/2210.10760 (accessed 16/01/2024).

Garcia, I. & M. Pena. 2011. Machine translation-assisted language learning: Writing for beginners. *Computer Assisted Language Learning* 24(5): 471-487.

Garrison, D. & H. Kanuka. 2004. Blended learning: Uncovering its transformative potential in higher education. *The Internet and Higher Education* 7(2): 95-105.

Gaudin, C. & S. Chaliès. 2015. Video viewing in teacher education and professional development: A literature review. *Educational Research Review* 16: 41-67.

George, K. D. & M. George. 2014. *The Innovator's Mindset: Empower Learning, Unleash Talent, and Lead a Culture of Creativity*. San Francisco, CA: Jossey-Bass.

Godwin-Jones, R. 2016. Evolving technologies for language learning: What's new, what works. *Language Learning & Technology* 25(3): 6-26.

Goodhart, C. 1981. Problems of monetary management: The U.K. experience. In A. Courakis (ed.). *Inflation, Depression, and Economic Policy in the West*. London: Mansell Publishing. 111-143.

Gordon, N. 2014. Flexible pedagogies: Technology-enhanced learning. *The Higher Education Academy* 1(2): 2-14.

Graham, C. 2006. Blended learning systems: Definition, current trends, and future directions. In C. Bonk & C. Graham (eds.). *Handbook of Blended Learning: Global Perspectives, Local Designs*. San Francisco, CA: Pfeiffer Publishing. 3-21.

Graham, C., W. Woodfield & J. Harrison. 2013. A framework for institutional adoption and implementation of blended learning in higher education. *The Internet and Higher Education* 18: 4-14.

Granger, S. 1998. Prefabricated patterns in advanced EFL writing: Collocations and lexical phrases. In A. Cowie (ed.). *Phraseology: Theory, Analysis and Applications*. Oxford: Oxford University Press. 145-160.

Grieves, M. 2002. SME management forum completing the cycle: Using PLM information in the sales and Service Functions. https://www.researchgate.net/

publication/356192963_SME_Management_Forum_Completing_the_Cycle_ Using_PLM_Information_in_the_Sales_and_Service_Functions (accessed 05/06/2024).

Grieves, M. 2014. Digital twin: Manufacturing excellence through virtual factory replication. https://www.researchgate.net/publication/275211047 (accessed 05/06/2024).

Grundy, S. & J. Robinson. 2009. Teacher professional development: Themes and trends in the recent Australian experience. In C. Day & J. Sachs (eds.). *International Handbook on the Continuing Professional Development of Teachers.* Berkshire, England: Open University Press. 146-166.

Guntha, R., B. Hariharan & P. V. Rangan. 2016. Analysis of echo cancellation techniques in multi-perspective smart classroom. Paper presented at International Conference on Advances in Computing, Communications and Informatics. Jaipur, India. 1135-1140.

Hall, H. 2013. Building e-capacity through open and online learning frameworks. In Y. Kats (ed.). *Open and Distance Learning and Developing Countries.* Rijeka, Croatia: InTech Publishers. 19-30.

Halliday, M. A. K. 1993. Towards a language-based theory of learning. *Linguistics and Education* 5(2): 93-116.

Han, C. & X. Lu. 2023. Can automated machine translation evaluation metrics be used to assess students' interpretation in the language learning classroom? *Computer Assisted Language Learning* 36(5-6): 1064-1087.

Harford, J., G. MacRuairc & D. McCartan. 2010. 'Lights, camera, reflection': Using peer video to promote reflective dialogue among student teachers. *Teacher Development* 14(1): 57-68.

Hartshorn, K., N. Evans, P. Merrill, R. Sudweeks, D. Strong-Krause & N. Anderson. 2010. Effects of dynamic corrective feedback on ESL writing accuracy. *TESOL*

Quarterly 44(1): 84-109.

Hattie, J. & H. Timperley. 2007. The power of feedback. *Review of Educational Research* 77(1): 81-112.

Hayes, A. S. 1964. *Language Laboratory Facilities: Technical Guide for the Selection, Purchase, Use, and Maintenance*. Washington: U.S. Dept. of Health, Education, and Welfare. Office of Education.

Hirst, P. 1974. What is teaching? In R. Peters (ed.). *Knowledge and the Curriculum*. London/Boston: Routledge. 101-115.

Hooks, B. 1994. *Teaching to Transgress: Education as the Practice of Freedom*. New York: Routledge.

Hsu, L. 2010. The impact of perceived teachers' nonverbal immediacy on students' motivation for learning English. *Asian EFL Journal* 12(4): 188-204.

Hubbard, P. & M. Levy. 2016. Theory in computer assisted language learning research and practice. In F. Farr & L. Murray (eds.). *The Routledge Handbook of Language Learning and Technology*. London: Routledge. 24-38.

Hubbard, P. 2009. Computer-assisted language learning (CALL) in the classroom. In M. H. Long & C. J. Doughty (eds.). *The Handbook of Language Teaching*. Malden/Oxford: Wiley-Blackwell. 628-650.

Huff, K. & S. Sireci. 2001. Validity issues in computer-based testing. *Educational Measurement, Issues and Practice* 20(3): 16-25.

Hutchins, E. 1995. *Cognition in the Wild*. Cambridge, MA: MIT Press.

Hyerle, D. 1991. Expand your thinking. *Developing Minds* 2: 16-26.

Hyerle, D. 1995. Thinking maps: Seeing is understanding. *Educational Leadership* 53: 85-89.

Jakobson, R. 1972. Motor signs for 'yes' and 'no'. *Language in Society* 1(1): 91-96.

Jeffrey, R. & E. Zickel. 2018. What is the rhetorical situation? In J. Peters, J. Bates, E. Martin-Elston, S. Johann, R. Maples, A. Regan & M. White (eds.). *Writing*

Arguments in Stem. Montreal: Pressbooks. 29-33.

Jenkins, H. 2006. *Convergence Culture: Where Old and New Media Collide*. New York: New York University Press.

Jitpaisarnwattana, N., H. Reinders & P. Darasawang. 2019. Language MOOCs: An expanding field. *Technology in Language Teaching & Learning* 1(1): 21-32.

Johns, T. 1991. Should you be persuaded: Two examples of data-driven learning materials. *English Language Research Journal* 4: 1-16.

Jonassen, D. H. 1994. Sometimes media influences learning. *Educational Technology Research and Development* 42(2): 309-321.

Joosten, T. 2019. Learning science research through a social scientific lens. In R. Feldman (ed.). *Learning Science: Theory, Research, and Practice*. New York: McGraw-Hill Education. 75-102.

Joosten, T., D. Barth, L. Harness & N. Weber. 2013. The impact of instructional development and training for blended teaching on course effectiveness. In A. Picciano, C. Dziuban & C. Graham (eds.). *Blended Learning: Research Perspectives* (Volume 2). New York: Routledge.

Joosten, T., N. Weber, M. Baker, A. Schletzbaum & A. McGuire. 2021. Planning for a blended future: A research-driven guide for educators. Every learner everywhere network. http://www.everylearnereverywhere.org/resources/ (accessed 05/06/2024).

Juma, O., M. Husiyin, A. Akhat & I. Habibulla. 2022. Students' classroom silence and hopelessness: The impact of teachers' immediacy on mainstream education. *Front. Psychol* 12: 819821.

Juzwik, M., M. Sherry, S. Caughlan, A. Heintz & C. Borsheim-Black. 2012. Supporting dialogically organized instruction in an English teacher preparation program: A video-based, web 2.0-mediated response and revision pedagogy. *Teachers College Record* 114(3): 1-42.

Kaya-Carton, E., A. Carton & P. Dandolini. 1991. Developing a computer-adaptive test of French reading proficiency. In P. Dunkel (ed.). *Computer-Assisted Language Learning and Testing: Research Issues and Practice*. New York: Newbury House. 259-284.

Kelly, J. 1916. The Kansas silent reading tests. *Journal of Educational Psychology* 7(2): 63-80.

Khodabandeh, F. 2021. The comparison of mind mapping-based flipped learning approach on introvert and extrovert EFL learners' speaking skill. *Iranian Journal of English for Academic Purposes* 10(1): 39.

Kim, D. 2018. A framework for implementing OER-based lesson design activities for pre-service teachers. *International Review of Research in Open and Distributed Learning* 19(4): 148-170.

Koehler, J. & P. Mishra. 2009. What is technological pedagogical content knowledge? *Contemporary Issues in Technology and Teacher Education* 9(1): 60-70.

Koehler, M. & P. Mishra. 2008. Introducing TPCK. In AACTE committee on innovation and technology (ed.). *Handbook of Technological Pedagogical Content Knowledge (TPCK) for Educators*. New York: Routledge. 3-29.

Kozma, R. 1991. Learning with media. *Review of Educational Research* 61(2): 179-211.

Kozma, R. 1994. Will media influence learning? Reframing the debate. *Educational Technology Research and Development* 42(2): 7-19.

Krashen, S. 1985. *The Input Hypothesis: Issues and Implications*. New York: Longman.

Krause, D. A. 2000. "Among the greatest benefactors of mankind": What the success of the chalkboard tells us about the future of computers in the classroom. *The Journal of the Midwest Modern Language Association* 33(2): 6-16.

Kroeber, A. & C. Kluckhohn. 1952. *Culture: A Critical Review of Concepts and*

Definitions. Cambridge, MA: Peabody Museum Press.

Krumsvik, R. 2014. Teacher educators' digital competence. *Scandinavian Journal of Educational Research* 58(3): 269-280.

Kuhn, T. 1977. *The Essential Tension*. Chicago, IL: The University of Chicago Press.

Kurzweil, R. 2005. *The Singularity Is Near: When Humans Transcend Biology*. New York: Viking Penguin.

Lado, R. 1961. *Language Testing: The Construction and Use of Foreign Language Tests*. New York: McGraw-Hill.

Lamoreaux, A. 2019. *Writing Instruction Tips for Automated Essay Graders: How to Design an Essay for a Non-Human Reader*. Open Oregon Educational Resources.

Larsen-Freeman, D. & M. Long. 1991. *An Introduction to Second Language Acquisition Research*. Abingdon/New York: Routledge.

Laureanda, S. 2020. *Technology and Language Learning: From CALL to MALL* [Doctoral dissertation]. Università degli Studi di Padovai.

Laurillard, D. & E. Masterman. 2009. TPD as online collaborative learning for innovation in teaching. In J. O. Lindberg & A. Olofsson (eds.). *Online Learning Communities and Teacher Professional Development: Methods for Improved Education Delivery*. New York: Information Science Reference. 230-246.

Lee, D., S. Watson & W. Watson. 2019. Systematic literature review on self-regulated learning in massive open online courses. *Australasian Journal of Educational Technology* 35(1): 28-41.

Lee, S.-M. 2020. The impact of using machine translation on EFL students' writing. *Computer Assisted Language Learning*. 33(3): 157-175.

Lee, S.-M. 2023. The effectiveness of machine translation in foreign language education: A systematic review and meta-analysis. *Computer Assisted Language Learning* 36(1-2): 103-125.

Léon, P. 1962. *Laboratoire de Langues et Correction Phonétique*. Paris: Didier.

Levy, M. & P. Hubbard. 2005. Why call CALL "CALL"? *Computer Assisted Language Learning*. 18(3): 143-149.

Levy, M. 1997. *Computer-Assisted Language Learning: Context and Conceptualization*. Oxord: Oxford University Press.

Lindberg, O. & A. Olofsson. 2012. Sustaining a professional dimension in the use of educational technology in European higher educational practices. *Educational Technology* 52(2): 34-38.

Llabre, M., N. Clements, K. Fitzhugh, G. Lancelotta, R. Mazzagatti & N. Quinones. 1987. The effect of computer-administered testing on test anxiety and performance. *Journal of Educational Computing Research* 3(4): 429-433.

Lourdel, N., N. Gondran, V. Laforest & C. Brodhag. 2005. Introduction of sustainable development in engineers' curricula: Problematic and evaluation methods. *International Journal of Sustainability in Higher Education* 6(3): 254-264.

Luft, J. & H. Ingham. 1955. The Johari window, a graphic model of interpersonal awareness. In *Proceedings of the Western Training Laboratory in Group Development*. Los Angeles: UCLA.

Lui, M. & J. D. Slotta. 2014. Immersive simulations for smart classrooms: Exploring evolutionary concepts in secondary science. *Technology, Pedagogy and Education* 23(1): 57-80.

Luna, M. & M. Sherin. 2017. Using a video club design to promote teacher attention to students' ideas in science. *Teaching and Teacher Education* 66: 282-294.

Luo, R. & Z. Ye. 2021. What makes a good-quality MOOC? An empirical study of criteria to evaluate the quality of online language courses from learners' perspectives. *ReCALL* 33(2): 177-192.

Mackness, J., M. Waite, G. Roberts & E. Lovegrove. 2013. Learning in a small, task-oriented, connectivist MOOC: Pedagogical issues and implications for higher education. *The International Review of Research in Open and Distributed Learning*

14(4): 140-159.

Magnani, L. & T. Bertolotti. 2011. Cognitive bubbles and firewalls: Epistemic immunizations in human reasoning. In *Proceedings of the Annual Meeting of the Cognitive Science Society 33: 3370-3375.*

Manheim, D. & S. Garrabrant. 2019. Categorizing variants of Goodhart's law. https://arXiv:1803.04585 (accessed 16/01/2024).

Marsh, B. & N. Mitchell. 2014. The role of video in teacher professional development. *Teacher Development* 18(3): 403-417.

Martín-Monje, E. & K. Borthwick. 2021. Researching massive open online courses for language teaching and learning. *ReCALL* 33(2): 107-110.

Mayer, R. 2001. *Multimedia Learning.* Cambridge: Cambridge University Press.

Mayer, R. 2009. *Multimedia Learning* (2nd edition). Cambridge: Cambridge University Press.

Mayer, R. E., M. Hegarty, S. Mayer & J. Campbell. 2005. When static media promote active learning: Annotated illustrations versus narrated animations in multimedia instruction. *Journal of Experimental Psychology: Applied* 11(4): 256-265.

McEnery, T. & R. Xiao. 2011. What corpora can offer in language teaching and learning. In E. Hinkel (ed.). *Handbook of Research in Second Language Teaching and Learning* (Volume 2). New York: Routledge. 364-380.

McKay, S. 1980. Teaching the syntactic, semantic and pragmatic dimensions of verbs. *TESOL Quarterly* 14(1): 17-26.

McKay, S. 2018. Best practices for teaching ESL: Speaking, reading, and writing. In J. Liontas (ed.). *The TESOL Encyclopedia of English Language Teaching.* Malden/Oxford: Wiley-Blackwell. 458-462.

McKee, L. & E. Levinson. 1990. A review of the computerized version of the self-directed search. *The Career Development Quarterly* 38(4): 325-333.

McNamara, T. 1999. Computer-adaptive testing: A view from outside. In M.

Chalhoub-Deville (ed.). *Issues in Computer-Adaptive Testing of Reading Proficiency*. New York: Cambridge University Press. 136-149.

Mead, A. & F. Drasgow. 1993. Equivalence of computerized and paper-and-pencil cognitive ability tests: A meta-analysis. *Psychological Bulletin* 114(3): 449-458.

Meltzoff, A. 2002. Elements of a developmental theory of imitation. In A. Meltzoff & W. Prinz (eds.). *The Imitative Mind: Development, Evolution, and Brain Bases*. Cambridge: Cambridge University Press. 19-41.

Messick, S. 1989. Validity. In R. L. Linn (ed.). *Educational Measurement*. New York, London: Macmillan. 13-103.

Meunier, F. 2002. The pedagogical value of native and learner corpora in EFL grammar teaching. In S. Granger, J. Hung & S. Petch-Tyson (eds.). *Computer Learner Corpora, Second Language Acquisition and Foreign Language Teaching*. Philadelphia: John Benjamins. 119-141.

Meyer, F., R. Lampron & M.-A. Gazé. 2014. Four pedagogical models using video as a tool for learning in a distance teacher training program context. *Form@re-Open Journal Per La Formazione in Rete* 14(2): 75-86.

Mihailidis, P. 2016. Digital curation and digital literacy: Evaluating the role of curation in developing critical literacies for participation in digital culture. *E-Learning and Digital Media* 12(5-6): 443-458.

Milgram, P. & F. Kishino. 1994. A taxonomy of mixed reality visual displays. *IEICE Transactions on Information Systems* 77(12): 1321-1329.

Mishra, P. & M. J. Koehler. 2006. Technological pedagogical content knowledge: A framework for teacher knowledge. *Teachers College Record* 108(6): 1017-1054.

Mitcham, C. 1994. *Thinking Through Technology: The Path Between Engineering and Philosophy*. Chicago: The University of Chicago Press.

Moskal, P., C. Dziuban, J. Hartman. 2013. Blended learning: A dangerous idea? *The Internet and Higher Education* 18: 15-23.

Nakamura, J. & M. Csikszentmihalyi. 2009. Flow theory and research. In S. J. Lopez & C. R. Snyder (eds.). *The Oxford Handbook of Positive Psychology* (2nd edition). New York: Oxford University Press. 195-206.

Negri, E., L. Fumagalli & M. Macchi. 2017. A review of the roles of digital twin in CPS-based production systems. *Procedia Manufacturing* 11: 939-948.

Nelson, T. 1965. Complex information processing: A file structure for the complex, the changing, and the indeterminate offsite link. In *Proceedings of the 20th National Conference*. New York: Association for Computing Machinery. 84-100.

Nelson, T. 1993. *Literary Machines: The Report on, and of, Project Xanadu Concerning Word Processing, Electronic Publishing, Hypertext, Thinkertoys, Tomorrow's Intellectual Revolution, and Certain Other Topics Including Knowledge, Education and Freedom.* Sausalito, CA: Mindful Press.

Newman, B. 2003. Agents, artifacts, and transformations: The foundations of knowledge flows. In C. W. Holsapple (ed.). *Handbook on Knowledge Management 1.* Berlin, Heidelberg: Springer. 301-316.

Nguyen, T. C. 2020. Echo chambers and epistemic bubbles. *Episteme* 17(2): 141-161.

Novak, J. & D. Gowin. 1984. *Learning How to Learn.* New York: Cambridge University Press.

O'Keeffe, A., M. McCarthy & R. Carter. 2007. *From Corpus to Classroom: Language Use and Language Teaching.* Cambridge: Cambridge University Press.

Ockey, G. J. 2009. Developments and challenges in the use of computer-based testing for assessing second language ability. *The Modern Language Journal* 93(1): 836-847.

Oliver, M. & K. Trigwell. 2005. Can 'blended learning' be redeemed? *E-Learning and Digital Media* 2(1): 17-26.

Omar, A. & Y. A. Gomaa. 2020. The machine translation of literature: Implications for translation pedagogy. *International Journal of Emerging Technologies in Learning*

15(11): 228-235.

Otto, S. 2017. From past to present: A hundred years of technology for L2 learning. In C. A. Chapelle & S. Sauro (eds.). *The Handbook of Technology and Second Language Teaching and Learning*. Malden/Oxford: Wiley-Blackwell. 10-25.

Owens, J. A. 1997. *Composers at Work: The Craft of Musical Composition 1450-1600*. New York: Oxford University Press.

Page, E. 1966. The Imminence of... Grading Essays by Computer. *The Phi Delta Kappan* 47(5): 238-243.

Pariser, E. 2011. *The Filter Bubble: What the Internet Is Hiding from You*. London: The Penguin Press.

Partridge, H., D. Ponting & M. McCay. 2011. Good practice report: Blended learning. *Australian Learning and Teaching Council*. 2-11.

Pea, R. 2016. The prehistory of the learning sciences. In M. A. Evans, M. Packer & K. Sawyer (eds.). *Reflections on the Learning Sciences*. New York: Cambridge University Press. 32-58.

Pelletier, K., J. Robert & N. Muscanell *et al.* 2023. *2023 EDUCAUSE Horizon Report, Teaching and Learning Edition*. Boulder, CO: EDUCAUSE.

Pelletier, K., M. Brown & C. Brooks *et al.* 2021. *2021 EDUCAUSE Horizon Report, Teaching and Learning Edition*. Boulder, CO: EDUCAUSE.

Pérez-Paredes, P., M. Sánchez-Tornel & J. M. Alcaraz Calero. 2012. Learners' search patterns during corpus-based focus-on form activities: A study on hands-on concordancing. *International Journal of Corpus Linguistics* 17(4): 482-515.

Pérez-Paredes, P., M. Sánchez-Tornel, J. M. Alcaraz-Calero & P. Aguada-Jiménez. 2011. Tracking learners' actual uses of corpora: Guided vs non-guided corpus consultation. *Computer Assisted Language Learning* 24(3): 233-253.

Perfetti, C. A. & M. A. Britt. 1995. Where do propositions come from? In C. A. Weaver III, S. Mannes & C. R. Fletcher (eds.). *Discourse Comprehension: Essays in Honor of Walter Kintsch*. Hillsdale, NJ: Lawrence Erlbaum Associates. 11-34.

Pilli, O. & W. Admiraal. 2016. A taxonomy of massive open online courses. *Contemporary Educational Technology* 7(3): 223-240.

Piovarchy, A. & S. Siskind. 2023. Epistemic health, epistemic immunity and epistemic inoculation. *Philosophical Studies* 180: 2329-2354.

Plass, J. L. & L. C. Jones. 2005. Multimedia learning in second language acquisition. In R. E. Mayer (ed.). *The Cambridge Handbook of Multimedia Learning*. New York: Cambridge University Press. 467-488.

Postareff, L., S. Lindblom-Ylänne & A. Nevgi. 2007. The effect of pedagogical training on teaching in higher education. *Teaching and Teacher Education* 23(5): 557-571.

Prensky, M. 2001. Digital natives, digital immigrants. *On the Horizon* 9(5): 1-6.

Price, L. & A. Kirkwood. 2014. Using technology for teaching and learning in higher education: A critical review of the role of evidence in informing practice. *Higher Education Research & Development* 33(3): 549-564.

Raes, A., P. Vanneste, M. Pieters, I. Windey, W. van den Noortgate & F. Depaepe. 2020. Learning and instruction in the hybrid virtual classroom: An investigation of students' engagement and the effect of quizzes. *Computers & Education* 143: 1-16.

Rajaraman, V. & V. Bush. 1945. As we may think. *Resonance* 5: 94-103.

Rea-Dickins, P. 2004. Understanding teachers as agents of assessment. *Language Testing* 21(3): 249-258.

Reich, J. & J. Ruipérez-Valiente. 2019. The MOOC pivot. *Science* 363(6423): 130-131.

Rich, P. & T. Tripp. 2011. Ten essential questions educators should ask when using video annotation tools. *TechTrends* 55(6): 16-24.

Richards, J. C. 2006. *Communicative Language Teaching Today*. New York: Cambridge University Press.

Richey, R. C. 2008. Reflections on the 2008 AECT definitions of the field. *TechTrends*.

52(1): 24-25.

Rideout, V. J. & V. S. Katz. 2016. *Opportunity for All? Technology and Learning in Lower-Income Families. A Report of the Family and Media Project*. New York: The Joan Ganz Cooney Center at Sesame Workshop.

Roby, W. B. 2004. Technology in the service of foreign language teaching: The case of the language laboratory. In D. Jonassen (ed.). *Handbook of Research for Educational Communications and Technology* (2nd edition). Mahwah, NJ: Lawrence Erlbaum Associates. 523-541.

Rodriguez, O. 2013. The concept of openness behind c and x-MOOCs (massive open online courses). *Open Praxis* 5(1): 67-73.

Roever, C. 2001. Web-based language testing. *Language Learning & Technology*. 5(2): 84-94.

Rogerson-Revell, P. M. 2021. Computer-assisted pronunciation training (CAPT): Current issues and future directions. *RELC Journal* 52(1): 189-205.

Rudner, L. M., V. Garcia & C. Welch. 2006. An evaluation of the IntelliMetricSM Essay Scoring System. *Journal of Technology, Learning, and Assessment* 4(4).

Russell, M. & Haney, W. 1997. Testing writing on computers: An experiment comparing student performance on tests conducted via computer and via paper-and-pencil. *Education Policy Analysis Archives* 5(3): 1-20.

Russell, M. & T. Plati. 2001. Mode of administration effects on MCAS composition performance for grades four, eight and ten. A report of findings submitted to the Massachusetts Department of Education. NBETPP Statements World Wide Web Bulletin.

Russell, M. & T. Plati. 2002. Does it matter with what I write? Comparing performance on paper, computer and portable writing devices. *Current Issues in Education* 5(4): 1-15.

Russell, M. 1999. Testing on computers: A follow-up study comparing performance on computer and on paper. *Education Policy Analysis Archives* 7(20): 1-47.

Ryle, G. 1949. *The Concept of Mind*. Chicago: University of Chicago Press.

Sachau, E. 1910. *Alberuni's India: An Account of the Religion, Philosophy, Literature, Geography, Chronology, Astronomy, Customs, Laws and Astrology of India: Volume I* (1st edition). London: Routledge.

Saini, M. K. & N. Goel. 2019. How smart are smart classrooms? A review of smart classroom technologies. *ACM Computing Surveys* 52(6): 1-28.

Sallam, M. H., E. Martín-Monje & Y. Li. 2022. Research trends in language LMOOC studies: A systematic review of the published literature (2012—2018). *Computer Assisted Language Learning* 35(4): 764-791.

Salmon, J. & J. Nyhan. 2013. Augmented reality potential and hype: Towards an evaluative framework in foreign language teaching. *The Journal of Language Teaching and Learning* 1: 54-68.

Sawaki, Y. 2001. Comparability of conventional and computerized tests of reading in a second language. *Language Learning & Technology* 5(2): 38-59.

Sawyer, R. K. 2006. The new science of learning. In R. K. Sawyer (ed.). *The Cambridge Handbook of the Learning Sciences*. New York: Cambridge University Press. 1-16.

Sawyer, R. K. 2008. Optimizing learning implications of learning sciences research. In OECD (ed.). *Innovating to Learn, Learning to Innovate*. Paris: OECD Publishing. 45-62.

Schneckenberg, D. 2009. Understanding the real barriers to technology-enhanced innovation in higher education. *Educational Research* 51(4): 411-424.

Schnotz, W. 2005. An integrated model of text and picture comprehension. In R. E. Mayer (ed.). *The Cambridge Handbook of Multimedia Learning*. New York: Cambridge University Press. 49-69.

Schön, D. A. 1983. *The Reflective Practitioner*. New York: Basic Books.

Seels, B. B. & Richey, R. C. 1994. *Instructional Technology: The Definition and Domains of the Field*. Washington: Association for Educational Communications and Technology.

Sentumbwe, D. 2018. Student-teachers' experiences of microteaching on an economics methods course. *African Research Review* 12(2): 101-108.

Serdar Tülüce, H. & S. Çeçen. 2018. The use of video in microteaching: Affordances and constraints. *ELT Journal* 72(1): 73-82.

Shin, A., M. Ishii & T. Narihira. 2022. Perspectives and prospects on transformer architecture for cross-modal tasks with language and vision. *International Journal of Computer Vision*. 130: 1-20.

Shulman, L. 1986. Those who understand: Knowledge growth in teaching. *Educational Researcher* 15(2): 4-14.

Shulman, L. 1987. Knowledge and teaching: Foundations of the new reform. *Harvard Educational Review* 57(1): 1-22.

Siemens, G., D. Gašević & S. Dawson. 2015. *Preparing for the Digital University: A Review of the History and Current State of Distance, Blended and Online Learning*. Athabasca: Athabasca University Press.

Silverman, L. K. 2002. *Upside-Down Brilliance: The Visual-Spatial Learner*. Maricopa, AZ: DeLeon Publishing.

Sinclair, J. 1992. The automatic analysis of corpora. In J. Svartvik (ed.). *Directions in Corpus Linguistics*. Berlin, New York: De Gruyter Mouton. 379-400.

Singh, S., E. Shehab, N. Higgins, K. Fowler, D. Reynolds, J. Erkoyuncu & P. Gadd. 2021. Data management for developing digital twin ontology model. *Journal of Engineering Manufacture* 235(14): 2323-2337.

Siricharoen, W. V. 2013. Infographics: The new communication tools in digital age. Paper presented at the International Conference on E-Technologies and Business on the Web (EBW2013) (Vol. 169-174). Bangkok, Thailand, May.

Somekh, B. 2008. Factors affecting teachers' pedagogical adoption of ICT. In J. Voogt & G. Knezek (eds.). *International Handbook of Information Technology in Primary and Secondary Education.* New York: Springer. 449-460.

Squire, L. R. & B. J. Knowlton. 1995. Memory, hippocampus, and brain systems. In M. S. Gazzaniga (ed.). *The Cognitive Neurosciences.* Cambridge, MA: MIT Press. 825-838.

Strate, L. 2012. If it's neutral, it's not technology. *Educational Technology* 52(1): 6-9.

Sunstein, C. R. 2006. *Infotopia: How Many Minds Produce Knowledge.* New York: Oxford University Press.

Suo, Y., N. Miyata, H. Morikawa, T. Ishida & Y. Shi. 2009. Open smart classroom: Extensible and scalable learning system in smart space using web service technology. *IEEE Transactions on Knowledge and Data Engineering* 21(6): 814-828.

Sweller, J. 1988. Cognitive load during problem solving: Effects on learning. *Cognitive Science* 12(2): 257-285.

Taylor, J. R. 2012. *The Mental Corpus: How Language is Represented in the Mind.* New York: Oxford University Press.

ten Berge, T. & R. van Hezewijk. 1999. Procedural and declarative knowledge: An evolutionary perspective. *Theory & Psychology* 9(5): 605-624.

Teo, A.-C., H. K. Leng & B. Yu. 2017. Perceived ease of use and trust in adopting mobile payment services: Evidence from the hierarchical-cultural model. *Telematics and Informatics* 34(8): 1632-1644.

The International Test Commission. 2006. International guidelines on computer-based and internet-delivered testing. *International Journal of Testing* 6(2): 143-171.

Tokuhama-Espinosa, T. 2019. The learning sciences framework in educational leadership. *Frontiers in Education* 4: 1-20.

Trujillo, A. 2012. *Translation Engines: Techniques for Machine Translation.* London:

Springer.

Tsai, S.-C. 2019. Using google translate in EFL drafts: A preliminary investigation. *Computer Assisted Language Learning* 32(5-6): 510-526.

Tsai, S.-C. 2022. Chinese students' perceptions of using google translate as a translingual CALL tool in EFL writing. *Computer Assisted Language Learning* 35(5-6): 1250-1272.

UNESCO. 2023. Guidance for generative AI in education and research. https://unesdoc.unesco.org/ark:/48223/pf0000386693 (accessed 05/06/2024).

Van Dijk, T. A. & W. Kintsch. 1983. *Strategies of Discourse Comprehension*. New York: Academic Press.

Vorobyeva, A. A. 2018. Language acquisition through massive open online courses (MOOCs): Opportunities and restrictions in educational university environment. *XLinguae* 11(2): 136-146.

Ward, T. J., S. R. Hooper & K. M. Hannafin. 1989. The effect of computerized tests on the performance and attitudes of college students. *Journal of Educational Computing Research* 5(3): 327-333.

Warschauer, M. & D. Healey. 1998. Computers and language learning: An overview. *Language Teaching* 31(2): 57-71.

Warschauer, M. 1996. Computer-assisted language learning: An introduction. In Fotos S. (ed.). *Multimedia Language Teaching*. Tokyo: Logos International. 3-20.

Weller, M. 2018. 20 years of EdTech. *EDUCAUSE Review* 53(4): 34-48.

Wellington, J. 1990. Formal and informal learning in science: The role of the interactive science centers. *Physics Education* 25(5): 247-252.

Wesche, M. B. 2010. Content-based second language instruction. In R. B. Kaplan (ed.). *The Oxford Handbook of Applied Linguistics* (2nd edition). New York: Oxford University Press. 275-293.

Whong, M. 2011. *Language Teaching: Linguistic Theory in Practice*. Edinburgh:

Edinburgh University Press.

Wilensky, H. L. 1964. The professionalization of everyone? *American Journal of Sociology* 70(2): 137-158.

Willingham, W. & N. Cole. 1997. *Gender and Fair Assessment*. Mahwah, NJ: Lawrence Erlbaum Associates.

Witt, P. L., P. Schrodt, & P. D. Turman. 2010. Instructor immediacy: Creating conditions conducive to classroom learning. In D. L. Fassett & J. T. Warren (eds.). *The Sage Handbook of Communication and Instruction*. Los Angeles: Sage. 201-219.

Wittrock, M. 1974. Learning as a generative process. *Educational psychologist* 11(2): 87-95.

Wylie, C. D. 2012. Teaching manuals and the blackboard: Accessing historical classroom practices. *History of Education* 41(2): 257-272.

Xi, X. 2010. How do we go about investigating test fairness? *Language Testing* 27(2): 147-170.

Yoon, S. A. & C. E. Hmelo-Silver. 2017. What do learning scientists do? A survey of the ISLS membership. *Journal of the Learning Sciences* 26(2): 167-183.

Young, R., M. D. Shermis, S. R. Brutten & K. Perkins. 1996. From conventional to computer-adaptive testing of ESL reading comprehension. *System* 24(1): 23-40.

Zhang, J. & D. A. Norman. 1994. Representations in distributed cognitive tasks. *Cognitive Science* 18(1): 87-122.

Zhong, Y. & H. Shen. 2002. Where is the technology-induced pedagogy? Snapshots from two multimedia EFL classrooms. *British Journal of Educational Technology* 33(1): 39-52.

Zhu, W. W., P. Cui, Z. Wang, G. Hua. 2015. Multimedia big data computing. *IEEE Multimedia* 22(3): 96-c3.

艾兴、张玉，2021，从数字画像到数字孪生体：数智融合驱动下数字孪生学习者构建新探，《远程教育杂志》39（01）：41-50。

安涛、李艺，2021，守正与超越：教育技术学的边界与跨界，《电化教育研究》
　　42（01）：29-34+56。

白丽芳、王建，2019，近20年英语作文自动反馈有效性研究综述，《外语研究》
　　36（01）：65-71+88。

布莱恩·阿瑟，2014，《技术的本质：技术是什么，它是如何进化的》，曹东溟、
　　王健译。杭州：浙江人民出版社。

蔡基刚，2005，大学英语四、六级计算机口语测试效度、信度和可操作性研究，
　　《外语界》（04）：66-75。

常丽艳、邹宏伟，2012，视频教研——教师专业成长的助推器，《教师》（30）：
　　128。

车丽娟、王建伟，2010，纸笔语言测试与计算机化语言测试的等效研究，《东
　　北财经大学学报》（03）：88-91。

陈慧麟，2009，基于纸笔的语言测试和基于计算机的语言测试之间效度对等性
　　验证模式初探，《外语界》（03）：73-80。

陈坚林，2004，大学英语网络化教学的理论内涵及其应用分析，《外语电化教
　　学》（06）：46-50。

陈坚林，2012，计算机网络与外语教学整合研究——基于大学英语教学改革的
　　探讨。博士学位论文。上海：上海外国语大学。

陈青松、许罗迈，2006，大学英语教学中的网络化外语自主学习，《外语界》
　　（06）：16-23。

陈晓珊、戚万学，2021，"技术"何以重塑教育，《教育研究》42（10）：45-
　　61。

程晓堂、孙晓慧，2010，中国英语教师教育与专业发展面临的问题与挑战，《外
　　语教学理论与实践》（03）：1-6。

褚乐阳、陈卫东、谭悦、郑思思、徐铷忆、徐浩然，2019，虚实共生：数字
　　孪生（DT）技术及其教育应用前瞻——兼论泛在智慧学习空间的重构，《远

程教育杂志》37（05）：3-12。

崔启亮，2014，论机器翻译的译后编辑，《中国翻译》35（06）：68-73。

戴炜栋、王雪梅，2011，信息化环境中外语教师专业发展的内涵与路径研究，《外语电化教学》（06）：8-13。

邓斯芮、周杰，2019，我国英语无纸化考试研究综述，《教育文化论坛》11（03）：106-111。

董剑桥，2003，教学媒体的形态差异及其意义，《外语电化教学》（05）：34-38。

董鹏、王珏，2016，基于数字化视频课例的课堂教学诊断实践研究，《上海教育科研》（06）：15-18。

范姣莲，2005，语言实验室概述，《中国现代教育装备》（01）：5-15。

弗里德里希·拉普，1986，《技术哲学导论》，刘武、康荣平、吴明泰译。沈阳：辽宁科学技术出版社。

甘正东，2000，反思性教学：外语教师自身发展的有效途径，《外语界》（04）：12-16。

高健民，2021，批改网英语作文自动评分系统评分质量研究，《哈尔滨学院学报》42（07）：102-105。

葛诗利、陈潇潇，2009，大学英语作文自动评分研究中的问题及对策，《山东外语教学》30（03）：21-26.

顾建军，2018，技术的现代维度与教育价值，《华东师范大学学报（教育科学版）》36（06）：1-18+154。

顾明远，2004，教师的职业特点与教师专业化，《教师教育研究》（6）：3-6。

桂诗春，1989，语言测试:新技术与新理论，《外语教学与研究》（03）:2-10+80。

桂诗春、冯志伟、杨惠中、何安平、卫乃兴、李文中、梁茂成，2010，语料库语言学与中国外语教学，《现代外语》33（04）：419-426。

郭若宇、毛伟宾、牛媛媛，2021，感知觉加工与概念加工对联结记忆中图片优势效应的影响，《心理科学》44（06）：1290-1296。

何安平，2010，语料库的"教学加工"发展综述，《中国外语》7（04）：47-52+108。

何高大，2000，现代语言学与语言实验室，《外语电化教学》（02）：59-63。

何克抗，2015，智慧教室＋课堂教学结构变革——实现教育信息化宏伟目标的根本途径，《教育研究》36（11）：76-81+90。

何莲珍，1999，认知计算机适应性考试模型的设计，《现代外语》（02）：169-183。

何莲珍、闵尚超，2017，《计算机自适应语言测试模型设计与效度验证》。杭州：浙江大学出版社。

何莲珍、张娟，2022，语言测试的公平性：内涵、公平观及研究启示，《外语教学与研究》54（01）：79-89+160。

何旭良，2013，句酷批改网英语作文评分的信度和效度研究，《现代教育技术》23（05）：64-67。

贺卫国、杜玉霞、欧阳润泉、张忠月，2022，中国慕课的教学交互现状分析——基于787门国家级线上一流课程的实证研究，《教育信息技术》（05）：3-8。

胡加圣，2015，《外语教育技术：从范式到学科》。北京：外语教学与研究出版社。

胡加圣、陈坚林，2013，外语教育技术学论纲，《外语电化教学》（02）：3-12。

胡杰辉、胡加圣，2020，大学外语教育信息化70年的理论与范式演进，《外语电化教学》（01）：17-23+3。

胡松林，2007，视频切片型观课评课的特点，《现代教学》（04）：15-16。

胡学文，2015，在线作文自我修改对大学生英语写作结果的影响，《外语电化教学》（03）：45-49。

黄爱琼、张文霞，2018，英语作文自动评价反馈对学生词汇修改的影响——以批改网为例，《现代教育技术》28（07）：71-78。

黄荣怀、胡永斌、杨俊锋、肖广德，2012，智慧教室的概念及特征，《开放教育研究》18（02）：22-27。

黄音、毛莉莎、张小帆、盛思诗、黄淑敏、甘佳、张薪薪，2021，基于数字孪生讲台的在线沉浸式教学体系分析与流程设计，《远程教育杂志》39（01）：51-62。

贾爱武，2005，外语教师教育与专业发展研究综述，《外语界》（01）：61-66。

金璐钰、徐云娟、姚建民，2022，机器翻译发展态势和质量分析，《人工智能与机器人研究》11（1）：27-30。

金艳，2012，计算机化语言测试的效度研究——浅析计算机能力与测试构念的关系，《外语电化教学》（01）：11-15。

孔文、李清华，2002，大规模语言测试的方向：计算机适应性语言测试，《外语界》（02）：76-80。

李奉栖，2021，基于神经网络的在线机器翻译系统英汉互译质量对比研究，《上海翻译》（04）：46-52。

李海峰、王炜、吴曦，2018，AECT2017定义与评析——兼论AECT教育技术定义的历史演进，《电话教育研究》39（08）：21-26。

李海峰、王炜，2021，数字孪生教育应用的教学模式探究——基于美国、瑞士和芬兰数字孪生教育应用的案例分析，《现代教育技术》31（07）：12-20。

李海峰、王炜，2021，数字孪生驱动的协同探究混合教学模式，《高等工程教育研究》（05）：194-200。

李克东、谢幼如，1990，多媒体组合优化教学设计的原理与方法（上），《电化教育研究》（04）：18-24。

李清华，2006，基于纸笔的语言测试与基于计算机的语言测试的等效研究综述，《外语界》（04）：73-78。

李清华，2006，语言测试之效度理论发展五十年，《现代外语》（01）：87-95+110。

李清华、孔文，2009，基于计算机的语言测试及其效度验证，《外语界》（03）：66-72+96。

李颖，2020，虚拟现实（VR）与外语教学模态再建研究，《外语电化教学》

（01）：24-30+4。

李子运、李芒，2018，中国教育技术学向何处去，《中国电化教育》（01）：64-71。

梁茂成，2009，微型文本及其在外语教学中的应用，《外语电化教学》（03）：8-12。

梁茂成、文秋芳，2007，国外作文自动评分系统评述及启示，《外语电化教学》（05）：18-24。

林玲，2011，电脑熟悉程度对英语快速阅读测试影响的研究，《英语广场（学术研究）》（Z6）：94-95。

刘和海、饶红，2015，我国师范院校教育技术学学科建设：现状与反思，《中国电化教育》（06）：31-41。

刘美凤、乌美娜、尹俊华，1997，论普通高校电教中心的职能与发展，《中国电化教育》（02）：10-15。

刘晓燕，2017，语言测试效度二十年研究综述，《现代语言学》5（2）：136-140。

卢乃桂、钟亚妮，2006，国际视野中的教师专业发展，《比较教育研究》（02）：71-76。

逯海斌、郭培超，2015，议国内语言实验室的发展历程，《实验室科学》18（03）：4-6+10。

罗敏，2014，视频技术在观察型评课中的应用探索，《发明与创新（教育信息化）》（06）：60-62+59。

马歇尔·麦克卢汉，2019，《理解媒介：论人的延伸》，何道宽译。南京：译林出版社。

迈克尔·艾森克、马克·基恩，2004，《认知心理学（第四版）》，高定国、肖晓云译。上海：华东师范大学出版社。

迈克尔·霍恩、希瑟·斯特克，2015，《混合式学习：用颠覆式创新推动教育革命》，聂风华、徐铁英译。北京：机械工业出版社。

尼古拉·尼葛洛庞帝，1996，《数字化生存》，胡冰、范海燕译。海口：海南出版社。

皮连生，2011，《教育心理学（第四版）》。上海：上海教育出版社。

钱多秀，2009，"计算机辅助翻译"课程教学思考，《中国翻译》30（04）：49-53+95。

钱江，2022，基于数字孪生的工业机器人虚拟示教技术研究与教学实训系统开发。硕士学位论文。杭州：浙江大学。

屈典宁、邓军，2010，基于语料库的语块习得模式研究，《外语界》（01）：47-53。

桑新民，2014，MOOCs热潮中的冷思考，《中国高教研究》（06）：5-10。

师亚飞、童名文、孙佳、戴红斌、龙陶陶、王建虎，2021，混合同步学习环境对学生认知投入的影响机制研究，《中国远程教育》（09）：29-38+68+77。

孙有中、唐锦兰，2022，人工智能时代中国高校外语教师队伍建设路径探索："四新"理念与"四轮"驱动模式，《外语电化教学》（03）：3-7+101。

唐纳·科克、库尔特·费希尔、杰拉尔丁·道森，2013，《人类行为、学习和脑发展：典型发展》，宋伟、梁丹丹译。北京：教育科学出版社。

田文燕，2006，国外计算机化语言测试（IBT）现状综述，《外语界》（05）：68-74。

涂冬波、罗芬、汪大勋、蔡艳，2023，flexCAT：计算机化自适应测验开发平台，《教育测量与评估双语期刊》4（1）：Article 4。

王华树、刘世界，2022，元宇宙视域下翻译教育的发展前景与实践路径，《北京第二外国语学院学报》44（04）：96-107。

王家义，2012，基于语料库的英语词汇教学：理据与应用，《外语学刊》（04）：127-130。

王克非，2022，外语教师之困局与新局，《当代外语研究》（06）：5-11+161。

王陆，2007，信息化教育软件资源的生态资源观及其成熟度模型，《电化教育研究》（09）：50-52+67。

王帅国、吴博、徐一洁，2023，慕课十年：打造更具包容性的数字学习平台——2022 世界慕课与在线教育大会分论坛二综述，《中国教育信息化》29（01）：102-110。

王晓莉，2011，教师专业发展的内涵与历史发展，《教育发展研究》33（18）：38-47。

文秋芳，2015，构建"产出导向法"理论体系，《外语教学与研究》47（04）：547-558+640。

文秋芳，2017，"产出导向法"的中国特色，《现代外语》40（03）：348-358+438。

文秋芳，2017，大学外语教师专业学习共同体建设的理论框架，《外语教学理论与实践》（03）：1-9。

吴一安，2005，优秀外语教师专业素质探究，《外语教学与研究》（03）：199-205+241。

夏纪梅，2006，外语教师发展问题综述，《中国外语》（01）：62-65。

肖忠华、戴光荣，2010，语料库在语言教学中的运用——中国英语学习者被动句式习得个案研究，《浙江大学学报（人文社会科学版）预印本》（06）：56-67。

肖忠华、许家金，2008，语料库与语言教育，《中国外语教育》1（02）：48-58+79。

徐锦芬、龙在波，2020，技术调节外语教学研究中的理论意识，《外语电化教学》（01）：38-44+6。

徐晓飞，2023，从在线开放课程联盟看中国慕课十年发展经验与未来展望，《中国高等教育》（02）：55-60。

杨闻闻，2011，基于 Web 的课堂教学视频分析与诊断系统的设计与实现。硕士学位论文。武汉：华中师范大学。

杨雪、刘英杰、阚宝朋，2008，基于设计的研究范式在网络三维虚拟实验中的运用研究，《中国电化教育》（10）：103-106。

杨永林，2005，《易得：论文设计与学术写作专家系统》。北京：高等教育出版社。

余青兰，2015，《多媒体外语教学的历史嬗变》。郑州：河南大学出版社。

袁智斌，2013，同课异构 精彩纷呈 视频研究 促进发展——对"直线与圆的位置关系"公开课视频的点评，《数学教育报》22（01）：70-73。

约翰·安德森，1989，《认知心理学》，杨清、张述祖等译。长春：吉林教育出版社。

詹妮弗·罗伯茨、肖俊洪，2019，我的慕课学习之旅：终身学习的自我人种志研究，《中国远程教育》（11）：66-78+93。

张成良，2015，《新媒体素养论：理念·范畴·途径》。北京：人民出版社。

张帆、曾励、任皓、竺志大、戴敏，2020，基于数字孪生的混合实践教学模式研究，《实验室研究与探索》39（02）：241-244。

张国强、何芳，2022，英语作文自动评分系统的信度和效度研究——基于不同类型写作任务文本量化特征分析，《外语测试与教学》（01）：44-56。

张良、易伶俐，2020，试论未来学校背景下教学范式的转型——基于知识观重建的视角，《中国电化教育》（04）：87-92+117。

张天驰、曹建秋，2023，基于数字孪生技术的"智慧虚拟现实与元宇宙"课程教学改革探索，《黑龙江工程学院学报》37（02）：73-77。

张文丽、董一诺、孙莉、曹红荃，2022，基于学习者视角的外语在线课程质量评价指标研究，《外语与外语教学》（04）：111-121+149。

张震宇、洪化清，2023，ChatGPT 支持的外语教学：赋能、问题与策略，《外语界》（02）：38-44。

赵国庆，2012，概念图、思维导图教学应用若干重要问题的探讨，《电化教育研究》（05）：78-84。

赵娅、刘贤梅，2009，远程教育中基于 Web 的虚拟实验室的研究与应用，《现代教育技术》（02）：124-127。

钟启泉，2016，"翻转课堂"，将给我们带来什么，《教育家》（20）：8-11。

郑永和、杨淑豪、王晶莹，2023，中国慕课研究现状、方向领域与反思展望，

《中国教育信息化》29（04）：26-34。

周伟，2009，基于切片技术的视频课例分析系统设计。硕士学位论文。上海：华东师范大学。

周燕，2005，高校英语教师发展需求调查与研究，《外语教学与研究》（03）：206-210+241。

周燕，2008，中国高校英语教师发展模式研究，《外语教学理论与实践》（03）：40-47+67。

朱文武、王鑫、田永鸿、高文，2022，多媒体智能：当多媒体遇到人工智能，《中国图象图形学报》27（09）：2551-2573。

朱珍，1983，计算机辅助英语教学系统（CAETS）试卷编印及在线考试（一），《大庆石油学院学报》（04）：88-96。